Crime & Human Rights

범죄와 인권

류 병 관

탑 북 스

이 책은 2016학년도 창원대학교 연구교수 연구비에 의하여 연구되었음.

서 문

1998년 처음 법학개론을 강의하던 시절부터, 2011년 창원대에 부임하여 '범죄와 인권'이라는 전공관련 교양수업을 맡아서 강의하면서 형사법전공을 살린 교양전공서적을 집필해보고자 하는 마음을 가지고 있었다. 하지만 교재를 집필한다는 것이 마음같이 쉽지 않았기에 여러 가지 핑계로 연기해 오다가, 마침 2016년 창원대학교 연구지원비를 받아 미국에 1년 동안 연수할 수 있는 기회가 주어졌기에 이 책을 쓰게 되었다.

본 책은 저자가 20년간 대학에서 강의하면서 개인적으로 작성한 강의교재와 최근까지 발간한 연구논문 및 신문기고문 등을 참고하여 작성하였다. 책의 주요 내용은 인권 개념에 대한 이해를 시작으로, 사회인으로서 대학생이 꼭 알아두어야 할 법학 기초상식, 범죄성립요건 및 특수한 범죄유형에 대해서 이해를 돕기 위해 도표 및 사례를 중심으로 기술하였다. 특히 형사법분야에서 최근 문제되고 있는 '형사절차상 인권침해'와 관련하여 '범죄자' 뿐만 아니라 '피해자 인권보장'의 시각에서 시사이슈들을 살펴보고자 하였다.

모쪼록 이 책을 통하여 법학에 대한 지식을 함양하고, 형사절차상 '범죄자', '피해자' 모두의 인권보호 중요성과 나아가 우리 사회의 소수약자들의 '인권보장'에도 보다 더 관심을 가질 수 있는 계기가 되길 바란다. 특히 이 책 제5장 '시사이슈'에서 논의되고 있는 서로 다른 주장(찬 · 반론)의 논거들에 대한 충분한 이해를 통해, 자기 자신만의 논리적 주장을 피력할 수 있는 법적사고 능력을 키울 수 있기를 바란다.

마지막으로 대학 4학년이던 1994년 가을 토요일 오후 도서관 앞 벤치에서 처음 만나, 1996년 대학원생 때 결혼하여 지금까지 20년 동안 늘 옆에서 학자로서 바른 길을 갈 수 있도록 힘이 되어준 사랑하는 아내 선영과 아들 한곤에게 고마움을 전한다.

2017년 8월

저자 류 병 관

차 례

01 인권 기초이론

02 법의 기본 이론

03 형법이론(범죄와 형벌)

04 형사절차와 인권

05 범죄와 인권에 관련된 사회적 이슈

제 1 장

인권 기초이론

제1절 인권의 개념

1. 의의

인권(Human Right)이란 "인간이라면 누구나 향유해야 하는 당연한 권리" 또는 "사람이기 때문에 당연히 가지는 권리"라고 정의할 수 있다. 이러한 이유로 인권은 하늘이 내린 권리(天賦人權)이며 태어날 때부터 가지고 나오는 권리라는 의미에서 생래적 권리(生來的 權利)라고 보는 것이 일반적이다.[1] 따라서 실정법으로서 헌법에 규정됨으로써 비로소 인정받게 되는 헌법상 기본권과 구별되기도 한다.[2] 또한 인권은 국가이전의 무규범의 자연상태에서부터 인간이 가지는 당연한 권리라는 측면에서 자연권으로서의 성격도 가진다.

국가인권위원회(National Human Rights Commission of Korea)는 인권의 개념을 정의하고 있는데, 「국가인권위원회법」 제2조 제1항에 인권이란 "헌법 및 법률에서 보장하거나 대한민국이 가입·비준한 국제 인권조약 및 국제관습법에서 인정하는 인간으로서의 존엄과 가치 및 자유와 권리를 말한다"라고 규정하고 있다.[3]

---

1) 프랑스 인권선언(1789) 제1조는 "인간은 자유롭고 평등한 권리를 지니고 태어나서 살아간다"라고 선언하고 있으며, 미국 버지니아 권리장전(1776) 제1조도 "모든 사람은 태어날 때부터 독립적이며, 평등하고 자유로운 천부의 권리들을 갖고 있다"고 규정하고 있다. 또한 UN세계인권선언(1948) 제1조도 "모든 인간은 태어날 때부터 자유로우며 그 존엄과 권리에 있어 동등하다. 인간은 천부적으로 이성과 양심을 부여받았으며 서로 형제애의 정신으로 행동하여야 한다"라고 선언함으로써 인권의 천부성과 자연권성을 확인해 주고 있다(최용기, 『헌법』, 대명출판사, 2011, 219면).

2) 헌법상 기본권에는 천부적·생래적 권리인 인권내용을 기본권으로 규정하고 있으면서 또한 적극적 권리로서 생존권적 기본권, 청구권, 참정권 등 헌법 규정에 의해 비로서 인정되는 권리도 있다는 점에서 양자는 동일하다고 볼 수 없다. 그러나 기본권 자체가 인권사상을 바탕에 두고 인간의 가장 기본적이고 중요한 권리를 보호하기 위해 존재한다는 점에서 그 의미는 동일하다고 볼 수 있다(임지봉, 『차별의 역사속에서 발전한 법과 인권이야기』, 책세상, 2014, 20~23면 참조).

2. 인권의 특성

인간이 존엄하고 가치 있는 존재가 되기 위해서는 우선적으로 자유와 평등이 보장되어야 할 것이다.[4] 즉 인권보장이란 인간이 자유롭고 평등한 삶을 영위할 수 있도록 그 권리를 보장하는 것으로 이런 의미에서 네 가지 특징이 있다.[5]

1) 보편성

인권은 어떤 시대와 공간에서도 모든 인간이 누구나 향유할 수 있는 보편적 권리(Universal rights)이다. 따라서 어떤 권리가 특정한 시대나 특정한 국가 또는 특정 개인이나 집단에게만 부여된다면 이러한 권리를 인권이라고 볼 수 없다.

---

3) 국가인권위원회는 2001년 11월에 설립된 국가기관이고 국가인권위원회 설립 및 운영에 관한 사항을 정해놓은 법이 국가인권위원회법(2016.2.3. 일부개정 2001.11.25. 제정)이다. 동법 제2조는 “모든 개인이 가지는 불가침의 기본적 인권을 보호하고 그 수준을 향상시킴으로써 인간으로서의 존엄과 가치를 실현하고 민주적 기본질서의 확립에 이바지함”을 목적으로 한다고 규정하고 있다. 이러한 목적을 달성하기 위하여 국가인권위원회는 다음과 같은 업무를 수행한다. 1. 인권에 관한 법령 · 제도 · 정책 · 관행의 조사와 연구 및 그 개선이 필요한 사항에 관한 권고 또는 의견의 표명, 2. 인권침해행위에 대한 조사와 구제, 3. 차별행위에 대한 조사와 구제, 4. 인권상황에 대한 실태 조사, 5. 인권에 관한 교육 및 홍보, 6. 인권침해의 유형, 판단 기준 및 그 예방 조치 등에 관한 지침의 제시 및 권고, 7. 국제인권조약 가입 및 그 조약의 이행에 관한 연구와 권고 또는 의견의 표명, 8. 인권의 옹호와 신장을 위하여 활동하는 단체 및 개인과의 협력, 9. 인권과 관련된 국제기구 및 외국 인권기구와의 교류 · 협력, 10. 그 밖에 인권의 보장과 향상을 위하여 필요하다고 인정하는 사항이 있다[동법 19조 (업무)].

4) 자유는 외부의 간섭이 없는 상태이다. 인권(자유)을 보장하려면 국가가 개인에게 간섭해서는 안 된다. 즉 인권으로서 자유권은 국가에 대해 소극적 의무를 부과한다는 측면에서 개인의 자유시장활동을 국가가 간섭하는 것은 인권침해가 될 수 있다고 본다. 반면 인권으로서 사회권은 국가의 적극적 의무를 강조한다는 측면에서 인권의 개념을 ‘권무(權務)’로 바꿔야 한다는 주장이 제기된다(샌드라 프레드먼(Sandra Fredman)/조효제 옮김, 『인권의 대전환(Human Rights Transformed) 제2판-인권공화국을 위한 법과 국가의 역할-』, 교양인, 2010, 14~19면).

5) 이준일, 『인권법』 제5판, 홍문사, 2014, 6~8면(‘도덕성’을 별개의 특성으로 인정하여 다섯 가지로 구분하고 있으나, 본 책에서는 도덕성의 내용이 보편성과 유사하다고 판단되어 네 가지로 구분하고자 한다).

2) 근본성

인권은 모든 인간에게 필수적으로 요구되는 근본적 권리(Fundamental rights) 또는 기본적 권리이다. 따라서 인권은 인간의 존엄과 가치를 보장하기 위해 보장되어야 하는 최소한의 권리이다.

3) 추상성

인권의 의미내용은 경계가 불확정적인 추상적 권리(Abstract rights)이다. 따라서 인권의 불명확성과 비강제성을 보충하고 그 보호영역을 구체화하는 작업의 형태가 성문헌법에 의한 기본권 규정화이다.

4) 우월성

인권은 모든 실정법보다 우선하는 우월적 권리(Priority rights)이다. 따라서 우리나라는 법률이 헌법에 보장된 인권(기본권)을 침해하는 경우 헌법재판소에서 '위헌법률심사'를 통하여 그 효력여부를 결정하고 있다.

3. 인권보장의 중요성

인간은 누구나 행복한 삶을 추구한다. 이러한 행복한 삶을 영위하기 위해서는 경제적인 풍요만 충족되면 가능한가? 아무리 많은 물질적인 풍요를 누린다해도 인간이 인간으로서 존중받지 못하는 사회라면 그러한 사회를 우리는 행복한 사회라 말할 수 없을 것이다. 따라서 인권이 철저히 보장되는 삶이 우리 인류가 희망하는 최고의 행복한 삶의 기준이 될 것이다.

이러한 이유로 현대사회에서 그 나라가 선진국인지 판단하는 중요한 기준의 하나가 그 나라의 인권보장의 범위와 정도가 UN 또는 국제사회가 요구하는 수준에 부합하는지 살펴보는 것이다.[6]

---

6) 임지봉, 앞의 책, 23~25면.

제2절 인권의 역사

초기 인권개념이 등장하는 18세기에는 사상의 자유, 표현의 자유, 종교의 자유 등 국가의 간섭을 배제함으로서 개인의 자유를 보다 확보한다는 자유권으로서의 소극적 권리 보장을 중심으로 발전하였으나, 19세 이후 사회권으로서 인간다운 삶을 보장받을 권리가 등장하면서 국가의 개입을 요구하는 적극적 권리의 성격으로 이동하고 있다.[7)]

이러한 변화의 과정은 인간이 단순히 생명권, 자유권으로만 '인권'을 모두 충족받지 못한다는 것을 보여주는 것이며, 향후 지속적으로 인간다운 삶, 행복함 삶의 가치를 높이기 위해 인권의 개념을 확장하고 그 권리를 실질적으로 보장해 나가야 한다는 것을 분명하게 보여주고 있다. 특히, 최근에는 "인권은 다수결에 의해서 정해지지 않는다"는 측면에서 청소년, 장애인, 외국인, 여성, 성소수자 등 소수집단의 인권이 강조되고 있다.

7) 18세기 후반 미국과 프랑스에서 일어난 자유주의 사상을 계기로 인간의 기본적 권리에 관한 관심이 크게 고조되었다. 이 시기에는 국가 또는 권력으로부터 시민의 자유를 보장하는 것이 주된 관심사였으므로 자유권적 기본권이 특히 신장되었다. 19세기 이후 자본주의가 비약적으로 발전함에 따라, 빈부격차가 심해지고 자유와 평등의 이름으로 행해지는 실질적 불평등상태가 크게 문제되었다. 이러한 사회적 불평등을 극복하고 사회성원의 평화로운 공존을 도모하기 위해서는 사회경제적 약자의 권리를 실질적으로 보장해 줄 필요가 생겼다. 이른바 '생존권적 기본권'의 중요성이 강조됨으로써 국가는 모든 국민이 최저한의 인간다운 생활을 향유할 수 있도록 적극 개입하여야 한다는 생각이 일반화되었다.

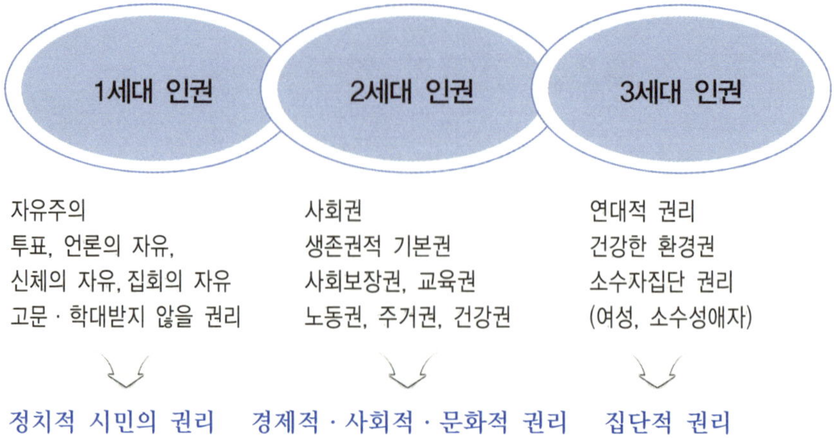

〈국가인권위원회, 인권교육자료, 2013〉

제3절 우리나라 헌법상 보장된 인권내용(기본권)

국민의 기본적 인권이 성문화된 헌법에 규정되기 시작한 것은 근대 이후이다. 특히 18세기 영국의 자연법 사상가 존 로크(John Locke)는 '자연법' 사상에 근거하여 모든 인간은 생래적이고 천부적으로 자연권(생명, 자유)을 향유하며 이러한 자연권을 보장받기 위해 사회계약을 체결하여 그 권력을 국가에 위임해 준 것이라고 보고 있다. 따라서 국가는 '인권'을 보다 실효적으로 보장하기 위해 존재하는 것이다.[8)]

이러한 의미에서 한 국가의 최고법으로서 국민의 기본권 보호를 통한 실질적 인권보장의 가장 핵심역할을 맡고 있는 헌법의 중요성은 강조하지 않을 수 없다.[9)] 이하에서는 우리나라 헌법이 어떠한 기본권 규정을 통하여 인권을 보장하고 있는지 간략하게 살펴보고자 한다.

1. 인간으로서의 존엄과 가치 · 행복추구권

모든 국민은 인간으로서의 존엄과 가치를 가지며, 행복을 추구할 권리를 가진다(제10조).

2. 평등권

① 모든 국민은 법 앞에 평등하다. 누구든지 성별 · 종교 또는 사회적 신분에

8) 임지봉, 앞의 책, 33~34면.

9) 인권과 기본권의 구별 및 융합에 대해서는 성낙인, 『헌법학』 제14판, 법문사, 2014, 882~883면; 장영수, 『헌법학』 제9판, 홍문사, 2015, 417~419 참조.

의하여 정치적 · 경제적 · 사회적 · 문화적 생활의 모든 영역에 있어서 차별을 받지 아니한다(제11조 1항).

② 사회적 특수계급은 인정되지 아니하며, 어떠한 형태로도 이를 창설할 수 없다(제11조 2항).

3. 자유권적 기본권

1) 형사절차에서의 신체의 자유

(1) **모든 국민은 신체의 자유를 가진다**(제12조 1항 제1문).

(2) **죄형법정주의와 적법절차의 보장** : 누구든지 법률에 의하지 아니하고는 체포 · 구속 · 압수 · 수색 또는 심문을 받지 아니하며, 법률과 적법한 절차에 의하지 아니하고는 처벌 · 보안처분 또는 강제노역을 받지 아니한다(제12조 1항 제2문).

(3) **고문금지, 진술거부권 보장** : 모든 국민은 고문을 받지 아니하며, 형사상 자기에게 불리한 진술을 강요당하지 아니한다(제12조 2항).

(4) **영장주의** : 체포 · 구속 · 압수 또는 수색을 할 때에는 적법한 절차에 따라 검사의 신청에 의하여 법관이 발부한 영장을 제시하여야 한다. 다만, 현행범인인 경우와 장기 3년 이상의 형에 해당하는 죄를 범하고 도피 또는 증거인멸의 염려가 있을 때에는 사후에 영장을 청구할 수 있다(제12조 3항).

(5) **변호인의 조력을 받을 권리** : 누구든지 체포 또는 구속을 당한 때에는 즉시 변호인의 조력을 받을 권리를 가진다. 다만, 형사피고인이 스스로 변호인을 구할 수 없을 때에는 법률이 정하는 바에 의하여 국가가 변호인을 붙인다(제12조 4항).

(6) **체포 · 구속할 때의 권리고지** : 누구든지 체포 또는 구속의 이유와 변호인의 조력을 받을 권리가 있음을 고지 받지 아니하고는 체포 또는 구속을 당하지 아니한다. 체포 또는 구속을 당한 자의 가족 등 법률이 정하는 자에게는 그 이유와 일시 · 장소가 지체 없이 통지되어야 한다(제12조 5항).

(7) **체포 · 구속적부심사제** : 누구든지 체포 또는 구속을 당한 때에는 적부의 심사를 법원에 청구할 권리를 가진다(제12조 6항).

2) 거주 · 이전의 자유

모든 국민은 거주 · 이전의 자유를 가진다(제14조).

3) 주거의 자유

모든 국민은 주거의 자유를 침해받지 아니한다. 주거에 대한 압수나 수색을 할 때에는 검사의 신청에 의하여 법관이 발부한 영장을 제시하여야 한다(제16조).

4) 직업선택의 자유

모든 국민은 직업선택의 자유를 가진다(제15조).

5) 사생활의 자유와 비밀보호

모든 국민은 사생활의 비밀과 자유를 침해받지 아니한다(제17조).

6) 통신의 자유

모든 국민은 통신의 비밀을 침해받지 아니한다(제18조).

7) 양심의 자유

모든 국민은 양심의 자유를 가진다(제19조).

8) 종교의 자유

모든 국민은 종교의 자유를 가진다. 국교는 인정되지 아니하며, 종교와 정치는 분리된다(제20조).

9) 재산권행사의 자유

① 모든 국민은 소급입법에 의하여 재산권을 박탈당하지 아니한다(제13조 2항).
② 모든 국민의 재산권은 보장된다. 그 내용과 한계는 법률로 정한다(제23조 1항).
③ 공공필요에 의한 재산권의 수용·사용 또는 제한 및 그에 대한 보상은 법률로써 하되, 정당한 보상을 지급하여야 한다(제23조 3항).

10) 언론·출판 및 집회·결사의 자유

① 모든 국민은 언론·출판의 자유와 집회·결사의 자유를 가진다(제21조 1항).
② 언론·출판에 대한 허가나, 검열과 집회·결사에 대한 허가는 인정되지 아니한다(제21조 2항).

11) 학문과 예술의 자유

① 모든 국민은 학문과 예술의 자유를 가진다(제22조 1항).
② 저작자·발명가·과학기술자와 예술가의 권리는 법률로써 보호한다(제22조 2항).

4. 생존권적 기본권(사회적 기본권)

1) 교육받을 권리

① 모든 국민은 능력에 따라 균등하게 교육을 받을 권리를 가진다(제31조 1항).
② 의무교육은 무상으로 한다(제31조 3항).
③ 교육의 자주성·전문성·정치적 중립성 및 대학의 자율성은 법률이 정하는 바에 의하여 보장된다(제31조 4항).
④ 국가는 평생교육을 진흥하여야 한다(제31조 5항).
⑤ 학교교육 및 평생교육을 포함한 교육제도와 그 운영, 교육재정 및 교원의 지위에 관한 기본적인 사항은 법률로 정한다(제31조 6항).

2) 근로의 권리

① 모든 국민은 근로의 권리를 가진다. 국가는 사회적·경제적 방법으로 근로자의 고용의 증진과 적정임금의 보장에 노력하여야 하며, 법률이 정하는 바에 의하여 최저임금제를 시행하여야 한다(제32조 1항).

② 근로조건의 기준은 인간의 존엄성을 보장하도록 법률로 정한다(제32조 3항).

③ 여자의 근로는 특별한 보호를 받으며, 고용·임금 및 근로조건에 있어서 부당한 차별을 받지 아니한다(제32조 4항).

④ 연소자의 근로는 특별한 보호를 받는다(제32조 5항).

⑤ 국가유공자·상이군경 및 전몰군경의 유가족은 법률이 정하는 바에 의하여 우선적으로 근로의 기회를 부여받는다(제35조 6항).

⑥ 노동기본권 : 근로자는 근로조건의 향상을 위하여 자주적인 단결권·단체교섭권 및 단체행동권을 가진다(제33조 1항). 공무원인 근로자는 법률이 정하는 자에 한하여 단결권·단체교섭권 및 단체행동권을 가진다(제33조 2항). 법률이 정하는 주요 방위산업체에 종사하는 근로자의 단체행동권은 법률이 정하는 바에 의하여 이를 제한하거나 인정하지 아니할 수 있다(제33조 3항).

3) 인간다운 생활을 할 권리

① 모든 국민은 인간다운 생활을 할 권리를 가진다(제34조 1항).

② 국가는 사회보장·사회복지의 증진에 노력할 의무를 진다(제34조 2항).

③ 국가는 여자의 복지와 권익의 향상을 위하여 노력하여야 한다(제34조 3항).

④ 국가는 노인과 청소년의 복지향상을 위한 정책을 실시할 의무를 진다(제34조 4항).

⑤ 신체장애자 및 질병·노령 기타의 사유로 생활능력이 없는 국민은 법률이 정하는 바에 의하여 국가의 보호를 받는다(제34조 5항).

⑥ 국가는 재해를 예방하고 그 위험으로부터 국민을 보호하기 위하여 노력하여야 한다(제34조 6항).

4) 환경권

① 모든 국민은 건강하고 쾌적한 환경에서 생활할 권리를 가진다(제35조 1항).

② 환경권의 내용과 행사에 관하여는 법률로 정한다(제35조 2항).

③ 국가는 주택개발정책 등을 통하여 모든 국민이 쾌적한 주거생활을 할 수 있도록 노력하여야 한다(제35조 3항).

5) 혼인의 평등과 보건을 보호받을 권리

① 혼인과 가족생활은 개인의 존엄과 양성의 평등을 기초로 성립되고 유지되어야 하며, 국가는 이를 보장한다(제36조 1항).

② 국가는 모성의 보호를 위하여 노력하여야 한다(제36조 2항).

③ 모든 국민은 보건에 관하여 국가의 보호를 받는다(제36조 3항).

5. 참정권적 기본권

1) 참정권

① 모든 국민은 법률이 정하는 바에 의하여 선거권을 가진다(제24조).

② 모든 국민은 소급입법에 의하여 참정권의 제한을 받지 아니한다(제13조 2항).

2) 공무담임권

모든 국민은 법률이 정하는 바에 의하여 공무담임권을 가진다(제25조).

6. 기본권을 보장하기 위한 기본권

1) 청원권

모든 국민은 법률이 정하는 바에 의하여 국가기관에 문서로 청원할 권리를 가진다(제26조).

2) 사법절차상의 기본권

(1) **소급처벌 · 이중처벌금지** : 모든 국민은 행위시의 법률에 의하여 범죄를 구성하지 아니하는 행위로 소추되지 아니하며, 동일한 범죄에 대하여 거듭 처벌받지 아니한다(제13조 1항).

(2) **연좌제 금지** : 모든 국민은 자기의 행위가 아닌 친족의 행위로 인하여 불이익한 처우를 받지 아니한다(제13조 3항).

(3) **고문 · 진술강요 금지** : 모든 국민은 고문을 받지 아니하며, 형사상 자기에게 불리한 진술을 강요당하지 아니한다(제12조 2항).

(4) **자백의 증거능력 제한** : 피고인의 자백이 고문 · 폭행 · 협박 · 구속의 부당한 장기화 또는 기망 기타의 방법에 의하여 자의로 진술된 것이 아니라고 인정될 때 또는 정식재판에 있어서 피고인의 자백이 그에게 불리한 유일한 증거일 때에는 이를 유죄의 증거로 삼거나 이를 이유로 처벌할 수 없다(제12조 7항).

(5) **모든 국민은 헌법과 법률이 정한 법관에 의하여 법률에 의한 재판을 받을 권리를 가진다**(제27조 1항).

(6) **신속한 재판의 원칙** : 모든 국민은 신속한 재판을 받을 권리를 가진다. 형사피고인은 상당한 이유가 없는 한 지체 없이 공개재판을 받을 권리를 가진다(제27조 3항).

(7) **무죄추정의 원칙** : 형사피고인은 유죄의 판결이 확정될 때까지는 무죄로 추정된다(제27조 4항).

(8) **범죄피해자의 의견진술권** : 형사피해자는 법률이 정하는 바에 의하여 당해 사건의 재판절차에서 진술할 수 있다(제27조 5항).

3) 형사보상청구권

형사피의자 또는 형사피고인으로서 구금되었던 자가 법률이 정하는 불기소처분을 받거나 무죄판결을 받은 때에는 법률이 정하는 바에 의하여 국가에 정당한 보상을 청구할 수 있다(제28조).

4) 국가배상청구권

공무원의 직무상 불법행위로 손해를 받은 국민은 법률이 정하는 바에 의하여 국가 또는 공공단체에 정당한 배상을 청구할 수 있다. 이 경우 공무원 자신의 책임은 면제되지 아니한다(제29조 1항).

5) 범죄피해자 구조청구권

타인의 범죄행위로 인하여 생명·신체에 대한 피해를 받은 국민은 법률이 정하는 바에 의하여 국가로부터 구조를 받을 수 있다(제30조).

7. 기본권의 범위와 제한

1) 헌법에 명시되지 아니한 기본권도 보장

국가는 개인이 가지는 불가침의 기본적 권리를 확인하고 이를 보장할 의무를 지므로(제10조 제2문), 국민의 자유와 권리는 헌법에 열거되지 아니한 이유로 경시되지 아니한다(제37조 1항).

2) 기본권의 제한

국민의 모든 자유와 권리는 국가안전보장·질서유지 또는 공공복리를 위하여 필요한 경우에 한하여 법률로써 제한할 수 있다. 다만, 자유와 권리의 본질적인 내용을 침해할 수 없다(제37조 2항).

제4절 국제적인 인권보호 운동

1. 국제사면위원회(Amnesty International)[10)]

1) 소개

국제사면위원회는 국제 비정부 기구로 전세계적으로 “중대한 인권 침해를 종식시키고, 권리를 침해받는 사람들의 편에 서서 정의를 요구하고자 행동하자”는 목적에서 1961년 영국인 변호사 페터 베넨슨(1921년~2005년)에 의해 설립되었다.

2) 국제적인 주요 활동 내역

(1) 사형폐지 운동

(2) 고문추방운동

(3) 난민보호운동

(4) 소년병 동원 반대운동

(5) 여성폭력추방운동

(6) 양심수 등에 대한 인권옹호운동

(7) 2007년 ‘낙태는 여성의 인권’이다. 낙태죄 폐지 주장

(8) 2015년 8월 11일 공식적으로 ‘성매매를 처벌하지 말자’고 결의

10) 위키백과, 국제사면위원회, https://ko.wikipedia.org(2017. 7. 9 15:00접속).

3) 우리나라에서의 활동

(1) 2005년 10월 28일

한국정신대문제대책협의회와 함께 기자회견을 통하여 “일본이 1995년 설립한 아시아 여성기금은 국제적 배상기준에 부합하지 못하며, 국제적 · 법적 책임을 교묘하게 피해가기 위한 수단으로 악용되고 있다”고 비판했으며, 앰네스티는 일본 정부측에 “법적 책임을 지고, 가능한 모든 행정수단을 동원하여 배상해야 한다”고 권고했다.

(2) 2008년 7월 4일

촛불집회와 관련 우리나라에 방문하여, 우리 정부와 경찰의 과잉진압 등이 국제적으로 통용되는 표현의 자유와 인권을 침해하는지 조사하였고, 2008년 10월 4일 미국 쇠고기 수입 관련 촛불집회에서 인권침해가 있었다고 판단하고 보고서를 발간했다.

(3) 2010년 11월 29일

국제앰네스티 한국지부는 한국의 국가인권위원회가 독립성과 권위를 잃어가고 있는 위태로운 상황이라며 깊은 우려를 표한바 있다.

(4) 2011년 5월 13일

검찰이 미국산 쇠고기 위험성을 과대포장했다는 이유로 문화방송 피디수첩 제작진을 기소한 것도 표현의 자유를 침해한 사건이라고 판단했다.

* 최근까지의 국제사면위원회 활동에 관한 자세한 내용은 국제사면위원회 홈페이지 참조 (http://www.amnesty.org/, http://www.amnesty.or.kr)

2. 유엔 인권 이사회(United Nations Human Rights Council, UNHRC)[11]

1) 소개

유엔 총회 보조 기관의 하나로서 유엔 가입국의 인권상황을 정기적, 체계적으로 검토하여 인권 침해를 해결함으로써 국제 사회의 인권 상황을 개선하기 위해 UN에 창설된 상설위원회이다. 이 위원회는 유엔 인권 위원회(United Nations Commission on Human Rights, UNCHR)를 개편하고 새롭게 발전시켜 2006년 6월 설립되었다.

2) 국제적인 주요 활동 내역

(1) 2006년 6월 19일, 인권이사회의 첫 회의가 제네바에 있는 유엔 유럽 본부에서 개막했다.

(2) 2008년 5월 14일, 《일본의 인권 상황에 관한 보고서》에서 위안부 문제에 대한 완전한 해결책을 일본 정부에 요구했다.

(3) 매5년 주기로 인권보고서를 발간하고 있다.

11) 위키백과, 유엔 인권 이사회, https://ko.wikipedia.org(2017. 7. 9 15:30접속)

제2장

법의 기본 이론

제1절 법(法)이란 무엇인가?

1. 법의 개념

1) 의의

"법이란 무엇인가?"라는 질문은 법학의 역사와 함께 할 정도로 오랜기간동안 법학자들에게 숙제로 남아 있다.[1] 그동안 법의 개념에 대해 다양한 견해들이 주장되어 왔지만 그 공통된 의견을 정리해보면 **일반적으로 '법'이란 "많은 사람들이 공동의 선(善)이라고 믿고 있는 가치를 추구하는 규범을 의미한다."**[2] 즉 법은 우리 인간 모두가 다 같이 자유롭고 평등하게 사는 정의로운 사회를 구현하기 위하여, 우리 스스로 상호간 이해와 합의에 의해 지키기로 약속한 규범으로서 그 준수여부가 국가에 의해 강제되는 사회규범을 의미한다.[3]

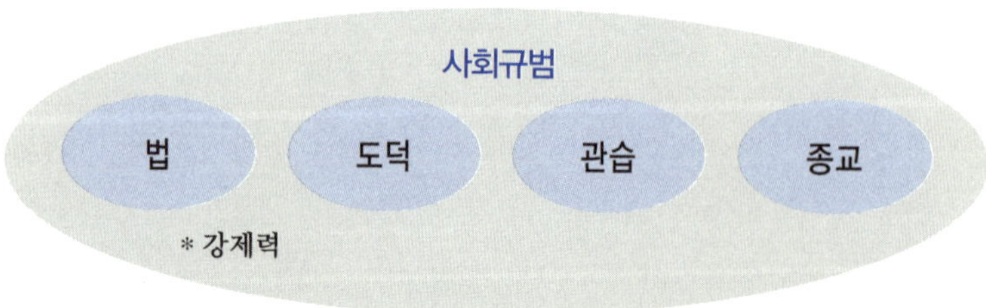

• **법치주의 국가는 '인간의 지배'가 아닌 '법의 지배'를 엄숙하게 받아들인다.**

---

1) 아돌퍼스 하아트(H. L. A. Hart) / 정태환 · 박남규 · 정주환 역, 『법의 개념(The Concept of Law)』, 대광서림, 1981, 5면.

2) 법이란 "공동체의 책임자에 의해 공표되고 '공동선'을 목적으로 하는 이성의 질서"를 의미한다(박남규, 『법철학이야기』, 청목출판사, 2011, 111면).

3) 사회규범이란 인간사회의 공동선(共同善)을 실현하기 위해 사회구성원이 마땅히 따르고 준수해야 할 행위규칙을 말한다. 사회규범에는 법 · 도덕 · 관습 · 종교를 포함할 수 있다. 그러나 법은 다른 사회규범과는 달리 위반시 국가에 의해 강제적으로 그에 상응한 처벌을 받을 수 있다[예) 형법위반 : 형벌(사형, 징역, 벌금)부과, 민법위반 : 강제집행].

2) 사회규범으로서 법

(1) 규범(規範)이란

일정한 이상이나 목적을 이루기 위해 마땅히 따라야 할 규칙이나 원리를 의미하며, 규범은 당위의 법칙으로 '하여야 한다(작위의무)', '하여서는 안된다(부작위의무)'는 명령과 금지의 법칙으로 마땅히 따를 것을 요구한다. 반면 상대개념으로 존재(필연)법칙, 즉 자연법칙은 원인과 결과가 필연적으로 연결되는 개념을 의미한다.

(2) 사회규범의 구별

(가) 관습(慣習) : 일정한 사회 안에서 같은 행동이 오랜 기간에 걸쳐 반복됨으로써 그 사회구성원에게 일정한 구속력을 갖게 된 규범을 말한다(자연발생적이고 강제력이 약함).

(나) 법(法) : 관습보다 강한 질서규범으로서 강제력이 수반되며 국가권력을 배경으로 인위적으로 정립되는 규범을 말한다(인위적, 강제적임).

(다) 도덕(道德) : 인간이 자신의 양심과 확신에 따라 행동하는 기준이 되는 규범을 의미한다.

(3) 법과 도덕의 구별

법규범과 도덕규범은 모두 인간의 행위를 규율하는 것으로서 상호간 밀접한 관계를 가지고 있다. 따라서 법과 도덕은 상호침투 및 보완관계에 있다고 볼 수 있다.[4] 다음은 법과 도덕을 구별하는 일반적인 기준이다.

---

4) 법과 도덕의 관계에 대한 학설로는 일치설, 도덕우위설, 법우위설, 엄격분리설 등이 있다. 특히 독일의 법철학자 예링은(1818~1892) 법과 도덕의 구별을 케이프 혼(Cape Horn)에 비유하여 그 어려움을 설명하고 있다(자세한 내용은 김현태・강기정・박남규, 『법학개론』, 홍익출판사, 2012. 37~46면 참조).

(가) 관심방향 : 법은 사람의 '행위'를 규율하지만 도덕은 사람의 '양심'에 호소한다. 칸트(Kant)는 합법성과 도덕성을 구별하여 법은 동기가 어떠한지와 관계없이 외부로 나타난 행위가 주어진 법칙에 일치하도록 하는 합법성으로 만족하고, 도덕은 보편적 도덕법규를 준수하려는 내부적 의무감이 행위의 동기가 되도록 하는 도덕성까지 요구한다고 말한다. 그러나 법에서도 행위자의 외면적인 행위뿐만 아니라 내면적인 동기, 과실, 선의, 악의 등에도 판단의 대상이 되는 경우가 있으며, 도덕적 관점에서도 외부에 행위로 나타나지 않는 내심까지는 평가하지 않는다는 점에서 관심방향을 가지고만 법과 도덕을 구별하는 것은 어렵다.

(나) 강제가능성 : 법의 강제적 성격과 도덕의 비강제성을 대비시키는 관점이 확산되었다. 예링(Jhering)은 "강제가 없는 법은 타지 않는 불꽃과 같다"라고 표현하면서 법은 국가권력에 의한 강제성이 보장되지만 도덕은 그렇지 않다고 하여 구별하였다.

(다) 타율성의 원천 : 법은 법복종자에 대하여 국가에 의해 밖에서 의무지우는 타율성의 규범이고, 도덕은 고유한 인격을 통한 자기 자신에 대한 자발적인 자율성의 규범을 의미한다.

3) 법의 개념적 특징

(1) 강제규범적 특징

법은 정치적으로 조직된 사회, 즉 국가 내에서 강제라는 수단으로 뒷받침되어 관철되는 규범이다.[5)]

---

5) 칸트(Kant)는 "법과 강제하는 기능은 같다"라고 하였으며, 켈젠(Kelsen)은 "강제는 법의 본질적 속성이다. 그러나 인간의 내면을 직접 제한할 수 없다"라고 하여 양심 · 사상, 종교의 자유는 강제될 수 없다고 주장하였다.

(2) 행위규범적 특징

법은 인간의 외적인 행위를 주로 규율하고 명령하고 금지한다. 일정한 방향의 행위를 '지시'하는 행위규범이다.

(3) 재판규범적 특징

사법부의 재판에 있어서 근거 규범이 된다(법관의 자의적 판단 배제).

3) 법의 이념(理念)

법은 무엇을 위해 존재하는가? 법의 이념이란 법이 추구하는 기본적인 가치가 무언인가에 대한 물음이다. 학자에 따라 견해가 다양하나, 그 중 가장 체계적으로 인정받고 있는 라드브루흐(G. Radbruch)의 견해를 기준으로 하면 정의(正義), 합목적성(合目的性), 법적 안정성(法的安定性) 3요소로 구분할 수 있다.

(1) 정의(正義)

정의란 바른 것, 옳바른 것, 공동선(共同善)을 의미한다. 아리스토텔레스의 정의관에 의하면 정의(Justice)는 사람이 수행해야 할 최고의 덕목으로 각자가 타인과의 관계에 있어서 실현하여야 할 사회적인 도덕을 말한다고 한다. 구체적으로 '각자에게 각자의 것을' 또는 '같은 것은 같게, 같지 않은 것은 같지 않게'를 의미하며 평등을 의미하기도 한다.[6]

(2) 합목적성(合目的性)

합목적성이란 법의 내용이 합당해야 한다는 의미이다. 즉 법이 추구하고자 하는 목적에 합당한 표준과 가치관을 설정하고 그에 따른 내용과 수단 및 방법 등의 방향을 구체화하여야 한다는 원리이다. 또한 법이 일정한 행위를 하거나, 하지 말라고 요구할 때에는 그 요구(강제)가 정당화될 수 있는 적절한 내용을 담고 있어야 한다는 것이다. 합목적성의 판단기준은 시대와 국가에 따라서 달라질 수도 있다.

---

6) 아리스토텔레스는 'Justice'는 법과 정의를 동시에 뜻한다고 하며, 법은 정의의 실현을 목적으로 하는 것이라고 주장한다(박남규, 『법철학이야기』, 81면).

(3) 법적 안정성(法的安定性)

국민들이 법을 신뢰하고 준수함으로써 평화로운 생활이 확보될 수 있는 것을 의미한다. 즉 법에 의해 보장되는 생활의 안정성을 의미한다. 따라서 법적 안정성을 보장하기 위해 때로는 정의에 반하는 경우도 발생한다. 법적 안정성을 확보하기 위해 법이 갖추어야 할 조건은 다음과 같다.

① 법의 내용이 명확해야 한다.
② 법이 쉽게 변경되어서는 안 된다.
③ 법이 효력이 있어야 한다.
④ 법의 내용이 그 법의 적용을 받는 민중의 의식과 합치되어야 한다.

* 법적 안정성 확보를 위한 법적 수단 : 소멸시효, 취득시효

(4) 상호관계

정의, 합목적성, 법적 안정성은 상호모순과 보완관계에 있다. 즉 정의만 강조하면 법적 안정성을 해할 염려가 있고, 법적 안정성만 강조한다면 '악법도 법'이 되는 모순에 빠지게 된다.

4) 법의 기능

법은 일반시민에게는 어떤 행위가 바르고 옳은 것인지, 나쁜 것인지 행위의 기준을 제시하며, 재판기관에 대해서는 재판의 기준을 제시하고 있다. 따라서 법은 인간사회에 행위와 재판의 기준을 제시함으로써 질서 있고 평화로운 사회생활을 보장한다는 기능을 가지고 있다.

2. 법학이란?

법을 연구대상으로 하는 학문을 법학이라고 한다.[7] 즉 법을 체계적・이론적으로 이해하기 위한 학문으로서 최초의 대학교인 이탈리아 볼료냐 대학(University of Bologna)에서 처음 가르친 학문이 법학일 정도로 법학의 학문 가치와 역사는 깊다.[8]

따라서 법학을 이해하고 그 원리를 습득하기 위해서는 많은 시간과 노력을 투자해야 한다. 반면 법학은 우리 일상생활과 밀접한 관련이 있는 실제 사건에 대한 해결방안을 제시하고 있다는 측면에서 법원의 판결례를 적용하면서 학습해 간다면 보다 쉽게 공부할 수 있는 학문이라는 특징도 있다.

법학을 공부하는 자세는 다음과 같아야 한다.

첫째, 법은 '가치의 실현'이라는 점을 항상 기억하고 학습해야 한다. 공부하고자 하는 법률의 목적(입법취지)이 무엇이며, 각 조문이 추구하는 가치가 무엇인지를 항상 염두에 두고 학습한다면 보다 효과적으로 이해할 수 있을 것이다. 즉 입법자의 입법동기를 항상 고려해야 한다.

둘째, 법학에서 사용되는 법률용어의 개념에 대해 정확하게 이해해야 한다. 최근에는 법조문이 한글로 변경되고 이해하기 쉽게 풀어서 기술하고 있으나, 아직까지도 대부분의 법률용어는 한자의 의미를 많이 포함하고 있어 그 이해가 어렵다. 모르는 용어가 있으면 인터넷 사전 등을 이용하여 정확히 그 개념을 찾아보고 이해하는 습관을 가져야 한다.

---

7) 고조선의 팔조금법(八條禁法)은 8개의 법원칙에 의해 사회질서를 유지하였고, 기원전 1750년경에 만들어진 함무라비 법전은 282개의 조문을 가지고 있었다. 이후 법의 내용이 더욱 복잡해진 로마시대 이후에는 전문가가 아니면 법의 내용을 잘 알 수가 없게 되었다. 따라서 법에 관해 연구하는 법학이 생겨나고 법률 전문가(법학자, 판사, 검사, 변호사)들이 출현하기 시작했다.

8) 볼로냐(Bologna)대학교는 유니버시티(University)라는 단어를 최초로 사용한 곳으로, 이미 1088년에 공식문서에 의해 교육기관으로 등장하고 있으며, 1158년 신성로마제국 황제 프리드리히 1세에 의해 공식적으로 교육기관으로 인정된 세계에서 가장 오래된 대학교로 알려져 있다. 이 대학이 처음 가르친 학문이 법학과 교회법이었고 이후 철학, 신학, 의학 등으로 학문분야가 확대되어 종합대학으로 발전하였다(네이버지식백과, 볼료냐대학교(University of Bologna, 一大學校), 2017. 6. 6. 10 : 30 접속).

셋째, 판례(사례)**를 읽는 습관을 길러야 한다.** 실제 발생한 사건 속에서 법원은 어떠한 이유로 특정 법률을 적용해서 그러한 결정을 내리게 되었는지에 대해 의문을 가져야 한다. 또한 이익이 충돌하는 지점을 정확히 짚어보고 법관은 무엇을 더 우선적으로 판단했는지 고민해보고, 자신의 법 감정과 법관의 논리적 판단의 틈을 어떻게 메울 수 있는지도 생각해 본다면 법적 사고능력(Legal mind)을 키울 수 있을 것이다.[9)]

9) 법적 사고능력을 키우기 위해서는 평소 각종 신문의 사설 및 사회란에 등장하는 사례(case)를 숙독하고 특히, 법원의 판결에 대해서는 평가하고 숙지하는 습관을 가져야 할 것이다. 최근에는 인터넷 기사를 통해서도 여러 사례를 접할 수 있는데, 실제 일부 인터넷기사는 그 정확도가 떨어지는 경우가 있으니 가능한 대법원홈페이지(www.scourt.go.kr)에 접속하여 사건개요 및 판결내용을 확인할 필요가 있다.

제2절 법의 연원과 분류

1. 법의 연원

1) 법원(法源)이란?

법의 연원(淵源) 또는 법원이란 법의 존재형식을 말한다. 어떤 법적 문제를 해결하기 위해서는 그 문제를 해결하기 위한 법원칙이 어디에, 그리고 어떠한 형태로 존재하는가를 확인해야만 한다. 민법 제1조는 “민사에 관하여 법률에 규정이 없으면 관습법(慣習法)에 의하고 관습법이 없으면 조리에 의한다”고 규정하고 있다. 민사적인 문제를 해결하기 위한 제1차적인 법원은 성문의 법률이라는 사실을 밝히고 있는 것이다.[10)]

2) 성문법주의와 불문법주의

법의 존재형식(법원)은 성문법(成文法)과 불문법(不文法)으로 크게 나눌 수 있다. 성문법은 문서로 기록되어 있는 법이고, 불문법은 문서로 기록되어 있지 않은 법이다. 일반적으로, 성문법을 중심으로 하는 법체계를 가진 나라를 성문법주의 국가, 불문법을 중심으로 하는 법체계를 가진 나라를 불문법주의 국가라고 한다. 독일·프랑스를 비롯한 유럽대륙의 국가들이 대부분 성문법주의를 취하고, 영국과 미국 등이 불문법주의를 취하고 있기 때문에 전자를 대륙법체계, 후자를 영미법체계라고도 부른다. 우리나라도 성문법주의를 취하고 있다.

그렇지만 성문법주의 국가라고 해서 오직 성문법만을 법의 연원으로 삼는 것

10) 민사문제를 해결하기 위한 민법전(民法典)처럼 어떤 법원칙이 존재하는 원천을 법의 연원(법원)이라고 하는 것이다.

은 아니다. 성문법을 우선 적용하고 성문법규가 없는 사항에 관해서는 불문법도 법원이 될 수 있다는 의미이다. 반면 불문법주의 국가에서는 판례가 가장 중요한 법원이지만, 최근에는 성문법도 법원으로서 중대한 의미를 지닌다. 이전에 경험하지 못한 새로운 사회현상을 규율하기 위해서는 부득이 성문법을 제정할 수밖에 없고, 오랜 세월이 흐르는 동안 너무나 복잡해진 판례들을 정리하여 성문법을 제정하기도 한다.

2. 법의 분류

- 법
  - 성문법
    - 국내법
      - 공법
        - 실체법
          - 헌 법 : 국가의 기본법으로 최고법규
          - 행정법 : 행정권의 조직과 작용에 관한 법규
          - 형 법 : 범죄와 형벌에 관한 법규
        - 절차법
          - 민사소송법 : 민사사건 소송절차에 관한 법규
          - 형사소송법 : 형사사건 소송절차에 관한 법규
      - 사법
        - 민법 : 개인과 개인과의 법률관계를 규율한 법규
        - 상법 : 민법에 대한 특별법으로서 상사(商事)관계에 관한 법규
      - 사회법
        - 노동법 : 근로자와 사용자의 법률관계를 규율하는 특별법규
        - 경제법 : 공정한 경제질서를 유지하기 위한 법규
        - 사회보장법 : 사회적 위험으로부터 국민의 인간다운 삶 보장하는 법규
    - 국제법 : 국가와 국가간에 지켜야 할 법규(조약, UN협약, 협정서)
  - 불문법
    - 관습법 : 일정한 관행이 일반인들의 법적 확신과 국가의 승인을 거쳐 법적 효력을 갖는 경우
    - 판례법 : 법원에 의해 사전에 내려진 판결이 법해석 및 적용의 근거가 되는 경우(선례구속의원칙)
    - 조 리 : 일반적 정의관념 및 양심(분쟁해결을 위한 실정법 및 다른 법원이 없는 경우)

1) 성문법과 불문법

(1) 성문법

성문법이란 문서형식으로 기록하여 제정, 공포된 법규를 말한다. 일반적으로 입법권을 가진 국가기관이 일정한 절차를 거쳐 제정, 공포한다. 법원칙이 고정된 문자로 기록되어 있으므로 법적 안정성을 유지할 수 있지만, 반면 사회변화에 신속하게 대응하기는 어렵다. 성문법에 속하는 법원(法源)들을 간단히 살펴보자.

(가) 헌법 : 국민의 기본적 권리와 의무, 국가기관의 조직과 운영에 관하여 규정하고 있는 최고 기본법이다. 헌법(憲法)은 국법체계 내에서 최상의 효력을 가지는 근본법으로서, 모든 하위법규에 정당성의 근거를 제공한다. 예컨대, 정부가 어떤 법률을 제정하려고 할 때에는 헌법이 정한 절차에 따라야만 한다. 또 그 내용도 헌법규정 또는 헌법의 기본정신에 반할 수 없다. 따라서 헌법에 반하는 하위법규는 무효이다. 헌법의 내용에 반하는 법률을 '위헌법률'이라고 한다. 법률의 위헌 여부를 판단할 권한은 헌법재판소에 부여되어 있다. 명령・규칙이 헌법이나 법률에 반하는지의 여부는 대법원에서 판단한다.

(나) 법률 : 입법기관인 의회의 의결을 거쳐 제정, 공포된 성문법규이다. 법률의 제정절차는 헌법에 규정되어 있다.[11] 법률은 헌법보다 하위법규이지만, 국민의 대표기관인 의회의 심의・의결을 거쳐 제정된 것이므로 특정한 국가기관이 발하는 명령・규칙이나 자치법규보다는 상위의 효력을 가진다.

* **입법과정** : 정부 또는 국회의원 발의 및 제출 → 국회상임위원회 검토 후 안건상정 → 국회 본회의에서 의결 → 대통령이 공포(단, 대통령은 거부권을 행사할 수 있다.)

(다) 명령・규칙 : 회의 의결을 거치지 않고 헌법과 법률에 근거하여 행정기관이 발하는 성문법규이다. 즉 입법기관이 규율하여야 할 골격만 법률에 정하고 구체적인 사항에 대하여 집행기관인 행정부에 그 입법을 위임한 사항에 대하여 법규를 제정하는 위임명령과 입법부가 정한 법률을 집행하는 과정에서 필요한 사항을 정하기 위하여 행정부가 권한 범위 내에서 제정하는 법규인 집행명령이 있다. 예외적으로 헌법에 의해 대통령의 긴급명령[계엄선포권(헌법 제77조)과 긴급재정명령(헌법 제76조)]은 법률적 효력을 갖는다. 명령을 발하는 주체에 따라 대통령령・총리령 및 부령으로 나눌 수도 있다.

규칙이란 특정한 헌법기관들이 그 기관 내부의 사항을 정한 성문법규이다. 규칙제정권은 헌법에 의하여 부여되어 있다.[12] 현행헌법상 규칙을 제정할 수 있는

11) 헌법 제30조는 "입법권은 국회에 속한다"고 규정하고 있다. 즉 법률은 헌법에 근거하여 국민의 대표기관인 국회의 의결을 거쳐 제정 및 공포된 법을 말하며, 법률은 가장 일반적이고 통상적인 법의 형태이다.

국가기관은 국회 · 대법원 · 중앙선거관리위원회 및 헌법재판소 등이다. 예컨대, 「형사소송규칙」, 「공직자윤리법의 시행에 관한 대법원규칙」 등이 대법원규칙이다.

(라) 자치법규 : 자치법규란 지방자치단체가 법률 및 명령이 위임하는 범위 안에서 제정한 성문법규이다. 이는 조례와 규칙으로 나뉜다. 조례는 지방자치의회가 법령의 범위 내에서 그 사무에 관하여 제정한 자치법규이고, 규칙은 지방자치단체의 장이 법령 또는 조례에 반하지 않는 범위에서 발하는 자치법규이다. 조례는 제한된 범위 내에서 벌칙을 둘 수도 있다.[13)]

(마) 국제법규(조약) : 국가와 국가 또는 국가와 국제기구 사이에 맺어지는 국제적 합의를 말한다. 실제로는 조약 · 의정서 · 협정 · 헌장 · 규약 등 다양한 명칭이 사용되고 있다[제네바협정(1949), 집단살해금지(1948)].

헌법 제10조 1항은 "헌법에 의하여 체결 · 공포된 조약과 일반적으로 승인된 국제법규는 국내법과 같은 효력을 가진다"고 규정하고 있다. 따라서, 조약과 법률의 내용이 모순되는 경우에는 나중에 성립된 것이 우선적인 효력을 가진다.

[성문법의 체계 : 법의 단계적 구조] [14)]

헌법
↓
법률 = 조약 및 일반적으로 승인된 국제법규
↓
명령·규칙 = 국회규칙, 대법원규칙
↓
조례 ┐
↓ ├ 자치법규
규칙 ┘

12) 헌법 제64조 1항은 "국회는 법률에 저촉되지 아니하는 범위 내에서 의사와 내부규율에 관한 규칙을 제정할 수 있다"고 규정하고 있다.

13) 헌법 제117조 1항은 "지방자치단체는 주민의 복리에 관한 사무를 처리하고 재산을 관리하며, 법령의 범위 안에서 자치에 관한 규정을 제정할 수 있다"고 규정하고 있다.

14) 성문법규에는 그 상호간에 효력의 우선순위가 인정되고 있다. 하위법규가 상위법규로부터 정당성을 부여받는 관계를 흔히 '법의 단계구조(段階構造)'라고 한다.

(2) 불문법

불문법이란 특정한 문서형식을 갖추지 아니한 법원칙을 총칭하는 개념이다. 문서로 기록된 것은 아니므로 사회변화에 능동적으로 대처할 수 있다는 장점이 있다. 그러나 법의 내용이 불명확해질 우려가 있고 법적 안정성을 유지하기 어렵다는 단점을 지닌다.

(가) 판례법 : 판례법이란 법원의 판결례(判決例)에 법으로서의 효력을 부여하는 것을 말한다. 판례를 법원(法源)으로 인정하게 되면, 어떤 유형의 사건에 관하여 법원의 판결이 한번 내려지면 그 판결은 마치 법률과 같은 의미를 가지게 된다. 선례구속의 원칙이라고도 한다. 우리나라처럼 성문법체계를 가진 나라에서는 원칙적으로 판례를 법원(法源)으로 인정하지 않지만, 영미법계와 같은 불문법주의 국가는 판례가 최고의 법원의 지위를 가지고 있다.[15]

(나) 관습법 : 관습이란 어떤 사항에 관해서 일정한 행위양식이 오랜 동안 지속되어 왔다고 하는 사실을 의미한다.[16] 이에 반해, 관습법이란 법적인 효력이 부여된 관습을 말한다. 관습은 법원(法源)이 아니지만 관습법은 법원이 될 수 있다.[17]

민법 제1조는 "민사에 관하여 법률에 규정이 없으면 관습법에 의하고 관습법이 없으면 조리에 의한다"고 규정하고 있다. 법률이 제1차적인 법원(法源)이지만, 법률의 규정이 없는 사항에 관해서는 관습법을 법원으로 할 수 있다는 의미이다. 즉 법률의 부족한 부분을 관습법으로 보충할 수 있게 한 것이다. 이것을 '관습법의 보충적 효력'이라고 한다. 그렇다면, 관습과 관습법을 어떻게 구별할 것인가. '사실인 관습'이 관습법으로 인정되기 위해서는 다음의 조건이 구비되

---

15) 우리나라는 원칙적으로 판례법(선례구속의 원칙)이 적용되지 않고 법관은 입법부에 의해 제정된 성문법규에 기초하여 독립적으로 재판할 수 있다. 반면 법원조직법 제8조는 "상급법원이 재판을 하면서 내린 판단은 당해 사건에 관해서만 하급심을 구속한다"고 규정하여 동일사건에서만 상급심의 판결을 하급심이 그 결정을 따르도록 하고 있다.

16) 관습법과 구별하기 위해 '사실인 관습'이라고 부르기도 한다.

17) 법이란 국가권력에 의하여 강제되는 사회규범이다. 관습을 지키지 않으면 사람들로부터 비난을 받을 수도 있지만, 국가가 나서서 지키라고 강요하지는 않는다. 그러나 관습법에 위반한 경우에는 민사상의 제재를 받을 수 있다.

어야 한다. 첫째 그 관습이 법률의 규정이나 미풍양속에 위배되지 않아야 한다. 둘째 사람들이 일반적으로 "그 관습은 법처럼 지켜져야 한다"고 믿는 '법적 확신(法的 確信)'을 가지고 있어야 한다. 셋째 재판을 담당하는 법원(法院)이 그 관습에 법적인 효력을 인정하여 재판의 기준으로 삼아야 한다.[18)]

(다) 조리 : 조리(條理)란 사람이 살아가는 이치 또는 자연의 도리이다. 법학에서는 흔히 사회통념, 사회적 타당성, 신의성실, 건전한 사회질서, 법의 일반원칙 또는 정의, 양심 등으로 표현되기도 한다. 조리도 법원이 될 수 있다.[19)]

2) 공법 · 사법과 사회법

(1) 공법(公法)과 사법(私法)의 구별

공법과 사법을 구별하는 것은 로마시대 이래의 전통으로 알려져 있다. 공법과 사법을 구별하는 이유는 양자의 기본원리가 서로 다르기 때문이라고 하는 것이 보통이다. 그렇지만 양자를 어떻게 구별할 것인가에 관하여는 견해가 일치하지 않는다. 대체로 다음과 같은 견해가 있다.

(가) 이익설(목적설) : 공익을 보호하기 위한 법이 공법이고, 사익을 보호하려는 법은 사법이라고 한다. 그렇지만 공익보호를 위한 법인지 아니면 사익보호를 위한 법인지가 언제나 명확한 것은 아니다. 예를 들면, 형법이 공법에 속한다는

---

18) 즉 사실인 관습이 관습법으로 인정되기 위해서는 일반국민들의 '법적 확신'에 근거한 국가의 승인작용이 있는 경우에만 가능한 것이다. '사실인 관습'에 불과한가 아니면 '관습법'인가가 실제로 문제되는 것은 재판정에서 민법 제1조를 적용해야 하는 상황이 벌어졌을 경우뿐이다. 따라서 법원이 그 관습을 '법'으로 인정할 것인지의 여부를 결정하게 된다.

19) 민법 제1조는 조리도 법원이 될 수 있음을 분명히 밝히고 있다. 민사에 관한 법적 다툼은 원칙적으로 법률의 규정에 의해서 해결해야 하지만 법률의 규정이 없는 때에는 관습법에 따르고, 관습법조차 없는 경우에는 조리에 의해서 판단해야 한다고 규정하고 있기 때문이다. 즉 민사에 관한 다툼을 해결할 민법규정이 없거나 관습법이 없는 경우에도, 법관은 재판을 거부하지 말고 양심에 근거하여 합리적으로 판단하여 결정을 내려야 한다는 의미이다. 그러나 형사법에 있어서는 관습법이나 조리는 법원이 될 수 없다. 즉 법률에 의하여 범죄로 규정되어 있지 않은 행위에 대하여 관습법이나 조리에 근거해서 형벌을 부과할 수는 없다는 뜻이다(죄형법정주의원칙이 적용됨).

점에 관해서는 이의가 없지만, 형법은 개인의 생명·신체 또는 재산같은 사익도 보호한다.

(나) 주체설 : 국가, 공공단체 등의 행위를 규율하는 법이 공법이고, 개인의 행위를 규율하는 법은 사법이라고 한다. 그렇지만 국가나 공공단체도 사적인 거래의 주체가 될 수 있다. 예컨대, 정부가 사무용품 구입계약을 하거나, 교량건설을 위한 도급계약을 맺는 경우에는 민법이 적용된다. 그렇지만 민법은 공법이 아니라 사법이다.

(다) 법률관계설(성질설) : 권력관계, 명령복종관계와 같은 불평등관계를 규율하는 법이 공법이고, 대등관계를 규율하는 법은 사법이라고 한다. 그러나 사법상의 법률관계가 언제나 평등관계라고 할 수는 없다. 예컨대, 민법에 규정되어 있는 친자(親子)관계가 평등관계라고는 할 수 없는 것이다. 또 공법에 속한다는 점에 이의가 없는 국제법은 국가와 국가 사이의 대등한 관계를 규율하는 법이다.

(라) 생활관계설 : 공적인 생활관계 또는 국가생활관계를 규율하는 법은 공법이고, 개인적 생활관계 또는 사회생활관계를 규율하는 법은 사법이라고 한다. 동설이다. 그렇지만 공적인 생활관계와 사적인 생활관계가 언제나 명확하게 구별되는 것은 아니다.

(마) 구별부인설 : 공법과 사법을 구별할 필요가 없다는 의견이다.

공법과 사법의 구별기준을 완벽하게 제시하고 있는 견해는 없다. 더구나 최근에는 사회적 정의를 실현하기 위해 사법 분야에까지 국가가 개입하는, 이른바 '사법의 공법화' 경향이 나타나고 있다. 또한 공법원리와 사법원리가 공존하는 새로운 법영역이 계속 출현하고 있기도 하다.[20)]

---

20) 따라서 획일적 기준으로 공법과 사법을 구별하려는 시도는 적절하지 않다고 생각된다. 그보다는 차라리 개별적인 법영역에 따라 올바른 규율원리를 정립해 나가는 것이 바람직할 것이다.

(2) 사회법

종래 개인적인 거래관계를 규율하는 사법영역은 사적 자치를 기본원리로 한다고 이해되어 왔다. 그러나 근대 이후 자본주의가 고도로 발전함에 따라 경제적 강자가 약자를 부당하게 착취하는 현상이 나타났다. 기업주는 근로자에 대해 부당한 계약을 강요하고, 대기업은 시장을 독점하기 위해 부정한 방법으로 중소기업을 무너뜨리는 경향이 심화된 것이다. 이러한 문제를 해결하기 위해 정부가 사적인 거래관계와 기업활동에 관여함으로써 공정한 거래질서를 확립할 필요가 생겨났다.

그리하여 종래의 사법원리로는 설명하기 어려운 새로운 법영역, 즉 사적 자치의 영역에 국가가 개입하는 것을 내용으로 하는 법규들이 제정되기 시작하였다.[21)]

① 노동법에 속하는 법률로는 「근로기준법」, 「노동조합 및 노동관계조정법」, 「근로자의 참여 및 협력증진에 관한 법」, 「남녀고용평등법」 등이 있다.

② 경제법에 속하는 것으로는 「독점규제 및 공정거래에 관한 법률」, 「부정경쟁방지법」, 「방문판매 등에 관한 법률」 등이 있다.

③ 사회보장법에 속하는 법령에는 「사회보장기본법」, 「생활보호법」, 「사회복지사업법」, 「장애인복지법」 등이 있다.

3) 일반법과 특별법

일반법이란 적용 대상에 제한이 없는 법을 말한다. 보통법이라고도 한다. 특별법이란 적용대상이 특정범위로 제한되어 있는 법이다. 특별법의 적용대상인

---

21) 20세기 초 독일의 일부학자들이 이러한 유형의 법규들을 총칭하여 '사회법'이라고 부르기 시작했고, 우리나라에서도 이 개념정의에 따라 노동법, 경제법, 사회보장법이 사회법에 속한다고 많은 학자들이 정의해 오고 있다. 그러나 현재 독일에서는 사회법이 주로 사회보장법을 의미하는 것으로 쓰이고 있으며, 또한 경제법, 노동법 분야의 비약적 발전과 확대로 인하여 더이상 이러한 법들을 '사회법'이라는 추상적 범주로 포괄하여 취급하기 어렵게 되었다. 따라서 이제는 노동법, 경제법, 사회보장법을 각각 독립된 별개의 법영역으로 취급하는 것이 타당해 보인다.

영역에 관해서는 특별법이 일반법보다 우선 적용된다. 이것을 '특별법 우선의 원칙'이라고 한다.[22)]

22) 예를 들어, 형법은 대한민국 국민 모두에게 일률적으로 적용되는 일반법이다. 그렇지만 군형법은 군인 또는 군무원에 한하여 적용되는 특별법이다. 군인 또는 군무원이 상관을 살해한 때에는 형법 제250조 1항의 살인죄가 아니라 군형법 제53조 1항의 상관살해죄가 적용된다. 또 「특정범죄가중처벌 등에 관한 법률」은 동법에 규정한 특정한 범죄에 대해서만 적용되는 형사특별법이다. 공무원이 1천만원 이상 수뢰한 때에는 형법 제129조 1항의 수뢰죄가 아니라 특가법 제2조가 적용된다. 또한 민법은 사적인 생활관계에 일반적으로 적용되는 일반법이지만, 상법은 사적인 생활관계 중에서도 상사(商事)에 대해서만 적용되는 특별법이다. 상법은 민법의 특별법이지만, 예컨대, 「주식회사의 외부감사에 관한 법률」과의 관계에서는 상법이 일반법이다.

제3절 법의 해석과 적용

1. 법의 해석

1) 의의

법의 해석이란 법규를 구체적 사안에 적용할 수 있도록 그 의미내용을 보다 명확하고 상세하게 풀어내는 작업을 의미한다.

2) 해석방법

법해석의 구속력에 따라 유권해석과 학리해석, 해석의 방법에 따라 문리해석 논리해석(확장해석, 축소해석, 반대해석, 유추해석) 등의 방법이 있다.

(1) 유권해석

국가기관에 의해 법규범의 의미가 확정되고 설명되는 경우, 공적 구속력이 있는 해석, 공권해석이라고도 한다.

(가) 입법해석 : 입법자가 하는 해석이며, 법문으로 어떤 용어의 정의를 내리는 것을 말한다.

예 민법 제18조 "본법에서 주소라 함은 생활의 근거가 되는 곳으로서 동시에 두 곳 이상을 둘 수 있다"라고 규정하는 것을 말한다.

(나) 사법해석 : 법원이 내리는 해석이며, 판결 속에 나타난다.

예 대법원판례, 영미법계 판례(선례)구속의 원칙이 있다.

(다) 행정해석 : 행정관청이 법규에 대해서 내리는 해석을 의미한다.

예 '훈령'(訓令) : 상급관청이 하급관청의 법 집행에 있어서 위법·부당을 예방하기 위하여 내리는 구체적인 법의 시행준칙을 말한다.

(2) 학리해석

법문자체 또는 입법취지를 살펴 언어학적 또는 논리학적 방법에 의하여 법률 용어의 의의를 밝히는 것으로 법적 구속력이 없다(무권해석).

(가) 문리해석 : 법령의 문장 및 문구의 의의를 기초로 하여 하는 해석을 말한다.

(나) 논리해석 : 법령제정의 목적과 취지에 따라, 논리적 추리에 따라 해석하는 것을 말한다.

Ⓐ **확장해석** : 법령의 용어를 보통의 뜻보다 넓게 해석하여 법의 타당성을 확보하려는 해석이다.

예 형법 제250조 '사람을 죽인다'라는 문구를 작위·부작위까지 포함하여 해석하는 경우, '마차동행금지(馬車通行禁止)'에서 '마(馬)'를 '우(牛)'에 까지 확장해석해서 법을 적용하는 경우를 의미한다.

Ⓑ **축소해석** : 법령의 용어를 보통의 뜻보다 좁게 해석하는 방법이다.

예 '제차동행금지' 용어상 자전거도 포함되지만 입법취지로 보아 자전거, 유모차는 통행해도 무방한 것으로 그 의미를 축소해석하는 것을 말한다.

Ⓒ **반대해석** : 명문으로 규정된 이외의 경우에는 그와 반대로 된다고 해석하는 방법이다.

예 민법 제303조 1항에 '전세권자는 ... 타인의 부동산을 점유하여... ' 전세권의 목적은 부동산에만 한정되고 동산은 제외한다고 해석하는 경우, 또는 '마차동행금지(馬車通行禁止)'라고 하면 그 반대로 사람의 통행은 가능하다고 해석하는 방법을 말한다.

Ⓓ **유추해석** : 법령에 규정이 없는 사항에 대해 그와 유사한 사항의 규정 적용하는 해석이다.

예 민법 제326조에 "유치권의 행사는 채권의 소멸시효의 진행에 영향을 미치지 아니한다"는 규정을 동일한 성질인 질권에 대해서도 유추적용하는 경우[23] 또는 비슷한 동물이라고 하여 '양'에 대한 법률규정을 '염소'도 해당된는 것으로 해석하여 법을 적용하는 것을 의미한다.

[법의 해석 도표]

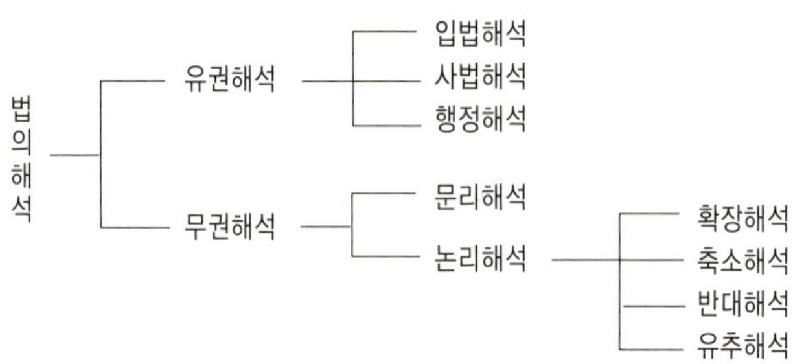

2. 법의 적용

어떠한 구체적 사실이 발생하였을 때 실정법의 어느 규정이 그 사실에 들어 맞는지를 음미·판단하는 것을 말한다.

* 추상적 법규 → 구체적 사건 → 결론(판결)

1) 사실의 확정

법규를 적용하기 위해서는 사실의 확정이 전제가 되어야 한다. 사실의 확정은

---

23) 유치권(留置權)은 "타인의 물건 또는 유가증권을 점유하고 있는 자가 그 물건이나 유가증권에 관해 발생한 채권이 변제기에 있을 때 변제받을 때 까지 유치하는 권리"[민법 제320조, 예) 시계수리공이 수리대금을 받을 때까지 그 시계를 내주지 않는 것]를 말하며, 반면 질권(質權)은 "채권자가 채권의 담보로 채무자 또는 제3자가 제공한 동산 또는 재산권을 점유(占有)함으로써 채무변제를 간접적으로 강제하는 동시, 변제없을 시 우선변제가능하게 하는 권리를 의미한다"[민법 제329조, 예 금반지를 담보로 돈을 빌렸는데 채무자가 기한 내에 변제하지 않을 때 금반지를 처분할 수 있게 하는 권리].

원칙적으로 증거채택주의에 의한다. 이렇게 증거를 통해서 사실을 확정하는 것을 입증이라고 하는데 법에서는 입증이 어려운 경우 편의적으로 추정과 간주라는 제도를 두어 입증의 곤란을 해결하고 있다.

(1) 입증

증거를 통하여 사실을 확정하는 것을 말한다. 증거는 그 사실을 주장하는 자가 입증하여야 한다. 이것을 입증 또는 거증책임(擧證責任)이라고 한다.[24)]

(2) 사실의 추정

당사자의 입증이 곤란할 때 법의 편의상 사실을 가정하는 것을 말한다. 그러나 반대되는 사실이 입증되면 추정은 깨진다.

예 "처가 혼인중 포태한 자는 부의 자로 추정한다."

(3) 간주(看做)

법의 의제(擬制)를 말하며, 신부(眞否)를 불문하고 법의 일정한 효과를 인정하는 것이다. 법문에 '간주한다', '본다'라고 표명하고 있다. 간주는 추정과 달리 반증이 있어도 그 효과를 전복시키지 못한다.

예 실종선고를 받은 자가 실종기간이 만료하면 사망한 것으로 본다(선고취소의 법적 절차 필요).

24) 소송에서 입증책임은 원칙적으로 소송을 제기하는 사람에게 책임이 있다. 따라서 형사소송은 공소제기(기소)자인 검사에게, 민사소송은 소송제기자인 원고에게 주장사실에 대한 입증(거증)책임을 지우고 있다.

제4절 법의 효력

법은 시간적·공간적 제약을 받는 상대적 규범이면서, 다른 한편 정의라는 보편적 가치를 지향하는 절대적 규범이다. 결국, 법이란 상대적 규범으로서의 특수성과 절대적 규범으로서의 보편성이 어우러질 때 현실적 힘을 얻는다.

1. 시간적 효력

1) 효력의 발생

공포후 시행시부터 효력이 발생한다(입법안 발의→심의→성립→공포→시행). 세부적인 효력발생시기는 부칙에 정해져 있으며, 부칙의 규정이 없는 경우 공포일로 부터 20일이 경과하면 효력이 발생한다. 단, 국민의 권리 제한 및 의무부과의 내용은 30일 경과해야 하며, 헌법은 공포한 날로부터 바로 효력을 가진다는 것이 관례이다.

2) 효력의 소멸 : 법의 폐지로 상실된다.

(1) 명시적 폐지

기존법을 명문규정으로 폐지하는 것으로 해당 법률의 유효기간이 경과한 경우를 의미한다(한시법).

(2) 묵시적 폐지

어떤 법의 그 내용과 저촉되는 동위 또는 상위의 법령이 제정되는 경우 당연히 그 효력을 상실하는 경우를 의미한다(상위법우선의 법칙, 특별법우선의 원칙, 신법우선의 법칙).

3) 효력의 제한과 확정

(1) 법률불소급의 원칙

새 법령은 시행일로 부터 효력을 발생한다. 따라서 시행일 이전에 종결된 사실에 대해서는 적용될 수 없다. 이때 시간을 거슬러 소급하여 법을 적용하는 것을 소급적용이라 한다. 이는 법적 안정성을 해치고 예측가능성을 무너뜨리게 되어 인정할 수 없다.

헌법 제13조 1항 "모든 국민은 행위시의 법률에 의하여 범죄를 구성하지 아니하는 행위로 소추되지 아니하며 … ", 동조 2항 "모든 국민은 소급입법에 의하여 참정권의 제한을 받거나 재산권을 박탈당하지 아니한다"고 규정하고 있다.

(2) 법률불소급의 원칙의 예외

헌법적 근거를 마련하여 법률이 명시적 또는 묵시적으로 소급효를 인정하는 것을 의미한다(1960년 3월 15일 부정선거 관련자 처벌법, 부정축재특별처리법, 5.18특별법 등). 또한 신법이 관계자에게 유리할 경우 인정될 수 있다.

형법 제1조 2항의 경우 신법이 구법보다 피고인에게 형벌이 가벼울 때에는 신법을 적용한다고 규정하고 있다.

2. 장소적 효력

법을 제정한 기관의 권한이 미치는 지역에서 효력을 가진다. 따라서 원칙적으로 우리나라 법은 대한민국의 영토인 한반도와 그 부속도서에 미치며, 국제법에서 인정되고 있는 영해, 영공에도 미친다. 다만 법률 및 국제법에 의한 예외가 인정되고 있다.

※ 장소적 효력이 미치지 않는 경우

① 국제법상 치외법권을 행사하는 자가 사용하는 토지 또는 시설[외교특권(대사관), 한미군대주둔 협정]

② 국회가 제정한 법률이 전국을 대상으로 하지 않고 일부지역만 대상으로 할 때(부산시직할에 관한 법률, 수도권에 관한 법률)

3. 인적 효력

어떠한 사람에게 법을 적용할 것인가의 문제이다.

1) 속인주의

자국국적을 가진 자라면 그 사람이 어느 곳에 있던 그 나라 법을 적용하는 주의이다. 즉 외국에 있는 내국인에게 본인 국적의 자국법을 적용하는 것을 의미한다.

2) 속지주의

국적을 불문하고 한 국가의 영토 내에서 살고 있는 사람은(내국인, 외국인 포함) 모두 그 나라의 법을 적용하는 원칙이다. 우리나라 헌법 제3조는 "대한민국의 영토는 한반도와 그 부속도서로 한다"고 규정하고 있어 원칙적으로 북한도 우리나라 법의 적용대상이다. 국제사회에서는 속지주의를 원칙으로 하면서 예외적으로 속인주의를 보충 적용하고 있다. 또한 국제적인 관례는 상호주의에 입각해 타국에서 자국민이 보호받는 정도만큼 상대방 국가의 국민을 보호해 준다.

※ **예외** : 외국국가의 원수 · 대통령, 대사 및 공사 등의 외교사절 그리고 그 가족과 수행원, 외국군대, 영해상의 군함의 승무원 등은 우리나라 영토에 있으면서도 과세권 및 경찰권의 대상에서 제외됨.

4. 법의 형식적 효력에서 경합관계

법의 안정성 유지를 위해 법질서의 위계가 필요하다. 법의 내용이 충돌 또는 저촉되는 경우 어떤 법의 효력을 우선 인정할 것인지 판단하는 것을 의미한다.

1) 위헌법률심사권

법원이 재판을 함에 있어 적용할 법률이 헌법에 저촉되는지 여부가 재판의 전제가 된 경우 법원은 헌법재판소에 그 위헌 여부를 제청한다. 명령 또는 규칙이 헌법이나 법률에 위반되는지의 여부는 법원이 심사하여 대법원이 최종적으로 판단한다.

2) 특별법은 일반법에 우선한다(특별법우선의 원칙)

형식적 효력에서 동등한 법규가 다른 규정을 두는 경우에, 일반법은 법의 적용범위가 사람, 장소, 기타의 관계에서 제한되어 있지 않은 법을 말한다. 이에 반해 특별법은 특정하게 한정된 사람, 장소, 사항에 한하여 적용되는 법을 말한다.[25)]

3) 후법(신법)은 전법(구법)에 우선한다(신법우선의 법칙)

신법은 구법에 대한 반성 또는 새로운 사회현상에 대한 대응으로 발생한다는 측면에서 신법에 의해 구법의 효력이 상실된다.

---

25) 예를 들어 채권의 소멸시효기간을 민법은 10년, 상법은 5년으로 규정하고 있는데 일반인이 상인의 신분을 가지고 있다면 소멸시효기간 5년이 적용된다.

제3장

형법이론(범죄와 형벌)

제1절 형법의 개념

형법이란 범죄와 형벌 및 보안처분에 관한 법률의 총체를 의미한다. 즉 형법은 인간의 어떤 행위가 범죄로 처벌되어야 할 행위인가 또한 각각의 범죄에 대해서 어느 종류의 형벌 또는 보안처분을 어느 정도 부과할 것인가에 관하여 규정하고 있는 법률이다.[1)]

1. 형법 개념의 구성요소

1) 범죄

(1) 실질적 의미

사회에 유해하거나 법익을 침해하는 반사회적 행위를 말한다.

(2) 형식적 의미

형법각칙에서 규정하고 있는 행위로서 구성요건해당성, 위법성, 책임이 인정되는 행위를 의미한다.

2) 형벌

형벌은 과거범죄행위에 대한 책임에 상응하는 형사제재로서 사형, 징역, 금고, 구류, 자격정지, 자격상실, 벌금, 몰수, 과료 9가지 종류가 있다(형법 제41조).

---

1) 이재상외 2인 공저, 『형법총론』 제8판, 박영사, 2015, 3면; 형법 제250조는 "사람을 살해한(범죄행위) 자는 사형, 무기, 5년 이상의 징역형(형벌)처한다"고 규정함으로써 범죄와 형벌에 대해 설명하고 있는 것이다.

3) 보안처분

보안처분은 범죄자에 대한 형벌적 제재가 적당하지 않은 경우 또는 범죄자의 장래 범죄 위험성제거를 목적으로 부과되는 형사처분이다. 치료감호, 보호관찰, 전자감시, 성충동약물치료, 신상공개제도 등이 있다.

(1) 범죄자에 대한 형벌적 제재가 적당하지 않은 경우(예 : 마약 상용자에 대한 치료감호 처분)

(2) 재범의 위험성이 높은 범죄자에 대해 실형부과만으로는 위험성 제거가 곤란하다고 판단되는 경우(예 : 성폭력범죄자에 대한 신상공개, 성충동약물치료, 전자발찌, 신상공개 처분 병과).

2. 형법개념을 이해하는 두 가지 시각

1) 실질적 의미의 형법(광의의 형법)

명칭, 형식을 불문하고 범죄와 그에 대한 법적 효과로서 형벌과 보안처분을 규정한 법규범을 의미한다. 형식적 의미의 형법과 모든 형사특별법을 포함하는 개념이다(특별형법[2], 행정형법[3]).

2) 형식적 의미의 형법(협의의 형법)

1953년 9월 18일 제정되어 현재 시행되고 있는 형법전을 의미하며, 총칙과 각칙으로 구성되어 있다. 일반적으로 형법이라 하면 협의의 형법을 의미한다.

* 형사법이라고 하면 실질적 의미의 형법, 형사소송법, 형집행법과 형사정책학을 모두 포함하는 최광의 개념이다.

---

2) 특별형법으로는 군형법, 국가보안법, 폭력행위등처벌에관한법률, 특정범죄가중처벌등(강력범죄, 경제 범죄)에관한법률, 환경범죄의처벌등에관한특별조치법, 화염병사용등의처벌에관한법률, 성폭력범죄의 처벌 등에 관한 특례법, 가정폭력방지법, 경범죄처벌법 등이 있다.

3) 행정형법으로는 도로교통법, 식품위생법, 관세법, 조세범처벌법, 담배전매법 등이 있다.

3. 형법의 성격

1) 법체계적 성격

(1) 공법적 성격

개인과 국가형벌권간의 관계를 규율하고 있다.

(2) 사법법(司法法)적 성격

이미 발생한 사건에 대해 사후적으로 법원의 재판에 적용되는 법률이다. 즉 사후적 · 소극적 성격으로서 시민의 자유와 권리 보장에 대한 보호자적 성격을 가진다(법적 안정성의 유지 초점).

(3) 형사법적 · 실체법적 성격

형사법(형사사건과 관련된 모든 형벌법규)에 속하며, 권리 · 의무의 실체를 규정하는 실체법의 성격을 가진다.

2) 규범적 성격

(1) 가설적 규범의 성격을 가진다.

형법조문은 "만약 ~면 ~처벌한다"라고 규정하고 있다.

(2) 행위 규범 및 재판 규범이다.

국민들에게 일정한 금지 또는 요구의 형식으로 행위 기준을 제시한다는 측면에서 행위규범이면서, 법관의 사법활동의 기준으로 작용한다는 측면에서 재판규범적 성격도 가지고 있다.

(3) 의사결정규범 및 평가규범

형법이 요구하거나 금지하는 규정, 즉 가치에 반한다고 평가한 불법을 결의하여서는 안 된다는 의무를 부과한다는 측면에서 의사결정규범이면서, 또한 일정한 행위에 대한 형사제재여부의 판단기준으로 작용한다는 면에서 평가규범이다.

4. 형법의 기능

1) 보호적 기능

법익보호와 함께 사회윤리적 행위가치를 보호하는 기능을 가진다. 따라서 보호법익 없는 범죄는 존재할 수 없으나, 보호대상이 없는 범죄는 가능하다.

> ① 형법의 법익보호 및 행위가치의 보호는 형벌적 제재외의 방법으로는 그 목적을 달성할 수 없는 경우에만 형벌에 의하여 보호된다는 '보충성의 원리'와 법익보호를 위한 형벌적 제재는 범죄행위와 비례성이 유지되어야 한다는 '비례성의 원칙', 그리고 법제정권력의 입법권남용에 의한 형사제재는 허용될 수 없다는 '과잉금지의 원칙'에 기초하여야 한다.
> ② 보충성의 원리와 비례성의 원칙은 '非범죄화 이론'(형벌권행사가 필요없다고 판단되는 종래의 범죄유형은 형법의 적용대상에서 제외시키자는 이론)의 기초를 제공하고 있다.

2) 보장직 기능(죄형법정주의와 밀접한 관련)

형법은 선량한 국민과 범죄인 모두에게 마그나카르타(Magna Charta)적 기능을 가진다. 즉 형법에 규정되지 않은 행위에 대해서 일반국민에게 무한한 자유를 보장하는 기능을 가지며, 범죄인에 대해서는 본인이 저지를 범죄행위에 상응하는 책임의 한도에서 형법에 미리 규정된 형벌로 처벌받게 되는 보장적 기능이 있는 것이다.

3) 규제적 기능

형법의 가장 기본적인 기능으로 일반국민과 사법관계자를 규제하는 기능을 가진다(의사결정규범 및 평가규범의 성격에서 발생).

4) 사회보호적 기능

형벌을 수단으로 범죄를 방지하여 사회 공동질서를 유지・보호하는 기능을 가진다.

(1) 일반예방적 기능

범죄자를 처벌함으로써 일반인(잠재적 범죄자)에게 위하감을 부여하여 범죄행위로 나가지 못하게 하는 기능을 의미한다.

(2) 특별예방적 기능

형벌을 통해 범죄자(특별한 사람)에 대한 개별적 처우를 통해 범죄자가 갖고 있는 사회적 위험성을 제거하여 다시 사회에 복귀(Rehabilitation)시킴으로서 범죄를 예방하게 하는 기능을 의미한다.

5. 형벌의 역사

1) 복수시대(원수시대 ~ 고대국가성립 이전) : 사적 복수시대

동해보복(Talio법칙 : 눈에는 눈, 이에는 이)사상에 의해 개인적 복수가 행해지던 시대이다. 피난처제도, 속죄금제도 등으로 발전하였다.

2) 위하시대(고대국가성립 이후 ~ 17c) : 형벌의 국가화 시대

국가에 의한 공형벌제도가 확립되고, 형벌부과의 목적이 왕권강화에 있었던 이유로 형벌이 일반예방주의의 기치 아래 가혹하게 집행되었던 시대이다. 죄형전단주의에 의한 '자의성', 신분에 의한 차별적 집행인 '신분성', 집행방법의 '잔혹성', 국민생활에 대한 무차별적인 형벌적 간섭을 시도한 '간섭성' 등이 특징이다.

3) 박애시대(18c초 ~ 19c중) : 형벌의 법률화 시대

죄와 형벌의 법정 및 균형주의에 의한 국가권력의 자의적인 형벌권 집행제한을 하고, 경찰국가의 엄격형주의 비판을 통한 형벌을 완화하였다. 또한 형벌의 신분제 폐지, 고문제도의 폐지 및 공개재판주의의 채택 등 인도적 형벌관을 구현하던 시대이다(죄형법정주의시대).

4) 과학시대(19c ~ 현대) : 형벌의 개별화 시대

범죄원인에 대한 실증적 고찰을 시도하여 범죄대책을 제시하고자 하였다. 특히 '형벌의 개별화'를 통한 범죄인의 재사회화라는 이념 아래 형법의 특별예방주의적 기능을 강조하였다.

6. 죄형법정주의(罪刑法定主義) 원칙

어떠한 행위가 범죄이고 이에 대해 어떤 형벌을 부과할 것인지 성문의 법률로서 사전에 규정해 두어야만 한다는 원칙이다. 따라서 죄형법정주의는 아래와 같은 원칙들을 당연히 발생시키게 된다. "법률없으면 범죄 없고 형벌도 없다."

1) 사후입법금지의 원칙

사후입법에 의한 처벌(소급입법)은 허용되지 않는다. 아무리 나쁜 행위라도 행위당시에 처벌규정이 없었다면 처벌할 수 없다는 의미이다. 즉 사후입법에 의해서 형사처벌해서는 안된다(소급효금지의 원칙).

2) 성문법주의 원칙

성문의 법률만이 형법의 법원(法源)이 될 수 있다는 원칙이다. 따라서 관습법에 의해서는 형사처벌을 할 수 없다(관습형법금지의 원칙).

3) 명확성의 원칙

어떤 행위가 범죄이고 이러한 행위에 어떤 형벌을 부과할 것인지 명확하게 규정해야 한다는 원칙이다(구성요건의 명확성, 형벌의 명확성).

4) 유추해석금지의 원칙

법률에 직접 규정되지 않는 사항에 대하여 그것과 유사한 성질을 가지는 사항에 관한 법률을 적용하는 것(유추해석)은 금지된다는 원칙이다.

5) 적정성의 원칙

형식적인 법률규정보다 범죄와 형벌을 규정하는 그 내용이 적정해야 한다는 원칙으로 현대적·실질적 의미의 죄형법정주의 내용이다.

제2절 범죄이론

1. 범죄론

1) 형식적 · 실질적 범죄개념

(1) 형식적 범죄

형식적 의미의 범죄란 "구성요건에 해당하는 위법, 유책한 행위"를 말한다. 구성요건해당성, 위법성, 책임을 범죄성립의 3요소라고 한다(구성요건해당성 + 위법성 + 책임 = 범죄).

- 기능 : 형법해석과 보장적 기능의 기준이 되는 범죄개념이다.

(2) 실질적 범죄

범죄란 사회적으로 유해하거나, 법익을 침해하는 반사회적 행위로서, 형벌을 과할 필요가 있을 정도의 수위에 이른 불법적인 행위를 의미한다.[4] 형법에서 의미하는 범죄는 형식적 의미의 범죄를 말하는 것이며, 신종범죄 및 비범죄화를 논하는 형사정책의 대상으로서 범죄는 실질적 범죄를 의미한다.

- 기능 : 입법자에게 어떤 행위를 범죄로 할 것인가 그 한계에 대한 기준을 제시한다.

2) 범죄의 본질(실질적 개념에서 출발)

(1) **권리침해설** : 범죄는 개별적인 권리의 침해행위이다.

(2) **의무위반설** : 범죄는 의무위반이다(행위반가치).

---

4) '사회적 유해성'이란 사회공동생활의 존립과 기능을 현저히 침해하는 것을 의미한다(이재상 외 2인, 『형법총론』 제8판, 박영사, 2015, 68면).

(3) **법익침해설** : 법익의 침해 또는 그 위험발생이다(결과반가치).

(4) **절충설**(결합설) : 의무위반(행위반가치)과 법익침해(결과반가치)의 결과로 본다 (다수설).

3) 범죄의 성립요건 · 처벌조건 · 소추조건

(1) 성립요건

(가) 구성요건해당성 : 구성요건이란 범죄로 처벌되어야 할 행위의 유형, 즉 형법의 규정을 말한다. 즉 구체적인 사실이 범죄의 추상적 구성요건에 해당하면 구성요건해당성이 있다고 본다.

(나) 위법성 : 위법성이란 행위가 법질서에 위배되는 성질을 말한다. 구성요건에 해당하는 행위가 법률상 허용되지 않는 경우를 의미한다.

① **원칙** : 구성요건에 해당하는 행위는 원칙적으로 위법하다고 본다.

② **예외적 허용** : 위법성 조각사유가 있는 경우 위법성의 탈락으로 적법행위가 된다. 즉 구성요건에 해당하는 행위를 했더라도 그 행위가 정당화될 수 있는 사정이 있다면 그 행위는 위법하지 않으므로 범죄가 아니다.

형법에는 아래와 같이 다섯 가지의 정당화 사유가 규정되어 있다.

① **정당행위** : 법령에 의한 행위 또는 업무로 인한 행위 기타 사회상규에 위배되지 아니하는 행위이다(형법 제20조).

② **정당방위** : 자기 또는 타인의 법익에 대한 현재의 부당한 침해를 방위하기 위한 행위이다(형법 제21조).[5]

---

5) 정당방위 부정 판례 : 피고인 김보은은 12살 때 의붓아버지로부터 성폭행을 당한 뒤 대학교 2학년 때까지 계속하여 의붓아버리로부터 심한 폭행과 공포분위기 속에서 성관계를 강요당해 오던중 의붓아버지를 살해하는 것이 노예상태로부터 벗어나는 유일한 길이라 생각하고 남자친구 乙과 함께 의붓아버지를 살해한 경우 …… 이 사건 범행무렵까지 피해자와의 성관계를 강요받아왔고, 그 밖에 피해자로부터 행동의 자유를 받아왔으며, 또한 그러한 침해행위가 그 후에도 반복하여 계속될 염려가 있었다면, 현재의 부당한 침해상태가 있었다고 볼 여지가 없는 것은 아니다.…방위행위가 … 사회통념상 상당성을 인정하기는 어렵

③ **긴급피난** : 자기 또는 타인의 법익에 대한 현재의 위난을 피하기 위한 행위이다(형법 제22조).[6)]

④ **자구행위** : 법정절차에 의하여 청구권을 보전하는 것이 불가능한 경우에 그 청구권의 실행불능 또는 현저한 실행곤란을 피하기 위해 하는 행위이다(형법 제23조).

⑤ **피해자의 승낙에 의한 행위** : 피해자의 승낙을 얻어서 법익을 침해하는 행위를 말한다(형법 제24조). 그 법익은 피해자가 스스로 처분할 수 있는 성격의 것이어야 함은 물론이다.[7)] 예컨대, 생명은 처분할 수 있는 법익이 아니므로, 죽여달라는 부탁을 받고 살해했더라도 촉탁살인죄(형법 제252조 1항)가 성립한다.

(다) 책임 : 책임이란 구성요건에 해당하는 위법행위를 저지른 자(불법행위자)에 대한 법적 비난가능성을 말한다. 형법에 정해진 행위(구성요건에 해당하는 행위)를 했고 그 행위를 정당화시켜 줄 사유가 없을지라도, 행위자를 비난할 수 없다면 범죄가 성립하지 않는다.[8)] "책임없으면 형벌없다."

① 책임무능력자의 행위는 처벌하지 않는다. 형법이 인정하는 책임무능력자는 형사미성년자와 심신상실자이나. 형사미성년자는 만 14세 미만인 자이다. 14세 미만의 소년의 행위가 형법에 위반하더라도 책임을 인정할 수 없어 범죄가 성립하지 않아 처벌할 수 없다(형법 제9조). 다만 소년법의 보호처분 대상이 될 수 있을 뿐이다. 심신상실자란 심신장애로 인하여

다(대판1991.12.22., 92도2540).

6) 판례는 "임신의 지속이 모체의 건강을 해칠 우려가 현저하고 기형아 내지 불구 출산의 가능성이 있는 경우 부득이 행하여진 의사의 낙태수술은 정당행위 내지 긴급피난에 해당되어 위법성이 조각된다"고 판시하고 있다(대판 1976.7.13, 75도 1205).

7) 판례는 "형법 제24조의 규정에 의한 위법성조각이 되는 '피해자의 승낙'은 해석상 개인적 법익을 훼손하는 경우에 법률상 처분할 수 있는 사람의 '자유로운 의사에 의한 진지한 승낙'이어야 하며, 그 승낙이 윤리적 · 도덕적으로 사회상규에 반하는 것이 아니어야 한다"고 보고 있다(대판 2008. 12.11, 2008도9606).

8) 책임주의란 책임 없으면 범죄는 성립하지 않고, 형량도 책임의 대소에 따라서 결정하여야 한다는 원칙이다.

사물의 시비선악을 판단하는 능력이 상실되었거나, 그 판단한 바에 따라 행위할 능력이 없는 사람을 말한다(형법 제10조 제1항).

② 한정책임능력자의 행위는 형을 감경한다(형법 제10조 2항). 스스로의 행위에 대해 책임질 능력이 부족하므로 그만큼 비난가능성도 적어지는 것이다. 심신미약자는 사물의 시비선악을 판단하거나, 그 판단한 바에 따라 행위할 능력이 미약한 자를 말한다. 또한 농아자의 행위는 형을 감경하고 있는데 농아자란 듣지도 말하지도 못하는 장애인을 말한다(형법 제11조).[9]

③ 강요된 행위 : 폭행이나 협박으로 강요당해서 어쩔 수 없이 한 행위도 적법행위 기대가능성이 없다고 보아 책임이 탈락된다.[10]

* 책임조각사유 : 책임무능력자(형사미성년자, 심신상실자), 강요된 행위

(2) 처벌조건(처벌가능성의 문제) (*범죄성립조건과 구별)

구성요건해당성 · 위법성 · 책임의 세 요소를 모두 구비한 행위가 범죄이다. 원칙적으로, 범죄성립요건을 갖추었으면 모든 범죄자에 대해 형법이 정한 형벌을 부과할 수 있다. 그러나 일부 특수한 범죄는 범죄가 성립하였다고 바로 형벌을 부과할 수 없고, 다음과 같은 일정한 조건을 구비해야만 비로소 형벌로서 처벌할 수 있는 경우가 있다.

즉, 처벌조건이란 범죄성립후 범죄자를 형사처벌하기 위해 특정한 조건을 요하는 경우를 말한다.

(가) 객관적 처벌조건 : 파산죄에 있어서 파산선고가 확정된 사실(파산법 제366조), 사전수뢰죄에 있어서 공무원 또는 중재인이 된 사실(제129조 제2항)을 말한다.[11]

---

9) 학설은 농아자를 심신미약자와 똑같이 취급하는 형법의 태도에 대해 비판적이다. 듣고 말하는 능력이 없는 장애인이라고 해서, 정신적인 능력도 미약한 것은 아니기 때문이다.

10) 예컨대, 가족을 인질로 붙잡힌 사람이 인질범의 요구대로 다른 사람의 재물을 훔쳐다 준 경우이다.

11) 예컨대, 사전수뢰죄(형법 제129조 제2항)는 공무원 또는 중재인이 될 자가 장래에 담당하게 될 직무에 관해 부정한 청탁을 받고 뇌물을 수수, 요구 또는 약속하는 범죄이다. 따라서 공무원임용시험에 합격하여 발령을 기다리고 있는 갑이 장래 자신이 담당할 직무에 관하여 부정한 청탁을 들어 주기로 하고 술을 얻어 마셨다면 사전수뢰죄가 성립한다.

(나) 인적처벌 조각사유 : 객관적 처벌조건이 적극적인 의미의 처벌조건이라면, 인적 처벌조각사유(人的處罰阻却事由)는 소극적인 의미의 처벌조건이다. 행위자와 피해자 사이의 개인적인 관계 때문에 처벌을 면해주는 조건을 말한다. 친족상도례(형법 328조), 범인은닉죄(형법 제151조)[12], 국회의원 면책특권(헌법 제45조) 등이 있다.

(3) 소추조건 : 소송법상 공소제기의 유효요건을 말한다.

범죄자도 국민의 한 사람이므로 법원의 재판을 통해서만 처벌할 수 있다. 범죄혐의자를 재판하기 위해 필요한 조건을 소추조건이라고 한다. 즉 범죄가 성립하고 형벌권이 발생한 경우라고 그 범죄에 대해서 소추(공소제기)하기 위해 갖추어야 할 필요조건을 의미한다.

* 인정취지 : 피해자의 명예보호, 경미한 범죄(피해자의 의사존중)

(가) 친고죄(정지조건부 범죄) : 피해자의 명예나 입장을 고려하여 고소가 없으면 처벌할 수 없도록 규정되어 있는 범죄를 말한다. 모욕죄, 사자(死者)명예훼손죄 등이 그 예이다. 따라서 피해자와 합의하여 고소를 취소한다면 형사처벌을 면할 수 있는 것이다.

(나) 반의사불벌죄(해제조건부 범죄) : 친고죄와는 달리 고소가 없더라도 처벌할 수는 있으나, 피해자가 처벌을 원하지 않는다는 의사를 밝히면 처벌할 수 없는 범죄를 말한다. 명예훼손죄, 폭행죄, 협박죄 등이 그 예이다.[13]

그렇지만 어떤 사정이 있어서 갑이 공무원에 임용되지 못했다면, 갑을 사전수뢰죄로 처벌할 수가 없다. 범행 후 '공무원이 되는 것'이 바로 사전수뢰죄의 처벌조건이다.

12) 범인은닉죄는 벌금 이상의 형에 해당하는 죄를 범한 자를 은닉하거나 도피시키면 성립한다. 그렇지만 행위자가 범인의 친족, 호주 또는 동거하는 가족인 경우에는 처벌하지 않는다. 비록 범죄를 범했을지라도 가족간의 정의관계를 고려하여 특별히 처벌을 면해주는 것이다. 따라서, 범인은닉죄로 처벌하기 위해서는 "인적 처벌조각사유가 없을 것"이 처벌조건이 되는 것이다.

13) 처벌을 원하지 않는다는 의사를 명백히 한 경우가 아니면(침묵하는 경우) 처벌된다. 역시 피해자와 합의하여 피해자가 처벌을 원하지 않는다는 의사표시를 해주면 처벌을 면할 수 있다.

2. 특수한 범죄형태

1) 예비 · 음모범

(1) 예비

범죄실행의 착수에 앞서 구성요건실현에 필요한 물질적 측면에서의 준비행위를 의미한다. 물적 준비행위와 인적 준비행위를 모두 포함한다고 보고 있다.[14)]

(2) 음모

일정한 범죄의 실현을 위한 2인 이상의 합의하는 것으로 심리적 측면에서의 준비행위를 의미한다. 예비와 음모는 실행의 착수 이전의 개념이라는 점에서 미수와 구별된다.

(3) 처벌

형법은 "범죄의 음모 또는 예비행위가 실행의 착수에 이르지 아니한 때에는 법률에 특별한 규정이 없는 한 벌하지 아니한다(제28조)"고 규정하고 있다.[15)]

2) 미수범

범죄의 실행에 착수하였지만, 행위를 완료하지 못했거나 결과가 발생하지 아니한 경우를 말한다. 형법은 원칙적으로 기수범만을 처벌한다. 따라서 형법은 개별적인 범죄행위의 특성에 따라 미수범을 처벌할 필요가 있는 범죄를 정해두고 있다.[16)] 형법체계상 미수는 장애미수, 중지미수, 불능미수가 있다.

---

14) 임웅, 『형법총론』 제8판, 법문사, 2016, 374면.

15) 예외적으로 처벌하는 이유는 심리적(음모) · 물질적(예비) 준비는 실행에 착수되면 실행행위 속에 흡수되기 때문이다. 또한 형법상 예비를 처벌하는 경우에는 음모도 처벌한다. 따라서 예비와 음모를 구별할 실익은 없다.

16) 예를 들어 형법 제254조의 "전4조(살인죄, 영아살해죄, 촉탁 · 승낙에 의한 살인죄 등, 위계 등에 의한 살인죄 등)의 미수범은 처벌한다"는 규정하고 있다.

(1) 장애미수

범죄의 실행에 착수하여 행위를 종료하지 못하였거나 결과발생을 가져오지 못한 원인이 범인 자신의 자의가 아닌 장애요인 때문인 경우로서(형법 제25조), 장애미수는 임의적 감경사유에 해당한다.

(2) 중지미수

행위자가 외부적 장애가 아닌 자의로 실행행위를 중지하거나 그 실행행위로 인한 결과발생을 방지한 경우(형법 제26조)를 의미하며, 중지미수는 필요적 감면(감경 또는 면제)사유이다.

(3) 불능미수

실행행위로 선택한 수단 또는 대상에 대한 착오로 인하여 결과발생이 불가능하지만 법익침해의 위험성이 있어서 가벌성이 인정되는 경우(형법 제27조)로서 임의적 감면사유에 해당한다.

3) 공범

다수인이 범행에 가담한 경우를 말한다. 형법이 규정하고 있는 공범형식에는 공동정범, 간접정범, 교사범, 종범 등이 있다.

(1) 공동정범

가담자 모두가 분업적 역할분담을 통하여 공동으로 범죄를 수행하는 것을 말한다. 가담자 모두를 그 범죄의 정범으로 처벌한다.

(2) 간접정범

어느 행위로 인하여 처벌되지 않거나 과실범으로 처벌되는 자를 이용하여 범행하는 것을 말한다. 이용행위의 형태에 따라 교사범 또는 방조범으로 처벌된다.

(3) 교사범

범죄의 의사가 없는 자를 부추겨서 범행하게 하는 것을 말한다. 교사를 받아

범죄를 실행한 자를 정범이라고 한다. 교사범과 정범은 똑같이 취급된다.[17)]

(4) 방조범(종범)

방조범이란 스스로 범죄의사를 가지고 범행하는 자(정범)에게 정신적 또는 물질적 도움을 줌으로써 범행을 용이하게 하거나 범죄의 결과가 커지게 한 자를 말한다. 범죄를 직접 실행한 자를 정범이라고 한다. 방조범의 형은 정범보다 감경한다.

[공범이론 도표식 정리]

구분	공동정범 제30조	교사범 제31조	종범 제32조	간접정범 제34조
개념	2인 이상이 공동하여 범죄를 실행하는 경우	타인을 교사하여 죄를 범하게 하는 것(범의 없는 자를 범죄실행의 결의를 발생시켜 범행)	타인의 범죄실행 행위를 도와주어 실현을 용이하게 하는 것(범의있는 자 방조)	타인을 도구로 이용하여 범죄를 실행하는 경우(책임무능력자, 과실범으로 처벌되는 자 이용)
요건	1. 주관적으로 공동실행의 의사(상호연락) 2. 객관적으로 공동실행의 사실	1. 타인을 교사할 것 2. 피교사자의 범죄실행	1. 방조의사 2. 방조행위 3. 정범의 실행행위	1. 피이용자는 어느 행위로 처벌되지 아니하거나 과실범으로 처벌되는 자 2. 피이용자를 교사 또는 방조하여야 한다. 3. 피이용자로 하여금 범죄행위의 결과가 발생해야 한다.
처벌	각자를 정범으로 처벌	정범과 동일한 형으로 처벌	정범의 형보다 감경 한다	교사 또는 방조의 예에 의해 처벌

4) 과실범과 부작위범

(1) 과실범

형법은 원칙적으로 고의범만을 처벌한다. 과실범은 특별히 처벌규정이 있는 경우에만 처벌한다. 예컨대, 과실로 인하여 사람을 죽게 한 경우에는 형법

17) 간접정범은 어느 행위로 인하여 처벌되지 않거나 과실범으로 처벌되는 자를 이용하여 자신의 죄를 범하는 것이지만, 교사범은 타인의 범죄행위를 부추기는 자로서 피교사자(정범)도 교사자와 동일하게 처벌된다.

第267조의 과실치사죄가 성립하지만, 과실재물손괴를 처벌하는 규정은 없으므로 과실로 타인의 재물을 손괴하였더라도 형사처벌의 대상이 되지는 않는다. 민법상의 손해배상책임을 지는데 그친다.

과실이란 주의의무에 위반한 것을 말한다. 즉 정상적인 주의를 기울였더라면, 자신의 행위로 인하여 범죄의 결과가 발생할 것을 예견하고 그 결과발생을 회피할 수 있었음에도 불구하고, 주의를 태만히 한 것을 의미한다.[18] 따라서 과실범이 성립하기 위해서는 우선 다음의 조건이 충족되어야 한다.

첫째, 먼저 주의의무가 있어야 한다.

둘째, 주의의무를 다 했더라면 그 결과를 예견, 회피할 수 있었다고 인정되어야 한다(예견가능성과 회피가능성). 결과발생이 불가피한 상황이었다면 과실은 인정되지 않는다.

셋째, 주의의무의 정도(예견가능성과 회피가능성)는 행위자와 비슷한 수준의 지식과 기술을 가진 보통 사람을 기준으로 판단한다.

(2) 부작위범

형법상 행위에는 일정한 동작을 한다는 적극적인 태도로서 작위(作爲)와 규범적으로 기대되는 요구된 일정한 동작을 하지 아니한다는 소극적 태도로서 부작위(不作爲)가 있다.[19] 즉 부작위란 마땅히 해야 할 행위(작위의무)를 하지 않는 것을 말한다. 따라서 자연적인 의미에서 아무 것도 하지 않는 것(동작을 하지 않는 것)과는 다른 의미이다.

(가) 진정부작위범 : 형법상의 범죄유형 중에는 애당초 부작위의 형식으로만 범할 수 있는 범죄도 있다. 예컨대, 퇴거불응죄(형법 제319조 제2항)는 타인의 주거에서 퇴거할 의무 있는 자가 퇴거하지 않음(부작위)으로써 성립하는 범죄이다. 이것을 진정부작위범이라고 한다.

---

18) 신동운, 『형법총론』 제9판, 법문사, 2015, 228면.
19) 임웅, 『형법총론』 제8판, 법문사, 2016, 562면.

(나) 부진정부작위범 : 작위(적극적인 동작)의 형식으로 규정된 범죄를 부작위에 의해 완성할 수도 있다. 이것을 부진정부작위범이라고 한다. 구성요건을 충족시키기 위해서는 반드시 적극적으로 어떤 행동을 해야만 하는 것은 아니다. 마땅히 해야 할 행위를 하지 않음으로써, 구성요건에 해당하는 결과를 발생시킨 경우에도 구성요건이 충족될 수 있다. 예컨대, 병든 노모를 죽게 할 작정으로 밥을 주지 않아서 사망하였다면, 밥을 주지 않은 것 자체가 '살해행위'로 평가될 수 있는 것이다.

범죄유형의 특성에 따라 다르지만, 대부분의 범죄는 부작위로도 범할 수 있다. 작위에 의한 범죄와 똑같이 취급된다.

제3절 형벌이론

1. 형벌이란

범죄에 대한 법률효과로서 나타나는 형사제재는 형벌과 보안처분이 있다. 형벌은 책임을 전제로 과거의 범죄행위에 대한 불이익처분을 의미한다. 이에 반해 보안처분은 장래의 범죄 위험성에 대한 형사제재라는 점에서 차이가 있다.

1) 형벌의 목적

형벌은 범죄를 저지른 것에 대한 응보의 의미를 지니고 있음은 물론이다(응보형주의). 그러나 더욱 중요한 것은 범죄자를 개선·교화함으로써 새로운 범죄를 예방하려는 목적을 가진다는 사실이다(목적형주의). 이것을 특별예방과 일반예방의 목적이라고 한다.[20]

① 특별예방이란 범죄자라는 특별한 사람에 대해 이에 상응하는 형벌(개별적 처우)을 통해서 다시는 범죄에 빠지지 않도록 교화·개선함으로써 범죄를 예방하는 기능을 의미한다. 현대 형벌의 목적에 부합한다.

② 일반예방이란 범죄인에 대한 형벌부과를 통해 일반인에게 범죄를 저지르면 이러한 형벌이 부과된다는 사실을 알림으로써, 일반인이 범죄에 빠지지 않도록 경계하게 함으로써 범죄를 예방하는 기능을 의미한다.

20) 임웅, 앞의 책, 629~631면.

2) 종류와 경중

현행형법 제41조에 9가지의 형벌이 규정되어 있는데, 사형 · 징역 · 금고 · 자격상실 · 자격정지 · 벌금 · 구류 · 과료 · 몰수의 순으로 형벌의 무거운 순서가 정해져 있다.[21] 사형은 제5장 사회적 이슈와 인권에서 후술하기로 하고 이곳에는 자유형, 재산형, 명예형으로 나누어서 형벌의 종류를 설명하고자 한다.

(1) 자유형

자유형은 수형자를 일정한 장소에 격리 · 구금함으로써 신체활동의 자유를 박탈하는 형벌이다. 종래 사형 및 재산형에 대한 비중이 근대에 이르러 자유형에로 옮아져 오늘날 형벌제도의 중심이 되고 있다.

(가) 종류

현형 형법상 인정되는 자유형은 징역 · 금고 · 구류이다.

① **징역**(형법 제67조) : 징역은 수형자를 교도소 내에 구치하여 정역에 복무하게 하는 것을 내용으로 하는 자유형으로서 자유형 가운데 가장 중한 형벌이다. 유기징역은 1월 이상 30년 이하로 하며 형을 가중하는 때에는 50년까지로 한다(형법 제42조). 무기징역은 사형 다음으로 중한 형벌로서 종신형이다.

② **금고**(형법 제68조) : 금고는 수형자를 교도소 내에 구치하여 자유를 제한하는 형벌이지만, 정역에 복무하지 않는다는 점에서 징역과 구별된다. 주로 정치범, 과실범 등 다소 명예를 존중할 필요가 있는 자에 대해서 과해지며 구금을 통해 명예를 떨어뜨리는 작용을 한다는 점에서 '명예적 구금'이라고도 부른다. 금고도 유기와 무기로 나누어진다.

---

21) '과태료'는 형벌이 아니라 행정벌이다. 행정벌이란 형벌과는 달리 행정상의 목적을 달성하기 위해 행정청이 과하는 불이익처분일 뿐이다. 반면 '벌금'은 범죄행위에 대한 형벌로서 전과가 남는 형사처분이다.

③ **구류**(형법 제68조) : 구류도 교도소 내에 구치하여 집행되는데, 다만 그 기간이 1일 이상 30일 미만인 점에서 징역이나 금고와 구별된다. 금고와 구류도 수형자의 신청에 의하여 작업을 과할 수 있다(행형법 제38조).

(나) 제도적 취지

범죄인의 자유를 박탈하고, 징역의 경우 노동을 부과함으로써 응보적 해악으로서도(응보형론), 교화개선목적을 위한 형벌로서도(교육형론) 가장 바람직한 제재수단이다. 또한 범죄인을 사회로부터 격리함으로써 장래의 범죄적 위험행위에 대하여서도 사회를 방위할 수 있다(사회방위주의)는 점에서 현대 형벌의 가장 많은 부분을 차지하고 있다.

(2) 재산형

범죄인에 대하여 국가가 일정한 금전의 지급을 명하여 범죄인의 재산적 이익을 박탈하는 것을 내용으로 하는 형벌이다.

(가) 현행법상 재산형제도

① **벌금** : 5만원 이상으로 하며 상한에는 제한이 없다. 다만 감경하는 경우에는 5만원 미만으로 할 수 있다(형법 제45조). 벌금은 판결확정일로부터 30일 내에 납입해야 하고, 납부하지 않으면 1일 이상 3년 이하의 기간동안 노역장 환형처분을 받을 수 있다(형법 제69조).

② **과료** : 2천원 이상 5만원 미만으로 한다(형법 제47조).

③ **몰수** : 원칙적으로 다른 형벌에 부가되어 과해지는 부가형이다(형법 제48조, 제49조). 범죄의 반복, 범죄로 인한 이득을 방지하기 위해 범행과 관련된 재산을 박탈하여 국고에 귀속시키는 재산형이다.[22]

---

22) 몰수는 범죄의 반복을 방지하고 범죄로부터 이득을 얻지 못하게 할 목적으로 범행과 관련된 재산을 박탈하여 국고에 귀속시키는 재산형이다. 원칙적으로 주형에 부가되는 부가형이나(행위자에게 유죄의 재판을 아니할 때에 몰수의 요건이 있는 때) 예외적으로 몰수만을 선고할 수 있다.
① 임의적 몰수 : 원칙적으로 법관의 자유재량에 의해 결정(형법 제48조).
② 필요적 몰수 : 뇌물죄에 있어서 뇌물(제134조), 아편에 관한 죄에 제공한 아편, 몰핀, 그 화합물, 아편흡식기(제206조), 배임수재죄의 재물(제357조 3항) 등이 있다.

> ※ **추징**
> 소비・분실・양도 등으로 몰수할 대상물의 전부 또는 일부를 판결 당시 사실상 또는 법률상 몰수하기 불능한 경우 몰수에 갈음하여 그 가액의 납부를 명하는 사법처분을 말한다(형법 제48조 2항).

(3) 명예형

범죄인의 명예감정을 손상시키거나 명예롭게 사회적 지위를 누릴 수 있는 권리를 박탈 내지 제한하는 형벌이다.

(가) 현행 형법상의 명예형

① **자격상실**(제43조 1항) : 사형, 무기징역 또는 무기금고의 선고가 있으면 형의 효력으로서 당연히 일정한 자격이 상실되는 것을 말한다.

> ※ **상실되는 자격**
> ① 공무원이 되는 자격, ② 공법상의 선거권과 피선거권, ③ 법률로 요건을 정한 공법상의 업무에 관한 자격, ④ 법인의 이사, 감사 또는 지배인 기타 법인의 업무에 관한 검사역이나 재산관리인이 되는 자격.

② **자격정지** : 일정기간 일정한 형의 판결을 받은 자의 일정한 자격의 전부 또는 일부를 정지시키는 것을 말한다. 자격의 당연정지(제43조 2항)와 판결선고에 의한 자격정지가 있다.

3) 양형

법관이 구체적인 행위자에 대해 선고할 형을 정하는 것을 양형(형의 양정)이라고 한다. 양형의 기초가 되는 것은 법정형이다. 법정형이란 개개의 구성요건에 정해져 있는 형벌을 말한다. 처단형이란 법정형에 근거하여 형에 대한 가중, 감경을 한 형을 의미하며, 선고형이란 처단형의 범위에서 구체적으로 형을 양정하여 피고인에게 선고하는 것을 의미한다.[23)]

---

23) 구형은 피고인 신문과 증거조사가 모두 끝난 후 검사의 구체적인 형벌에 관한 의견진술이다. 따라서 법원에 아무런 구속력도 가지지 않는다. 따라서 형법의 규정에서 '형'이라

2. 보안처분이란

보안처분이란 행위 속에 나타난 행위자의 장래의 범죄적 위험성 때문에 행위자를 개선 내지 재사회화하고 위험한 행위자로부터 사회를 방위하기 위하여 부과되는 형사제재이다.[24] 즉 사회방위로서의 '보안'의 성격과 범죄자의 사회복귀를 위한 '개선'처분으로서의 성격을 함께 가지고 있다.[25]

그러나 최근 우리나라는 성범죄에 대한 대책으로 '보안'만을 강조하는 전자발찌법, 화학적거세법, 신상공개법을 제정하여 운영하고 있으며, 이러한 '보안처분'이 실질적으로는 형벌적 성격을 가지고 있어 헌법상 '이중처벌금지', '과잉금지의 원칙'을 위반하여 범죄자의 인권을 침해하고 있다는 지적이 있다.[26]

1) 치료감호

심신장애자 또는 마약이나 알코올 중독자로서 재범의 위험성이 있는 자에게 부과된다. 치료감호법 개정전에는 완치될 때까지 감호시설에 수용할 수 있었으나, 이제는 심신장애와 정신성적 장애인의 치료감호는 최대 15년, 약물중독자는 최대 2년까지 치료감호시설에 수용할 수 있다.[27]

2) 보호관찰

시설에 수용하여 자유를 박탈하지는 않지만, 일정한 장소의 출입제한, 특정 물품의 사용금지 등 준수사항을 부과하는 방법으로 자유를 제한하는 처분이다. 보호관찰의 시행 등에 관한 일반적 사항은 「보호관찰 등에 관한 법률」에 규정되어 있다.

함은 대부분 법정형을 의미한다. 예컨대 "그 죄에 정한 형의 2분의 1까지 가중한다"고 할 때의 '형'이란 법정형을 의미한다. 또 "가장 중한 죄에 정한 형으로 처벌한다(제40조)"고 할 때의 '형'도 법정형을 의미한다. 따라서 '중한 죄'도 역시 법정형을 기준으로 결정한다. 법정형에 복수의 형종이 규정되어 있는 경우에는 그 중 가장 무거운 형을 비교한다.

24) 임웅, 앞의 책, 700면.

25) 신동운, 앞의 책, 859면.

26) 이에 관해서는 후술하는 제5장 사회적 이슈와 인권에서 자세히 논하고자 한다.

27) 치료감호법 제16조 ② 참조.

보호관찰의 대상은 소년법 제32조의 보호관찰처분을 받은 소년, 소년원에서 가석방 또는 가퇴원된 소년, 형법 제59조의2, 제62조의2의 규정에 의하여 보호관찰처분을 받은 자 등이다. 보호관찰의 기간은 개별법령에 따라 다르다.[28)]

3) 사회봉사 · 수강명령

사회봉사는 500시간, 수강명령은 200시간의 범위 내에서, 사회봉사를 하거나 수강할 분야와 장소 등을 지정하여 부과한다(보호관찰 등에 관한 법률 제59조). 형법 제62조의2는 형의 집행을 유예하는 경우에는 보호관찰이나 사회봉사 또는 수강을 명할 수 있다고 규정하고 있다. 가정폭력범죄의 처벌 등에 관한 특례법 제40조 제1항 제3호에도 가정폭력행위자에 대해서도 사회봉사 또는 수강을 명할 수 있도록 규정되어 있다.

3. 형의 유예제도

형의 유예는 단기자유형의 폐해를 방지하고 형을 집행하지 않고도 형벌의 목적을 달성하기 위하여 재판단계에서 피고인에 대한 형의 선고 또는 집행을 일정기간 유예하는 제도를 말한다. 현행법상 선고유예와 집행유예제도가 인정되고 있다. 범죄인이 유예된 기간을 특정한 위반 없이 경과하면 형의 선고 자체를 면하게 하거나 처음부터 형의 선고가 없었던 것과 동일한 효과를 갖게 된다.

따라서 이 제도는 사회 내 처우를 통하여 피고인의 사회복귀를 용이하게 함으로써 형벌의 특별예방의 목적에 이바지하는 것이다.

> **※ 기소유예 구별**
> 피의자에게 공소를 제기함에 충분한 범죄의 객관적 혐의가 있고 소송조건이 구비되어 있는 경우에도 검사의 재량에 의하여 기소하지 않는 수사종결처분이다.

---

28) 예를 들어, 치료감호법상 보호관찰기간은 3년이며, 소년법상 단기보호관찰은 1년, 장기보호관찰 2년으로 규정되어 있다.

1) 형의 선고유예

범죄내용이 경미한 범죄인에 대하여 일정기간 형의 선고를 유예하고 그 유예기간을 특별한 사고 없이 경과하면 면소된 것으로 간주하는 제도이다(형법 제59조). 개선가능한 초범에 대하여 재판단계에서 사회 내 처우를 명하여 범죄인의 사회복귀를 촉진시킨다는 취지에서 도입되었다.

(1) 요건(제59조)

① 1년 이하의 징역이나 금고, 자격정지 또는 벌금의 형을 선고할 경우이어야 한다. ② 개전의 정이 현저하여야 한다. ③ 자격정지 이상의 형을 받은 전과가 없어야 한다.

(2) 선고유예의 효과

선고유예의 판결 여부는 법원의 재량에 속한다. 선고유예는 조건부 유죄판결이므로 그 범죄사실과 선고한 형을 정하여야 한다. 형의 선고유예를 받은 날로부터 2년을 경과하면 면소된 것으로 간주한다(제60조).[29]

2) 형의 집행유예

유죄를 인정하여 형을 선고하면서 일정한 기간 그 형의 집행을 유예하여 유예기간 중 그 유예가 실효 또는 취소되지 않고 유예기간을 경과하면 형의 선고의 효력을 상실케 하는 제도(제62조)이다.

본 제도는 일정기간 동안 형의 집행을 유예함으로써 범죄인에게 심리적 압박을 가하는 동시에 일정기간 후에 선고효력이 없어진다는 희망을 갖게 하여 범죄인의 개선을 유도할 수 있다. 즉 범죄인이 형의 집행으로 인해 받을 수 있는 사회복귀의 어려움을 없애는 데에 형사정책적 목적이 있다.

---

29) 면소판결은 실체관계적 형식재판으로서 무죄판결과 구별된다. 면소판결은 범죄가 성립하더라도 형사소송상 더 진행시킬 소송의 이익이 없는 경우 일단 발생한 형벌권의 소멸을 인정하는 판결을 말한다(형소법 제326조). 반면 무죄판결은 공소사실이 범죄로 인정되지 않거나 사실의 증명이 없는 때 선고하는 판결이다(형소법 제325조).

(1) 집행유예의 요건(제62조)

① 3년 이하의 징역 또는 금고의 형을 선고할 경우이어야 한다. 형을 병과할 경우 그 형의 일부에 대하여 집행을 유예할 수 있다(동조 제2항). ② 정상을 참작할 사유가 있어야 한다(형법 51조), ③ 금고 이상의 형을 선고를 받아 집행을 종료하거나 면제된 후 3년을 경과하여야 한다(2005년 개정). ④ 이상의 요건을 충족하면 1년 이상 5년 이하의 기간(집행유예기간) 형의 집행을 유예할 수 있다.

(2) 집행유예의 효과

집행유예의 선고 후 그 선고의 실효 또는 취소됨이 없이 유예기간을 경과한 때에는 형의 선고는 효력을 잃는다. 즉 형의 집행이 면제될 뿐만 아니라 처음부터 형의 선고의 법률상 효과가 없어진다(전과자가 되지 않음).[30]

	선고유예 (제59조-61조)	집행유예 (제62조-제65조)
법적 성질	특별예방적 작용에 따른 독자적 제도	1) 형집행의 변형 2) 형벌과 보안처분의 성질을 모두 갖춘 독자적 제도
요건	1) 1년 이하의 징역, 금고, 자격정지 또는 벌금을 선고할 경우	1) 3년 이하의 징역이나 금고형을 선고할 경우
	2) 개전의 정이 현저하다고 판단될 경우	2) 개전의 정이 현저하다고 판단될 경우
	3) 자격정지 이상의 형을 선고받은 사실이 없어야 함	3) 금고 이상의 형을 선고받은 사실이 있는 경우는 형의 집행을 면제받거나 집행을 종료한 후 5년이 경과할 것
결정	1) 법원의 재량적 판단 2) 필요할 경우 1년간 보호관찰부과(임의적 부과)	1) 법원의 재량적 판단 2) 필요할 경우 유예기간동안 보호관찰을 부과하거나 수강명령, 사회봉사명령 부과(임의적 부과)
기간	2년	1년 이상 5년 이하
법적 효과	면소된 것으로 간주	1) 형 선고의 효력상실 2) 형의 선고로 인한 기존의 법률효과에는 영향을 미치지 않음

30) 그러나 형의 선고가 있었다는 기존의 사실까지 없어지는 것은 아니다(대판 1983년 4월 2일 83모 8).

제4절 형법각칙상의 범죄유형

형법은 제1조~제86조 형법총칙(형법일반이론)과 제87조~372조 형법각칙으로 구성되어 있는데, 각칙은 크게 국가적 법익, 사회적 법익, 개인적 법익을 침해하는 범죄로 구분하고 총 42장으로 각 장마다 특유한 범죄유형을 규정하고 있다.

1. 국가적 법익을 침해하는 죄

1) 국가존립에 대한 죄

① 내란의 죄(제1장)
② 외환의 죄(제2장)
③ 국교에 관한 죄(제4장)

2) 국가의 권력 · 권위 · 기능에 대한 죄

① 국기에 관한 죄(제3장)
② 공무원의 직무에 관한 죄(제7장)
③ 공무방해에 관한 죄(제8장)
④ 도주와 범인은닉에 관한 죄(제9장)
⑤ 위증과 증거인멸의 죄(제10장)
⑥ 무고의 죄(제11장)

2. 사회적 법익을 침해하는 죄

1) 공공위험에 대한 죄

① 공안을 해하는 죄(제5장)

② 폭발물에 관한 죄(제6장)

③ 방화와 실화의 죄(제13장)

④ 일수와 수리에 관한 죄(제14장)

⑤ 교통방해의 죄(제15장)

2) 공중위생에 대한 죄

① 음용수에 관한 죄(제16장)

② 아편에 관한 죄(제17장)

3) 사회도덕에 대한 죄

① 신앙에 관한 죄(제12장)

② 성풍속에 관한 죄(제22장)

③ 도박과 복표에 관한 죄(제23장)

4) 공공의 신용에 대한 죄

① 통화에 관한 죄(제18장)

② 유가증권・우표와 인지에 관한 죄(제19장)

③ 문서에 관한 죄(제20장)

④ 인장에 관한 죄(제21장)

3. 개인적 법익을 침해하는 죄

1) 생명 · 신체에 대한 죄

① 살인의 죄(제24장)
② **상해와 폭행의 죄**(제25장)
③ 과실사상의 죄(제26장)
④ 낙태의 죄(제27장)
⑤ 유기와 학대의 죄(제28장)

2) 자유와 안전에 대한 죄

① 체포와 감금의 죄(제29장)
② 협박의 죄(제30장)
③ 약취와 유인의 죄(제31장)
④ **강간과 추행의 죄**(제32장)
⑤ **주거침입과 퇴거불응죄**(제36장)
⑥ 권리행사를 방해하는 죄(제37장)

3) 명예 · 신용 · 비밀에 대한 죄

① **명예에 관한 죄**(제33장)
② 신용 · 업무와 경매에 관한 죄(제34장)
③ 비밀침해의 죄(제35장)

4) 재산에 대한 죄

① **절도와 강도의 죄**(제38장)
② 사기와 공갈의 죄(제39장)

③ 횡령과 배임의 죄(제40장)

④ 장물에 관한 죄(제41장)

⑤ 손괴의 죄(제42장)

4. 개인적 법익과 관련된 대표적인 범죄유형 고찰

형법각칙의 모든 범죄유형에 대해 학문적으로 고찰하는 것은 지면상 한계가 있다. 따라서 이하에서는 대표적으로 일상생활과 밀접한 관련이 있는 범죄유형을 중심으로 살펴보고자 한다. 특히 그 개념구별에 혼동이 있을 수 있는 상해죄와 폭행죄, 명예훼손죄와 모욕죄, 강제추행죄와 강간죄, 절도죄와 점유이탈물횡령죄, 주거침입죄와 퇴거불응죄에 대해 살펴보고자 한다.

1) 상해죄와 폭행죄

살인죄가 사람의 생명을 침해하는 것이라면, 상해죄와 폭행죄는 사람의 신체를 침해하는 범죄이다. 우리나라의 경우에는 폭행죄의 결과적 가중범으로 폭행치사죄를 규정하고, 상해죄의 미수범 처벌 규정을 두고 있어 양 죄를 별개로 엄격하게 구별하고 있음을 알 수 있다.

따라서 보호법익에 있어서도 살인죄에서 보호하는 '생명권' 다음으로 중요한 사람의 '신체의 건강과 안전'을 보호한다는 입법취지는 같다고 볼 수 있으나, 보호하고자 하는 그 세부내용에 있어서 상해죄는 사람의 '신체의 건강'을, 폭행죄는 '신체의 건재(완전성)'를 보호법익으로 구별하여 적용하고 있다(다수설).

(1) 상해죄

> **제257조【상해】** ① 사람의 신체를 상해한 자는 7년 이하의 징역, 10년 이하의 자격정지 또는 1천만원 이하의 벌금에 처한다.

(가) 구성요건

① **객체** : 사람의 신체이다. 즉 자기 이외의 생존자인 자연인의 신체이다. 이 점에서 자신의 신체를 상해하는 자상행위는 형법상의 범죄가 아니다. 다만 병역법 제86조, 군형법 제41조 1항에 해당하는 자상행위는 처벌받는다.

② **행위** : 상해란 신체의 생리적 기능을 훼손하는 것을 의미한다(통설과 판례). 따라서 육체적・정신적인 병적 상태를 야기시키는 건강악화, 질병감염, 찰과상처럼 신체에 상처를 내는 것 등은 상해에 해당하게 된다.[31] 상해를 생리적 기능의 훼손으로 보게되면 외관의 상처가 없는 성병감염, 처녀막파열, 보행불능, 수면장애, 식욕감퇴와 같은 기능장애를 야기시킨 경우도 상해에 해당한다고 볼 수 있다.[32]

③ **수단・방법** : 상해의 수단・방법에는 제한이 없다. 유형, 무형적 방법을 불문하고 작위뿐만 아니라 부작위에 의한 상해도 가능하다.[33]

④ **고의** : 본죄가 성립하려면 상해죄의 고의가 있어야 한다. 따라서 폭행의 사로 폭행하여 상해가 발생하면 폭행치상죄가 성립할 뿐이다(형법 제262조). 보복목적으로 상해하는 경우에는 특가법 제5조의 9항과 3항에 의하여 가중처벌된다.

(나) 위법성 : 수술과 같은 의사의 치료행위는 업무로 인한 정당한 행위로서 위법성이 조각된다는 것이 종래 판례와 통설이었으나, 최근 피해자의 승낙으로 위법성이 조각된다는 견해가 유력하게 제기되고 있다. 치료행위에 있어 신체처

---

31) 이 견해에 의하면 모발이나 수염절단이나 손톱을 깎아내는 행위 등은 신체 외관에 변경을 가져왔다 하더라도 상해가 아니다. 반면 신체완전성설에 의하면 상해로 볼 수 있다.

32) 판례는 "상해란……신체의 완전성을 훼손하거나 생리적 기능에 장애 초래를 의미한다"고 판시하고 있다(대판 82도2588). 또한 이런 근거에서 판례는 '강제추행치상죄' 인정여부에 관한 사건에서 "피해자의 음모의 모근 부분을 남기고 모간부분만을 일부 잘라냄으로써 음모의 전체적인 외관에 변형만 생겼다면, 이로 인하여 피해자에게 수치심을 야기하기는 하겠지만, 병리적으로 보아 피해자의 신체의 건강상태가 불량하게 변경되거나 생활기능에 장애를 초래되었다고 할 수는 없으므로 폭행에 해당할 수 있음은 별론으로 하고 강제추행치상죄의 상해에 해당하지 않는다"고 판결하였다(대판 2000. 3. 23, 99도3099).

33) 부작위에 의한 방법으로는 보호자가 어린 아기에게 젖을 주지 않아 영양실조를 발생하게 하는 경우를 들 수 있다.

분의 '의사결정' 주체는 피해자인 환자 본인이라는 점에서 인권보장 및 사후 의료사고에 있어 피해자보호를 위해서도 의사의 치료행위는 피해자의 유효한 승낙(의사의 충분한 설명의무에 근거한 합리적인 판단)으로 위법성이 조각된다고 보는 것이 타당하다.[34] 또한 치료행위는 그 자체가 건강을 촉진시키는 행위이므로 상해죄의 구성요건에 해당하지 않는다는 견해도 있다.

(2) 폭행의 죄

> **제260조【폭행】** ① 사람의 신체에 대하여 폭행을 가한 자는 2년 이하의 징역, 500만 원 이하의 벌금, 구류 또는 과료에 처한다.
> ③ 제1항 및 제2항의 죄는 피해자의 명시한 의사에 반하여 공소를 제기할 수 없다.

(가) 서설

① **의의** : 사람의 신체에 대하여 폭행을 가함으로써 성립하는 범죄이다. 폭행이란 유형력의 행사를 말한다. 형식범이므로 미수범 처벌규정이 없다.

② **행위** : 행위는 협의의 폭행, 즉 사람의 신체에 대한 직접적 유형력 행사를 의미한다. 유형력은 넓은 의미의 물리력을 의미하며 신체에 대한 공격이라면 화학적 · 생리적 작용은 물론 빛 · 열 · 전기 등 에너지 작용도 포함한다.[35] 예컨대 음파, 신변 가까이서 북이나 징을 연타하는 경우를 말한다. 그러나 집마당에 인분을 붓는 행위, 방문을 발로 차는 행위 등은 폭행이 아니다. 그리고 폭행의 성질상 반드시 신체상 가해의 결과를 야기함에 족한 완력행사를 요하지 않고, 사람의 신체에 접촉할 필요도 없으며 육체적 고통을 수반하는 것도 요하지 않는다.

---

34) 판례도 과거 의사의 치료행위를 '업무로 인한' 정당행위로 위법성을 조각하고 있었으나, 이후 '자궁적출수술사건'에서 "자궁외 임신에 관한 내용을 설명 받지 못한 피해자로부터 수술승낙을 받았다면 위 승낙은 부정확 또는 불충분한 설명을 근거로 이루어진 것으로서 수술의 위법성을 조각할 유효한 승낙이라고 볼 수 없다"고 보고 의사의 업무상과실치상죄을 인정하였다(대법원 1993. 7. 27. 92도 2345). 즉 본 판결은 의사의 치료행위에 대한 위법성 조각의 근거를 피해자의 승낙에서 찾고 있음을 분명히 보여주고 있다.

35) 예를 들어 차기, 때리기, 밀기, 떠밀기, 잡아당기기, 마취약 등 화학적 · 생리적 작용 일체, 동물, 식물, 곤충류 이용, 놀라게 하는 것, 간지르는 것, 꼬집는 것, 최면술 쓰는 것 등을 모두 포함한다.

③ **기수** : 이 죄는 형식범이다. 따라서 유형력의 행사만 있으면 기수에 이른다. 폭행에 의한 상해결과 발생여부는 폭행죄의 성립에 영향이 없다.

④ **반의사불벌죄** : 본죄는 피해자의 명시적인 처벌의사가 있어야 처벌할 수 있다. 단 처벌을 희망하는 의사표시가 없어도 공소는 제기할 수 있으나 처벌을 희망하지 아니하는 의사표시가 있거나, 처벌을 희망하는 의사표시를 철회하였을 때에는 공소제기를 할 수 없고, 공소를 제기한 경우 공소기각 판결을 하여야 한다. 그러나 폭력행위 등 처벌에 관한 법률을 위반한 경우에는 반의사불벌죄가 아니다.

2) 특수폭행죄

제261조 【특수폭행】 단체 또는 다중의 위력을 보이거나 위험한 물건을 휴대하여 제260조 제1항 또는 제2항의 죄를 범한 때에는 5년 이하의 징역 또는 1천만원 이하의 벌금에 처한다.

단체 또는 다중의 위력을 보이거나, 위험한 물건을 휴대하여 사람의 신체에 대하여 폭행을 가함으로써 성립하는 범죄이다. 본죄의 유형은 폭력행위 등 처벌에 관한 법률 제3조 제1항이 특별법으로 우선 적용되기 때문에 실질적으로 적용될 여지가 없다. 단체란 공동목적을 가진 다수 자연인의 시간적 계속성을 지닌 결합체, 조직체를 의미한다. 예컨대, 변호사회, 정당, 폭력집단, 노동조합 등 모두 단체이다. 다중은 다수 자연인의 단순한 집합이다. 단체와 같이 공동목적을 가지거나 조직적으로 구성될 필요도 없다. 다만 일시적 집합이므로 현장에 집합해야 한다. 구성원 수는 제한이 없으므로 수명으로도 가능하다. 위험한 물건은 사람의 생명·신체에 해를 가하는 데에 사용될 수 있는 물건(살상 용도)으로 흉기보다 넓은 개념이다.[36] 휴대란 몸에 지닌다는 의미이다. 몸에 지니고 있음으로

---

36) 판례는 쇠파이프와 각목(99도4146), 사주된 동물(97도597), 당구 큐대(96도3346), 깨어진 병(91도80), 마요네즈 병(84도647), 드라이버(83도3165), 면도칼(78도2027), 곡괭이자루(대판89도2245), 시멘트 벽돌(89도2273), 자동차(대판97도597)를 위험한 물건으로 인정하고 있다.

족하고, 상대방에게 인식시킬 필요는 없다.

3) 명예훼손죄와 모욕죄

(1) 명예훼손죄

> **형법 제307조 1항** 공연히 사실을 적시하여 사람의 명예를 훼손하면, 2년 이하의 징역이나 금고 또는 500만원 이하 벌금에 처한다.
> **형법 제307조 2항** 허위의 사실 적시하여 사람의 명예를 훼손하면, 5년 이하의 징역, 10년 이하 자격정기 또는 1천만원 이하의 벌금에 처한다.
> **정보통신망 이용촉진 및 정보보호 등에 관한 법률 제70조 1항** 사람을 비방할 목적으로 정보통신망을 통하여 공연히 사실을 적시하여 타인의 명예를 훼손하는 경우 3년 이하의 징역이나 금고 또는 2,000만원 이하의 벌금에 처한다.
> **제70조 2항** 사람을 비방할 목적으로 정보통신망을 통하여 공연히 허위의 사실을 적시하여 타인의 명예를 훼손하는 경우에는 7년 이하의 징역, 10년 이하의 자격정지 또는 5,000만원 이하의 벌금에 처한다.

(가) 의의 : 명예훼손죄는 공연히 사실 또는 허위의 사실을 적시하여 사람의 명예를 훼손함으로써 성립하는 범죄로서 반의사불벌죄이다.

(나) 구성요건

① **공연성** : '공연히 사실을 적시하여~' 불특정 또는 다수인이 인식할 수 있는 상태를 의미한다(통설, 판례). 명예훼손죄 성립의 객관적 요건을 의미하며(면전성 불요), 공연성을 요구하는 취지는 명예훼손을 쉽게 인정하게 되면 상대적으로 헌법상 표현의 자유를 지나치게 제한할 수 있기 때문이다.

또한 불특정 또는 다수인이 현실적으로 인식할 필요는 없고, 직접적으로 인식 가능한 상태에 도달하면 기수가 된다(추상적 위험범, 통설).[37]

---

37) 불특정 또는 다수인이 인식할 수 있는 상태를 말하고 특정 소수의 경우 공연성이 부정된다. 판례는 甲이 A의 명예훼손할 만한 사실이 기재된 진정서를 19명에게 개별적으로 발송한 경우 공연성을 인정하고 있으며(대판91도347), 또한 직장의 전산망에 설치된 전자게시판에 사실을 적시하였다면 전자게시판을 본 사람이 없다하더라도 공연성을 인정하고 있다(대판99도5734).

※ **예외 : 전파가능성 이론**(대판99도5622)
대법원은 "피고인의 말을 들은 사람은 한 사람씩에 불과하였으나 그들은 피고인과 특별한 신분관계가 있는 자가 아니며, 그 범행의 내용도 지방의회 의원선거를 앞둔 시점에 현역 시의회 의원이면서 다시 그 후보자가 되고자 하는 자를 비방한 것이어서 피고인이 적시한 사실이 전파될 가능성이 많으므로 공연성이 인정된다"고 판시하고 있다(96도1007).[38)]

☞ **비판**

- 명예훼손죄의 처벌근거는 적시된 사실의 전파 위험성에 있는 것이 아니라 사실의 적시가 있음으로써 직접 발생할 명예훼손의 위험성에 있는 것이다.
- 전파성의 이론은 표현의 자유를 본질적으로 침해할 가능성이 있다.
- 전파 가능성 유무 판단의 객관적 기준이 없어 구체적 적용과정에서 법관의 자의가 개입할 여지가 크다.

② **사실의 적시**(모욕죄와 구별) : 사람의 사회적 평가를 저하시키는데 족한 사실을 지적하는 것을 의미한다. 사실은 증명 가능한 과거 또는 현재의 상태이어야 한다.

(다) 위법성

① 일반적 위법성 조각 사유

• **정당행위** : 법령, 업무 기타 사회상규에 반하지 않는 행위로서 위법성이

---

38) * 공연성을 인정한 판례 : "시커멓게 생긴 놈하고 매일 같이 붙어 다닌다. 점방마치면 여관에 가서 누워 자고 아침에 들어온다"고 말한 경우에는 말의 전파가능성이 없어서 공연성이 결여되었다는 주장은 허용될 수 없다(대판83도2222); 피고인이 행정서사 사무실에서 피해자와 같은 교회를 다니는 세 사람에게 "피해자가 처자식이 있는 남자와 살고 있다는데 아느냐"고 한 경우에 피고인이 그들에게 적시한 사실은 그들을 통하여 불특정 또는 다수인에게 전파될 가능성이 충분히 있었다고 보기에 넉넉하다(대판83도431).
* 공연성을 부정한 판례 : 甲이 다방 안에서 乙에게 A에 관하여 험담하자, A의 사업관계로 친한 乙은 갑에게 왜 A를 욕하느냐고 힐난한 경우(대판83도891); 이혼소송 계속중에 처가 남편의 친구에게 서신을 보내면서 남편의 명예를 훼손하는 문구가 기재된 서신을 동봉한 경우에는 공연성이 결여된다(대판99도4579); 택시회사의 노동조합실장인 피고인이 피해자 A, B에 대한 소문을 듣고 이를 동료운전사 갑에게 말한 경우(대판88도1008); 甲이 A가 교사로 근무하는 학교법인 이사장 앞으로 "A는 전과 6범으로 교사직을 팔아 이웃을 해치고 고발을 일삼는 악덕 교사이다"라는 취지의 진정서를 제출한 경우 위 진정서의 내용을 타에 전파할 가능성이 있다고 보기 어렵다(대판83도2190).

조각될 수 있다.

예 증인의 진술, 변호인의 방어권행사, 보도행위, 학생훈계, 국회의원의 직무상 발언

② **제310조에 의한 위법성 조각 : 제307조 제1항의 행위가 진실한 사실로서 오로지 공공의 이익에 관한 때에는 처벌하지 아니한다.**

㉠ **입법취지** : 진실한 사실을 적시해도 명예훼손죄가 성립하므로 헌법상 국민의 알 권리나 표현의 자유와 충돌하는 문제가 발생한다. 따라서 개인의 명예보호와 언론자유 보장과의 충돌을 조정하기 위한 규정이다.

㉡ **요건** : (a) 적시된 사실은 진실해야 한다. 중요부분이 진실합치하면 되고 다소 과장·모순이 있어도 진실한 사실로 볼 수 있다. (b) 적시된 사실이 공공의 이익에 관한 것이어야 한다. 국가·사회 또는 다수 일반인의 이익(공적 생활+사적 생활)을 포함한다.[39] (c) 공공의 이익을 위한 것이라는 인식이 있어야 한다.

㉢ **효과** : 위법성이 조각되어 허용된 행위가 된다.

(2) 모욕죄

형법 제311조 공연히 사람을 모욕한 자는 1년 이하 징역, 금고 또는 200만원 이하의 벌금에 처한다. * 추상적 위험범, 친고죄

(가) 공연성 : 명예훼손죄와 동일하게 불특정 또는 다수인이 인식할 수 있는 상태를 요구한다.

* 특정소수 앞에서의 모욕 → 모욕죄 성립 불가하며, 모욕죄는 '사실의 적시'가 불필요하다는 점에서 명예훼손죄와 구분된다.

---

39) 판례는 "행위자의 주요 동기 내지 목적이 공공의 이익을 위한 것이라면, 부수적으로 다른 사익적 목적이나 동기가 내포되어 있더라도 형법 제310조의 적용을 배제할 수 없다"고 보고 있다(대판2000. 2.25).

(나) 모욕 : 구체적 사실의 적시 없이 피해자에 대하여 추상적 판단이나 경멸적 감정 표현을 하는 것을 말한다. 즉 사람에 대한 사회적 평가를 저하시킬 수 있는 경멸적 표현을 의미한다. 따라서 단순한 농담, 무례, 불친절, 건방진 표현은 모욕죄를 구성하지 않는다.

(다) 모욕의 방법

① 명시적・묵시적 방법 모두 가능하다(언어, 문서, 서면, 거동 등).

② 작위, 부작위 모두 가능하다.

표현의 자유 vs 명예훼손죄 그리고 형법 제310조의 관계

최근 형법상 명예에 관한 죄인 명예훼손죄, 모욕죄와 관련되어 사회적으로 잇슈가 되고 있는 사건들이 자주 발생하고 있다. 특히 일반 개인의 명예훼손사건 보다 대통령, 공직자, 유명인 등 공익적 신분에 있는 자에 대한 명예훼손에 대해 직접피해자가 아닌 제3자의 고발에 의한 형태로 형사사건화되는 경우가 자주 발생하고 있다. 이러한 이유로 현재 반의사불벌죄(反意思不罰罪)로 되어 있는 명예훼손죄를 모욕죄와 같이 피해자의 고소가 있어야 처벌할 수 있는 친고죄(親告罪)로 개정하자는 주장까지 나오고 있다.

대한민국 헌법 제21조 제1항은 "모든 국민은 언론・출판의 자유와 집회・결사의 자유를 가진다"라고 규정함으로써 표현의 자유를 국민의 기본권으로 분명히 하고 있다. 반면, 이러한 표현의 자유의 행사는 다른 법률에 의해 제한받고 있는데 형법 제307조 제1항은 "공연히 사실을 적시하여 사람의 명예를 훼손한 자는 2년 이하의 징역이나 금고 또는 500만원 이하의 벌금에 처한다"고 규정하고, 동조 제2항은 "공연히 허위의 사실을 적시하여 사람의 명예를 훼손한 자는 5년 이하의 징역, 10년 이하의 자격정지 또는 1천만원 이하의 벌금에 처한다"라고 규정함으로써 허위사실에 의한 명예훼손은 보다 가중하여 처벌하고 있다.

즉 진실한 사실을 적시해도 명예훼손죄가 성립하므로 헌법상 국민의 알 권리나 표현의 자유와 충돌하는 문제가 상존하게 된다. 이러한 이유로, 개인의 명예보호와 표현의 자유의 보장과의 모순이나 충돌을 조정하기 위해 우리 형법은 명예훼손죄에 특별한 위법성조각사유를 규정하고 있다. **형법 제310조는 "제307조 제1항의 행위가 진실한 사실로서 오로지 공공의 이익에 관한 때에는 처벌하지 아니한다"고 규정함으로써** 공익적 차원에서의 명예훼손행위에 있어서는 표현의 자유를 우선시 할 수 있는 장치를 마련하고 있는 것이다.

그 요건은 다음과 같다.

첫째, 적시된 사실은 진실해야 한다. '진실성'은 중요부분의 진실 합치만 있으면 인정된다. 다소 과장·모순이 있어도 상관없다. 판례는 적시된 사실이 공공의 이익에 관한 것이면 진실한 것이라는 증명이 없다 할지라도 행위자가 진실한 것으로 믿었고 또 그렇게 믿을만한 상당한 이유가 있는 경우에는 제310조의 적용이 가능하다고 보고 있다.

둘째, 적시된 사실은 공공의 이익에 관한 것이어야 한다. 공공의 이익이란 국가·사회 또는 다수 일반인의 이익을 말하며, 판례는 다소 사적 감정(이익)이 포함되어 있어도 주된 동기가 공공의 이익을 위한다는 의미이면 공공의 이익으로 보고 있다.

셋째, 공공의 이익을 위한 것이라는 인식이 있어야 한다. 주관적 정당화 요소이다. 비방목적이 개재된 경우에 대해 판례는 '비방의 목적'이란 가해의 의사 내지 목적을 요하는 것으로서 공공의 이익을 위한 것과는 행위자의 주관적 의도의 방향에 있어 서로 상반되는 관계에 있다고 할 것이므로, 적시한 사실이 공공의 이익에 관한 것일 때에는 특별한 사정이 없는 한 비방의 목적은 부인된다고 한다.

위와 같은 요건을 충족하면 설사 타인의 명예를 훼손했다 하더라도 위법성이 조각되어 적법한 행위가 된다. 즉 공공의 이익은 개인의 명예훼손(결과 불법)을 상쇄하고, 진실성·공익성의 인식은 주관적 정당화 요소가 되어 행위불법이 없어진다.

표현의 자유와 개인의 명예훼손에 대하여 어느 것이 더 중한가 대립하는 경우에 대법원은 사회적인 여러 가지 이익을 비교하여 표현의 자유로 얻어지는 이익, 가치와 인격권의 보호에 의하여 달성되는 가치를 비교·형량하여 그 규제의 폭과 방법을 정하여야 한다고 판시하고 있다. 분명한 점은 자유민주주의 국가에서 표현의 자유는 국민의 기본권으로서 당연히 우선적으로 보호되어야 하며, 또한 국민의 알 권리라는 또다른 기본권의 전제가 된다는 점에서 명예훼손죄의 적용은 신중을 기해야 할 것이다. 특히 명예훼손죄 처벌 확대가 권력자의 통치를 위한 정치적 도구로 악용되는 사태는 어떠한 이유로도 허용되어서는 안 될 것이다.

〈 국립창원대학교 학보사 칼럼 내용 〉

4) 강간죄와 강제추행죄

(1) 강간죄

> **제297조【강간】** 폭행 또는 협박으로 사람을 강간한 자는 3년 이상의 유기징역에 처한다.
> **제297조의2【유사강간】** 폭행 또는 협박으로 사람에 대하여 구강, 항문 등 신체(성기는 제외한다)의 내부에 성기를 넣거나 성기, 항문에 손가락 등 신체(성기는 제외한다)의 일부 또는 도구를 넣은 행위를 한 사람은 2년 이상의 유기징역에 처한다.

(가) 의의 및 보호법익 : 폭행 또는 협박으로 사람을 강간하거나, 사람에 대하여 구강, 항문 등 신체(성기는 제외한다)의 내부에 성기를 넣거나 성기, 항문에 손가락 등 신체(성기는 제외한다)의 일부 또는 도구를 넣은 행위를 함으로써 성립하는 범죄이다. 행위가 강간이기 때문에 강제추행죄에 대하여 불법이 가중되는 구성요건이다.[40] 보호법익은 사람의 성적 자기결정권이다.

(나) 구성요건

① **행위주체** : 주체는 남자, 여자 제한이 없다.

② **객체** : 사람이다. 사람인 이상 성년, 미성년, 기혼, 미혼 불문한다. 따라서 13세 미만의 사람을 강간한 경우에도 본죄가 성립한다. 다만 19세 미만의 청소년을 강간한 경우에는 특별법인 "아동 · 청소년의 성보호에 관한 법률 제10조"에 의해 가중처벌된다.

부부 강간죄 성립여부에 대하여는 그동안의 다수설과 판례는 부정하고 있었다.[41] 그러나 혼인계약의 성적 의무내용에 폭행 · 협박에 의한 성교까지 포함한다고 볼 수 없으며, 결혼 후에는 부녀가 성적 자기결정권을 포기하였다고도 볼 수 없으므로 처에 대한 강간죄도 성립한다고 보는 긍정설이 타당하며 최근 판례도 부부강간죄를 인정하였다.[42]

---

40) 이재상외2인, 『형법각론』 제10판, 박영사, 2016, 161면.

41) 간통죄로 고소하고 이혼소송제기한 후, 다시 화해하고 간통죄 고소 취하한 경우에는 설령 남편이 폭력으로써 강제로 처를 간음하였다 하더라도 강간죄는 성립되지 아니한다(대판 70도29).

42) 대법원 전원합의체는 16일 흉기로 부인을 위협해 강제로 성관계를 한 혐의(특수강간 등)로

개정전 형법은 강간죄의 객체를 '부녀'로 한정하고 있다는 이유로 성전환 수술에 의하여 여성이 된 자에 대해서, 대법원은 처음에는 성염색체설을 내세워 객체성을 부인하였다가,[43] 이후 판례를 변경하여 성전환수술 여성도 객체로 인정한 바 있다.[44] 성전환자의 헌법상 기본권인 인간의 존엄과 행복추구권 보장이라는 측면에서도 성전환자의 성적 자기결정권도 보장되어야 할 것이므로 당연히 강간죄의 객체로 인정하는 것이 타당하다. 2012년 12월 18일 형법이 개정되어 강간죄의 객체가 '부녀'에서 '사람'으로 변경되어 현재는 입법적으로 해결되었다.

③ **실행행위** : 폭행·협박으로 사람을 강간하는 것이다.

㉠ **폭행, 협박** : 폭행, 협박은 항거를 현저히 곤란하게 할 정도의 최협의의 개념이다.[45] 반항을 억압할 정도의 폭행·협박이었는가의 판단은 구체적 사정을 고려하여 객관적으로 판단한다. 즉 피해자의 연령, 건강, 정신 상태, 장소, 시각, 범행 수단이나 도구, 가해자의 성질 등에 비추어 사회 일반인으로서의 사람이 반항할 수 있었는가 여부를 판단한다. 또한 수면제, 마취제를 영양제로 속여 수면·환각 상태를 만든 후 강간한 경우에도 본죄의 폭행에 해당한다.

㉡ **강간행위** : 강간이란 사람의 의사에 반하여(항거불능 또는 항거 현저 곤란)

기소된 강모(45)씨에 대한 상고심(2012도14788)에서 징역 3년6월에 신상정보공개 7년, 전자발찌 부착 10년을 선고한 원심을 확정했다(대법원 2013.5. 16, 2012도14788).

43) 어릴 때부터 정신적으로 여성에의 성 귀속감을 느껴왔고, 남성으로서의 내·외부성기의 특징을 더 이상 보이지 않게 되었으며 남성으로서의 성격도 대부분 상실하여 외견상 여성으로서의 체형을 갖추고 있어도 성염색체의 구조, 본래의 내외부성기 구조, 남자로서 생활한 기간 등 여러 요소를 종합적으로 고려하여 보면 사회통념상 여자로 볼 수 없다(대판 96도791).

44) 대법원은 성전환으로 여성이 된 경우에도 강간죄의 객체인 '부녀'에 해당된다고 판시하였다(대법원 2009. 9. 10. 2009도3580).

45) 강간죄의 폭행·협박은 피해자의 항거를 불가능하게 하거나 현저히 곤란하게 할 정도의 것이어야 하고, 그 폭행·협박이 피해자의 항거를 불가능하게 하거나 현저히 곤란하게 할 정도의 것이었는지 여부는 그 폭행·협박의 내용과 정도는 물론 유형력을 행사하게 된 경우, 피해자와의 관계, 성교 당시와 그 후의 정황 등 모든 사정을 종합하여 판단하여야 한다(대판 2000도1914). 전화를 통하여 음담패설을 나눌 정도로 친해진 가정주부를 찾아가 현관근처의 방에서 말을 듣지 않으면 죽이겠다고 하면서 간음을 시도하였는데 그 주부가 시어머니 제청방에서 이런 짓을 하면 벌받는다고 말하자 주부와 함께 그 방을 나왔다. 그때 시아버지의 전화가 걸려왔으나 적극적으로 구원을 청하지 않은 상태에서 안방으로 자리를 옮긴 후 간음하였다면 강간죄는 부정된다(대판 91도546).

간음하는 것이다. 따라서 피해자의 동의가 있는 경우는 구성요건 해당성 없으나, 13세 미만자인 경우는 동의가 있어도 미성년자의제 강간죄가 성립한다.

④ **고의** : 폭행·협박으로 사람의 의사에 반하여 강간한다는 인식이 있어야 한다. 미필적 고의도 가능하다.

(다) 실행의 착수 : 실행의 착수시기는 간음 의도로 항거불능 또는 항거가 현저히 곤란할 정도의 폭행·협박을 개시한 때이다. 현실적으로 항거불능이나 항거곤란상태가 야기될 필요는 없다.[46)]

(라) 기수시기 : 기수시기는 남자의 성기가 여자의 성기에 들어가는 순간이다(일부 삽입설). 행위자의 성적 만족을 처벌하기 위한 것이 아니므로 만족설은 타당하지 않다. 따라서 삽입에 달하지 못하거나 삽입하였더라도 삽입이전에 피해자의 동의가 있는 경우에는 미수가 된다.[47)]

(마) 위법성 조각사유 : 강간죄에 있어서 피해자의 승낙은 양해로서 구성요건 해당성 자체를 배제한다. 단, 13세 미만자 간음이나 피구금 부녀간음(제303조 2항)은 피해자의 동의가 있어도 처벌한다.

(바) 공범 : 판례는 강간까지 공동으로 안 해도 폭행·협박만을 공동으로 하였

---

46) 피고인이 간음할 목적으로 새벽 4시에 여자 혼자 있는 방문 앞에 가서 피해자가 방문을 열어주지 않으면 부수고 들어갈 듯한 기세로 방문을 두드리고 피해자가 위험을 느끼고 창문에 걸터앉아 가까이 오면 뛰어 내리겠다고 하는데도 베란다를 통하여 창문으로 침입하려고 하였다면 강간의 수단으로서의 폭행에 착수하였다고 할 수 있으므로 강간의 착수가 있었다고 할 것이다(대판 91도288); 피해자를 여관방으로 유인한 후 방문을 걸어 잠근 뒤 피해자에게 성교를 요구하였으나 피해자가 이를 거부하자 "옆방에 내 친구들이 많이 있다. 소리 지르면 다 들을 것이다. 조용히 해라 한 명하고 할 것이냐? 여러 명하고 할 것이냐?"라고 말하면서 성행위를 요구하였다면 강간죄의 실행의 착수가 있다(대판 2000도1914).

47) 1. 친해지면 응해주겠다고 하자 강간을 중단하고 자신의 차에 태워 집에 까지 바래다주었다(대판 1993. 10. 12) - 중지미수인정, 2. 강도가 강간하려다 피해자의 어린 딸이 잠에서 깨어 우는 바람에 도주하였고, 또 피해자가 시장에 간 남편이 곧 돌아온다고 하면서 임신 중이라고 말하자 도주한 경우에는 자의로 강간을 중지하였다고 볼 수 없다(대판 93도347)-장애미수인정. 3. 피해자가 수술한 지 얼마 안 되어 배가 아프다면서 애원하는 바람에 그 뜻을 이루지 못한 경우는 장애미수로 인정했다(대판 92도917).

다면 공동정범 성립을 인정하고 있다. 2인 이상이 합동하여 강간죄를 범한 경우에는 성폭력특별법 제6조 특수강간죄가 성립한다.[48)]

우리나라 강간죄 성립에 대한 판례 태도 비판

우리 나라 판례는 강간죄의 성립 여부를 판단함에 있어 피해자의 구조요청 여부, 강간과정이나 강간 후의 피해자의 태도, 가해자와 피해자의 관계 등을 부가적으로 검토하고 있다. 이러한 판례의 태도는 수사와 공판단계에서 구성요건과 관련 없는 피해자의 유책성이나 범죄유발에 관심을 집중시키므로 피해자에게 이차 피해를 초래한다.

첫째, 강간죄의 성립 여부를 판단하는 데 폭행 협박에 대한 여성의 반항 여부와 연결시키고 있다. 그것은 피해자의 반항이 있으면 폭행 또는 협박이 있었다는 것을 확인할 수 있고, 저항에 비추어 폭행 또는 협박의 정도를 측정할 수 있다고 보기 때문에 강간피해자가 가능한 모든 수단과 기회를 이용하여 구조요청을 하였는가의 여부가 강간죄의 성립을 인정하는 중요한 기준이 되고 있다. 즉, 구조요청이 불가능하지 않는 한 구조요청이 없으면 강간죄의 성립을 부정하고 있다.[49)] 이러한 판례의 태도는 여성으로 하여금 강간시도에 대하여 강하게 저항하였음을 입증하여야 할 책임을 부담시키게 되고, 그 결과 자칫 강간의 피해자에게 자기방어에 소홀한 점을 들어 책임을 전가할 가능성이 있다. 또한 이는 피해자인 여성의 성격 등으로 인한 상이한 반응태도를 간과하는 문제점이 있다.

따라서 미국의 많은 주에서는 강간의 개념에 저항이라는 요건을 요하지 않고, 직접적이고 위법한 신체침해에 대한 폭행과 협박을 수단으로 하거나 피해자나 다른 사람에 대한 회유를 수단으로 하여 사람의 의사에 반하여 성행위를 하는 것으로 정의한다.[50)] 또한 독일판례에서도 폭력이 사용된 경우에는 저항이 있을 것으로 예상될 뿐 현실적인 저항이 없는 경우나 피해자인 여성이 계속적인 폭력이 두려워 저항을 포기하고 성교에 응한 경우에도 강간죄를 인정하고 있다.

---

48) 갑이 피해자에게 피고인 을과 성교할 것을 강요하면서 피해자를 간음하는 동안 피고인 병과 갑이 바로 그 옆방에 있었던 이상 피고인 병 및 갑은 강간죄의 실행행위를 분담하였다 할 것이고 그 실행행위의 분담은 시간적으로나 공간적으로 피고인 을과 협동관계에 있다고 보아야 할 것이다(대판 1998.2.27).

49) 대판 1990. 9. 28 90도1562 ; 대판 1990. 12. 11 90도2224 ; 대판 1991. 5. 28 91도546

50) Cooper, "Rape without Resistance is Possible", Justices Rule, 1986, p.15 ; Schram, Rape, in Jane Roberts Chaman and Margaret Gates, eds., The Victimization of Women, Sage Publications, 1978, p.73.

둘째, 강간죄에서 흔히 강간의 피해자가 성교과정에서나 성교 후에 어떤 태도를 취하였는가에 따라 피해자의 동의 여부를 판단하는 경향이 있다.[51] 예를 들면 성교 도중 피해자의 침묵이나 가해자와의 대화는 피해자의 승낙으로 판단하는 경향이 강하다. 그러나 강간상황에서의 피해자의 심리를 고려할 때 침묵이나 대화 가운데 어느 것을 선택하여도 그것이 곧 성교에 대한 승낙 여부를 결정하는 기준일 수 없고, 피해자의 입장에서는 강간범의 마음을 안심시켜 더 이상의 피해를 예방하기 위한 태도를 보일 수도 있다는 점에서 판례의 입장은 타당하지 않다.

셋째, 가해자와 피해자가 평소부터 알고 지내던 사이인 경우에는 강간죄의 성립을 부인하는 경향이 강하다.[52] 예를 들면 가해자와 피해자가 전화로 사귀어 오던 관계라든가, 가해자와 피해자가 같은 집에 거주하고 있었다는 사실 및 의부와 딸의 관계 등은 강간죄를 인정하는 데에 장애요인으로 취급된다.

〈류병관, "미국 강간죄에 있어 '저항'과 '동의'에 관한 연구" 내용 중에서 일부 발췌〉

(2) 강제추행죄

제298조【강제추행】 폭행 또는 협박으로 사람에 대하여 추행한 자는 10년 이하의 징역 또는 1천 500만원 이하의 벌금에 처한다.

(가) 의의 및 보호법익 : 폭행 또는 협박으로 사람에 대하여 추행함으로써 성립하는 범죄이다. 보호법익은 '성적 자기결정의 자유'로서 보호정도는 침해범이다.

(나) 성격 : 성적 자기결정의 자유를 침해하는 범죄의 기본적 구성요건(일반적 · 보충적)이다. 강간죄의 행위는 항상 강제추행죄에도 해당할 수 있지만 강간죄는 실행행위가 '간음'이라는 중대한 불법행위에 제한되며, 그 법익침해가 크다는 측면에서 강제추행죄보다 가중 처벌된다고 보고 있다.

---

51) 대판 1990. 9. 28 90도1562 ; 대판 1990. 12. 11 90도2224 ; 대판 1992. 4. 14 92도259.
52) 대판 1991. 3. 27 90도65 ; 대판 1991. 5. 28 91도546.

(다) 구성요건

① **실행행위:** 폭행 또는 협박으로 추행하는 것이다.

㉠ **폭행 · 협박** : 강간죄와 동일한 정도로서 항거 불가능 내지 항거 곤란 정도를 요한다고 보는 견해도 있으나, 판례는 상대방의 의사에 반하는 폭행 · 협박이면 충분하며 힘의 대소강약을 불문한다고 보고 있다.[53)]

㉡ **추행** : 추행이란 객관적으로 성적 수치심이나 흥분을 느끼게 하는 일체의 행위를 의미한다.

② **주관적 구성요건요소** : 폭행 · 협박 및 추행에 대한 고의가 필요하다.

(라) 죄수 : 사람을 강제추행 후 강간하면 강간죄에 강제추행죄가 흡수되며 (법조경합 중 특별관계) 강간죄만 성립한다.

(3) 준강간 · 준강제추행죄

> **제299조【준강간 · 준강제추행】** 사람의 심신상실 또는 항거불능의 상태를 이용하여 간음 또는 추행한 자는 전 2조의 예에 의한다.

53) 판례는 "강간과 강제 추행은 모두 폭행 또는 협박을 수단으로 하여 상대방의 자유의사를 억압하는 점에 있어서는 같은 것이나, 그 차이는 강간은 부녀를 간음할 목적으로 하는 것에 반하여 강제추행은 사람에 대하여 추행을 목적으로 하는데 있다"고 구별하면서 (88도1039), 집 방안에서 여자의 상의를 걷어 올려서 유방을 만지고 하의를 끄집어 내린 경우, 상대방의 의사에 반하는 유형력의 행사가 있는 이상 그 힘의 대소 강약을 불문하며 항거곤란 뿐만 아니라 폭행행위 자체가 추행행위라고 인정되는 경우도 강제추행에 해당한다고 판시하고 있으며(대판 1994,8,23), 8세 피해자를 침대에 눕혀놓고 팬티를 내린 다음 손가락을 음부에 넣고 만지는 행위(대판 96도1395), 갑자기 피해자의 상의를 걷어 올려서 유방을 만지고 하의를 끄집어 내리는 행위(대판 94도630), 피해자에게 너를 좋아한다면서 양손으로 피해자의 어깨를 껴안아 항거 불능케 한 뒤 강제로 유방을 만지고 다시 음부와 허벅다리를 더듬고 입술을 2회 맞추는 행위(대판 85도2761), 데이트를 하던 중 여자를 팔로 힘껏 껴안고 두 차례 입을 맞추는 행위(대판 1983.6.28) 모두를 강제추행에 해당한다고 판시하였다.

(4) 의제강간 · 강제추행죄

제305조【미성년자에 대한 간음 · 추행】 13세 미만의 사람을 간음하거나 13세 미만의 사람에게 추행을 한 자는 제297조, 제298조, 제301조 또는 제301조의 2의 예에 의한다.

(5) 미성년자, 심신미약자 간음 · 추행죄

제302조【미성년자등에 대한 간음】 미성년자 또는 심신 미약자에 대하여 위계 또는 위력으로써 간음 또는 추행을 한 자는 5년 이하의 징역에 처한다.

(6) 업무상 위력 등에 의한 간음죄

제303조【업무상 위력등에 의한 간음】 ① 업무, 고용 기타 관계로 인하여 자기의 보호 또는 감독을 받는 부녀에 대하여 위계 또는 위력으로써 간음한 자는 5년 이하의 징역 또는 1천만원 이하의 벌금에 처한다.
② 법률에 의하여 구금된 부녀를 감호하는 자가 그 부녀를 간음한 때에는 7년 이하의 징역에 처한다.

'성적 자기결정권(The Right to Sexual Autonomy)'이란?

헌법재판소는 2015년 2월 26일 범죄로 규정하여 형벌로 처벌해왔던 '간통죄'(형법 제241조)**가 헌법상 기본권으로 '성적 자기결정권'을 침해하여 '위헌'이라는 결정을 내렸다.** 이러한 결정은 2009년 11월 26일 헌법재판소가 '혼인빙자간음죄'(형법 제304조)가 '성적 자기결정권'을 부인하고 있다고 하여 위헌 결정을 내리면서 어느 정도 예상되었던 결론이다. 최근 헌법재판소의 결정은 개인의 성적 사생활에 대해 국가의 규제는 취소화해야 한다는 주장이 우리사회에서 보다 설득력 있게 받아들여지고 있다는 점을 잘 보여주고 있으며, 현재 논의중인 '성매매'처벌 규정에 대한 위헌여부 심사에도 영향을 미칠 것으로 보인다.

일반적으로 성적 자기결정권이란 '누구나 성과 관련된 행동에 있어 성행위 여부 및 그 상대방을 자유롭게 선택하고 결정할 수 있는 권리'를 의미한다. 즉, 성적 자기결정권은 헌법상 보장된 개인의 인격권, 행복추구권의 중심내용으로 '일반적 행동의 자유'와 '개인의 자기 운명결정권'에서 발현된다. 반면, 성적 자기결정권은 그 내용에 있어 서로 다른 의미의 권리로 구분되어 사용되고 있다.

첫째, 적극적 자기결정권으로서 누구나 자신이 원하는 성적 행동을 자유롭게 할 수 있는 권리를 의미하며, 간통죄는 '적극적 성적 자기결정권'을 침해했다는 점에서 위헌으로 결정된 것이다.

둘째, 소극적 자기결정권으로서 '성적 행동에 있어 그 어떤 상황에서라도 본인이 원하지 않는 성적 활동에 관련되지 않을 권리'를 의미한다. 즉 자신이 원하지 않는 어느 누구로 부터도 성과 관련된 행동을 당하지 않을 권리를 의미하며 강제추행, 강간 등 대부분의 성범죄가 보호하고 있는 권리이다. 즉, 성범죄는 '소극적 성적 자기결정권'을 침해한 범죄인 것이다.

특히, 최근 우리 사회에서 성(性)과 관련된 문제는 소극적 자기결정권을 침해하여 발생하는 성범죄들이다. 성추행, 성폭행과 같이 폭행 · 협박을 수단으로 하는 본인의 명시적 의사에 반한 성범죄가 있을 수 있으며, 위계 · 위력 및 각종 지위를 수단으로 피해자가 거부의사를 적극적으로 표명하기 어려운 상황을 이용하여 저질러지는 성범죄도 있을 수 있다. **어떠한 경우이든 본인의 진지하고 적극적인 '동의'가 없는 성(性)과 관련된 행위는 피해자의 성별을 불문하고 성범죄가 될 수 있으며,** 우리 사회는 이러한 성범죄를 중범죄로 간주하고 엄벌화하여 강력하게 처벌하고 있는 추세이다. 특히 입법을 통한 성범죄 법정형의 상향뿐만 아니라 법원판례를 통해 '소극적 성적 자기결정권'을 폭 넓게 적극적으로 인정함으로써 성범죄로 처벌되는 범위를 확대해 나가고 있다는 점도 주목해야 한다. **그 대표적인 사례로 2013년 대법원이 기존의 판례를 변경하여 성범죄로 처벌하기 시작한 '부부강간죄'가 있다.**

최근 헌법재판소 및 대법원이 적극적 · 소극적 성적 자기결정권 양면 모두에 충실한 판결을 통하여 개인의 자유권보호에 보다 충실하려고 노력하는 모습은 매우 긍정적으로 평가된다. 다만, 분명한 것은 간통죄나 혼인빙자간음죄가 더 이상 형벌의 대상이 되는 범죄가 아니라는 것 뿐이지, 이러한 행동이 우리 사회에서 허용되는 행위라고 착각해서는 안 된다는 점이다. 사회적으로 비난받을 행동들은 형법을 떠나 민법에 의해 불법 행위로서 손해배상 및 위자료 책임을 진다는 점을 인식해야 할 것이다.

〈 류병관, 창원주부대학 특강자료, 2015. 6. 30.〉

'부부강간죄' 대법원 판례 변경 의미와 파장은

부부간에도 강간죄 성립 … '양성평등'의 시대 변화 수용

강요된 성관계는 부부의무서 제외 … 성적 자기결정권 보호

美 · 英 · 프랑스 · 독일은 이미 배우자 강간 인정… 일본은 아직 인정 안해

이혼소송에서 악용 우려 … 일반 강간보다 가중처벌 문제될 듯

◇ **"상간죄 객제인 부녀에는 '처(妻)'도 포함"** = 이번 판결은 혼인관계가 정상적으로 유지되는 상태에서 배우자에 대한 강간죄를 인정한 첫 사례다. 종전에도 부부간 강간을 인정한 사례(2008도8601)가 있긴 하지만, 이혼을 하기로 합의가 되는 등 실질적인 부부관계라고 볼 수 없는 사건이었다. 대법원은 판결문에서 "강간죄를 처벌하는 형법 제297조상의 '부녀'란 성년이든 미성년이든, 기혼이든 미혼이든 불문하는 여자를 말한다"며 "형법이 법률상 처를 강간죄의 객체에서 제외하는 명문의 규정을 두고 있지 않으므로 배우자가 강간죄의 대상에 포함된다고 봐야 한다"고 밝혔다. 재판부는 "부부 사이에는 민법상 동거의무가 인정되고, 여기에는 성생활을 함께 할 의무가 포함되지만 혼인이 개인의 성적 자기결정권을 포기하는 것은 아니므로 폭행이나 협박에 의해 강요된 성관계를 감내하는 것은 부부간 의무에서 제외된다"고 설명했다.

대법원은 이번 판결에서 실질적인 부부관계가 인정될 때에는 남편이 아내와 강제로 성관계했더라도 강간죄가 성립하지 않는다는 종래의 대법원 판례(70도29)를 변경했다. 유럽에서는 부부강간죄를 인정하는 국가가 많다. 미국이나 영국은 1960년대까지 '배우자 강간면책'을 인정해 왔으나, 미국은 1984년, 영국은 1991년 판결에 의해 이 이론을 폐기했다. 독일은 1997년 형법을 개정해 배우자 강간을 인정했다. 프랑스는 오히려 부부 강간을 일반 강간보다 가중처벌하고 있다. 이웃 일본은 아직 배우자 강간을 인정하지 않는 것이 학설과 판례의 태도다.

◇ **부부강간 신고사례 증가 예상, 가사사건에도 영향 줄 듯**= 그동안 배우자 강간이 사법심사 대상이 된 것은 1970년 대법원 판결을 포함해 5건에 불과했다. 그만큼 드러나지 않은 범죄가 많았다는 것을 의미한다. 서초동의 한 변호사는 "그동안 부부간 강간범죄가 발생해 피해자가 고소를 해도 강간죄가 성립하는지에 대해 명확한 판결이 없어 수사기관이 소극적으로 대처했던 게 사실"이라며 "이번 판결로 피해 당사자는 물론 수사기관도 적극적으로 나서게 될 것이기 때문에 사건이 증가할 것으로 보인다"고 말했다. 이번 판결은 형법적 판단을 내린 것이지만, 가사 · 민사 분야에도 영향을 미칠 전망이다. 이혼 가정이 증가하고, 민사사건에서 유리하게 활용하려는 사례가 많아진다는 것이다. 다른 변호사는 "부부 강간죄가 인정되지 않더라도 폭행, 협박 등의 행위가 있다면 이혼사유가 됐지만, 폭행이나 협박보다 중범죄인 강간죄가 인정된다면 이혼소송은 물론 위자료를 청구하는 면에서도 피해자인 여성 배우자가 한층 유리해질 수밖에 없을 것"이라고 말했다. 조인섭(38 · 33기) 이혼사건 전문 변호사도 "부부강간이 인정된다면 일반적인 사례보다는 위자료 액수가 올라갈 수밖에 없다"면서도 "다만 우리나라는 위자료 지급 상한이 있기 때문에 한계는 있을 것"이라고 내다봤다. 또다른 변호사는 "그동안 이혼사건을 유리하게 만들기 위해 배우자가 상대 배우자의 간통을 형사고소하는 일이 많았는데,

이제는 간통 대신 강간을 주장하는 사례가 늘어날 수밖에 없을 것"이라고 분석했다. 그러나 지난달 18일 이 사건 공개변론에서 검찰 측 참고인으로 나섰던 김혜정 영남대 로스쿨 교수는 "이혼을 원하는 배우자가 있다면 강간죄가 성립하기 전에도 폭행이나 협박을 이혼사유로 삼았기 때문에 이혼가정이 크게 증가하지는 않을 것"이라고 말했다. 그는 "위자료나 재산분할에서 유리하기 위해 악용할 소지가 있다는 지적이 있지만, 강간죄는 강압적인 성교에 불법성이 있는 범죄이기 때문에 민사상 문제가 불거진다고 해도 이것을 부작용이라고 보는 시각이 오히려 부당한 게 아니냐"고 반박했다.

◇ **부부간 강간 '친족 강간'으로 가중처벌할 수 있나** = 다음 달 18일 시행에 들어가는 개정 성폭력범죄의 처벌 등에 관한 특례법(성폭력법)은 가중처벌되는 '친족관계에 의한 강간' 처벌 대상에 '동거하는 친족'을 추가했다. 일반 강간죄의 법정형은 3년 이상의 유기징역이지만, 성폭력법상 친족간 강간죄는 법정형이 7년 이상으로 훨씬 올라간다. 7년 이상의 법정형은 작량감경을 하더라도 3년6월의 형을 선고받게 되므로, 집행유예가 불가능하다. 동거하는 친족에 배우자가 포함된다면 배우자 강간이 일반 강간죄보다 훨씬 무겁게 처벌되는 불균형이 생기는 셈이다. 대법원 관계자는 "문리상 '동거하는 친족'에는 배우자가 포함된다고 봐야겠지만, 법 개정 취지가 배우자를 가중처벌하려는 것인지는 이후 사건이 들어왔을 때 법원이 해석을 해야 하는 부분"이라고 말했다. 이 사건 공개변론에서도 민일영(57 · 10기) 대법관은 배우자 강간을 인정하게 되면 처벌의 불균형이 생기게 되는 점을 지적한 뒤 참고인에게 의견을 물었고, 양승태 대법원장은 "국회에서 할 일을 참고인에게 물을 수 없지 않겠느냐"고 말했다. 대법원 관계자는 "재판을 할 때 양형단계에서 처벌상 불균형이 있다는 점을 참작할 수는 있지만 엄연히 법정형에서 차이가 나는 만큼 입법을 통해 문제가 해결하는 것이 바람직하다"고 말했다.

〈 법률신문, 2013. 5. 20. 〉

5) 절도죄와 점유이탈물 횡령죄

형법 제329조[절도] 타인의 재물을 절취한 자는 6년 이하의 징역 또는 1천만원 이하의 벌금에 처한다.

형법 제360조[점유이탈물횡령] ① 유실물, 표류물 또는 타인의 점유를 이탈한 재물을 횡령한 자는 1년 이하의 징역이나 300만원 이하의 벌금 또는 과료에 처한다.
② 매장물을 횡령한 자도 전항의 형과 같다.

(1) 의의 및 보호법익

절도의 죄는 타인의 점유에 속하는 타인의 재물을 그의 의사에 반하여 절취함으로써 성립하는 범죄이다. 점유자의 의사에 반하여 재물을 탈취한다는 점에서 편취죄(사기 · 공갈죄)와 구별되며, 폭행 · 협박을 요구하지 않는다는 점에서 강도죄 구별되며, 불법영득의사가 필요하다는 점에서 손괴죄와 구별된다. 절도죄의 보호법익은 점유권과 소유권 모두로 보는 절충설이 판례의 입장이다.

점유이탈물횡령죄는 타인의 점유에 속하지 않는 타인의 재물을 영득하는 죄라는 점에서 다른 횡령죄와 공통점을 가지지만, 타인의 위탁관계를 전제로 하지 않는다는 점에서 구별된다.[54] 점유이탈물이란 점유자의 의사에 의하지 않고 그 점유를 떠난 물건을 말한다. 유실물, 표류물, 매장물은 그 예이다.

(2) 공통점과 차이점

		절도죄	점유이탈물횡령죄
공통점		고의와 불법영득의사라는 주관적 구성요건 필요. 타인의 재물을 행위객체로 함.	
차이점	객체	타인이 점유하는 타인 소유의 재물	누구의 점유에도 속하지 않는 타인 소유의 재물
	미수범 처벌	미수범 처벌규정 有	미수범 처벌규정 無
형량		6년 이하의 징역 또는 1천만원 이하의 벌금	1년 이하의 징역이나 300만원 이하의 벌금 또는 과료

(3) 사례

① A는 고속버스 안에서 B가 두고 내린 귀금속, 현금, 구두티켓 등 약 100만원 상당의 물품이 들어있는 B 소유의 검정색 가방을 발견하고 영득할 의사로 이를 가져갔다.

---

54) 점유이탈물횡령죄는 점유침해가 없다는 점에서 절도와 명확하게 구분되고, 또한 위탁관계가 없다는 점에서 횡령죄와는 본질을 달리하는 독립된 범죄이다(다수설).

② A는 4회에 걸쳐서 지하철의 전동차 바닥 또는 선반 위에 있는 핸드폰, 소형가방 등을 가지고 갔다.

③ 당구장에서 종업원으로 종사하던 A가 당구장의 당구대 밑에서 B가 잃어버린 반지를 주워서 손가락에 끼고 다니다가 B가 나타나지 않고, 용돈이 궁하여 전당포에 전당잡혔다.

6) 주거침입죄와 퇴거불응죄

> **형법 제319조**[주거침입] ① 사람의 주거, 관리하는 건조물, 선박이나 항공기 또는 점유하는 방실에 침입한 자는 3년 이하의 징역 또는 500만원 이하의 벌금에 처한다.
> [퇴거불응] ② 전항의 장소에서 퇴거요구을 받고 응하지 아니하는 자도 전항의 형과 같다.

(1) 의의 및 보호법익

주거침입죄는 사람의 주거 또는 관리하는 장소의 평온과 안전을 침해하는 것을 내용으로 하는 범죄, 즉 정당한 이유 없이 사람의 주거·관리하는 건조물, 선박이나 항공기 또는 점유하는 방실(房室)에 침입한 죄를 말한다. 반면 **퇴거불응죄**는 사람의 주거, 관리하는 건조물, 선박이나 항공기 또는 점유하는 방실에 적법하게 또는 과실로 들어간 자가 주거자·관리자·점유자의 퇴거요구를 받고 응하지 아니함으로써 성립하는 진정부작위범이다.[55] 보호법익은 '사실상의 주거의 평온'이다(통설, 판례).

55) 근로자들의 직장점거가 개시 당시 적법한 것이었다 하더라도 사용자가 이에 대응하여 적법하게 직장폐쇄를 하게 되면, 사용자의 사업장에 대한 물권적 지배권이 전면적으로 회복되는 결과 사용자는 점거 중인 근로자들에 대하여 정당하게 사업장으로부터의 퇴거를 요구할 수 있고 퇴거요구를 받은 이후의 직장점거는 위법하게 되므로 퇴거요구에 불응한 상태에서 직장점거를 계속한 행위는 퇴거불응죄를 구성한다(대판91도1324).

(2) 구성요건

(가) 행위(침입) : 주거권자의 의사에 반하여 들어가는 것으로 행위자의 신체의 일부만 들어가도 기수가 된다.[56] 따라서 공무원이 권한 없이 상사의 방에 들어가는 행위, 죄수가 다른 감방에 들어가는 행위, 교수의 허락없이 무단으로 강의실에 들어가는 행위도 주거침입죄가 성립할 수 있다.

(나) 복수(複數)**의 주거권자가 있는 경우** : 같은 주거에 수인이 거주할 때는 각자는 모두 독립된 주거권을 가지고 다른 사람의 출입과 체재를 통제가능하다. 따라서, 한 사람의 동의를 받고 주거에 출입했을 때 주거침입죄가 성립되지 않는다. 그러나 판례는 위법한 목적이 있다면 동의가 있더라도 다른 주거권자의 사실상 거주의 평온이 침해된 것으로 보고 있다.[57]

---

56) 甲이 乙녀를 강간하기 위하여 乙녀의 집 담벽에 발을 딛고 창문을 열어 안으로 얼굴을 들이밀었다가 방안에 있던 그녀에게 발각되어 도주한 사건에서, 대법원은 "주거침입죄는 사실상의 주거의 평온을 보호법익으로 하는 것이므로, 반드시 행위자의 신체의 전부가 범행의 목적인 타인의 주거 안으로 들어가야만 성립되는 것이 아니라 신체의 일부만 타인의 주거안으로 들어갔다 하더라도 거주자가 누리는 사실상의 주거의 평온을 해할 수 있는 정도에 이르렀다면 범죄구성을 충족하는 것이라고 보아야 할 것이고, 따라서 주거침입죄의 범의는 반드시 신체의 전부가 타인의 주거 안으로 들어간다는 인식이 있어야만 하는 것이 아니라 신체의 일부라도 타인의 주거 안으로 들어간다는 인식이 있으면 족하다"고 판시하였다(대판94도2561).

57) 거주자 중 1인의 승낙은 있으나 타거주자의 의사에 반하여 주거에 출입하는 경우 주거침입죄의 성부가 문제되었는데, 법원은 남편의 부재중 간통의 목적으로 처의 승낙하에 주거에 들어간 경우 주거침입죄가 성립한다고 보고 있다(대판83도685). 그러나 남편이 부재중인 한 남편 개인의 주거의 사실상 평온은 깨어질 수 없다는 점에서 판례는 비판받아 마땅하다.

참고 사례

늦은 밤 아내 초대받아 온 남성, 간통 증거 없다면 "주거침입 아니다"

【수원=뉴시스】 같은 직장에 근무하는 여성 동료의 집을 방문했다가 불륜 관계를 의심한 남편에 의해 주거침입 혐의로 기소된 30대 남성이 1심에 이어 항소심에서도 무죄를 선고받았다.

수원지법 형사3부(재판장 김한성 부장판사)는 주거침입 혐의로 1심에서 무죄를 선고받은 오모(38)씨에 대한 항소심에서 검찰의 항소를 기각했다고 7일 밝혔다. 재판부는 판결문에서 "피고인은 직장동료 김모(여)씨의 동의를 얻어 그의 남편 백모씨가 없는 틈을 타 김씨와 함께 백씨 집에 들어갔다"며 "간통 등 범죄를 저지르거나 불법적인 행동을 할 목적이 있었다고 볼 수 없으므로 주거침입죄가 성립하지 않는다"고 판시했다. 오씨는 2010년 10월 김씨와 함께 술을 마신 상태로 오후 9시30분께부터 1시간 넘게 백씨 부부 집에 방문했다가 백씨로부터 주거침입으로 고소를 당해 기소됐다.

1심 법원은 "피고인이 김씨의 초대를 받아 방문했고, 범죄를 저지르거나 불법한 행위를 할 목적으로 들어갔다는 특별한 사정을 입증할 증거도 없다"며 무죄를 선고했다. 그러자 검찰은 "김씨와 피고인은 여러 증거들에 비춰볼 때 간통 내지 사회상규상 용인되지 않을 행위를 하기 위해 집안으로 들어간 사실이 정황증거에 의해 인정된다"며 "피고인이 공동주거권자인 백씨의 의사에 반해 주거에 침입했음에도 사건을 무죄로 인정한 것은 사실을 오인한 위법이 있다"며 항소했다.

그러나 항소심 법원은 "공소사실에 대한 증명책임은 검사에게 있는데 증명이 없는 이 사건의 경우 피고인에게 유죄의 의심이 간다 하더라도 피고인의 이익으로 판단할 수밖에 없다"며 무죄를 선고했다. 재판부는 이어 "부부 일방의 부재중에 다른 일방이 손님을 초대하는 것은 당연히 사회적으로 허용되는 행위"라며 "따라서 피고인이 배우자와 이성(異性)이라거나 술을 마신 상태였다거나 밤늦은 때였다거나 하는 등의 사정만을 들어 주거침입으로 판단하는 것은 부당하다"고 밝혔다.

〈 노수정, NEWSIS, 2012.7.7. (접속 2017.6.25. 13:20) 〉

(다) 행위객체

① **사람의 주거** : 침식에 사용되는 장소로서 주거용 차량도 해당된다. 또한 자기소유의 주거도 객체가 된다.[58)]

58) 임대인(소유주)이 임차인(세입자)의 허락없이 자신의 임차가옥에 침입하는 경우도 주거침입죄에 해당한다(대판89도889).

② **관리하는 건조물** : 사람이 사실상 지배 · 관리 하는 주거용 이외의 건조물을 의미한다.[59)]

③ **선박 · 항공기**(1995년 항공기 추가) : 주거에 사용할 수 있을 정도의 규모이어야 한다.

④ **점유하는 방실** : 가옥의 침실, 거실, 연구실, 호텔 객실, 화장실 용변칸[60)] 등 건조물 내에 사실상 지배, 관리하는 구획을 의미한다.[61)]

(3) 관련 문제

☞ 이혼 후 자녀를 직접 양육하지 아니하는 엄마가 아빠의 허락을 받지 않고 그 주거에 들어가 자녀의 양육에 필요한 행위를 한 경우?

☞ 친구의 기말고사 대리시험을 보러 시험장에 들어간 경우?

---

59) 일시적인 선전용 booth, 복권 · 버스표 판매소, 구두닦이를 위해 설치한 알미늄 건조물도 해당되며, 버스 · 기차를 개조하여 카페 사용하는 경우도 포함된다.

60) 피고인이 피해자가 사용중인 공중화장실 용변칸을 노크하여 남편으로 오인한 피해자가 용변칸 문을 열자 강간할 의도로 용변칸에 들어간 것이라면 피해자가 명시적 또는 묵시적으로 이를 승낙하였다고 볼 수 없어 주거침입죄에 해당한다(대판 2003도 1256).

61) 교회건물 현관도 건물의 일부이므로 현관에서의 퇴거요구시 불응하는 것은 퇴거불응죄 해당한다(대판 1992. 4. 28, 91eh2309). 대학 강의실은 대학 당국에 의해 관리되면서 관리업무나 강의와 관련되는 사람에 한해 출입이 허용되는 건조물이므로 주거침입죄의 객체가 된다(대판 1992. 9. 25).

제4 장
형사절차와 인권

제1절 형사소송법

1. 의의

형법을 적용 · 실현하기 위한 형사절차를 규정하는 국가적 법률체계를 형사소송이라 한다.[1] 모든 형사소송절차는 원칙적으로 형사소송법에 근거하여 운영된다.

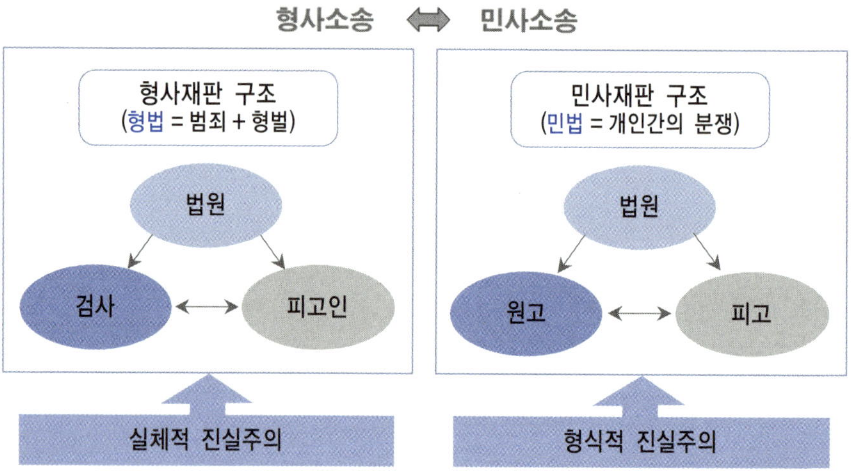

2. 형사소송법의 이념

1) 실체적 진실주의(형사소송법의 최고이념)

소송의 실체에 관하여 객관적 진실을 발견하여 사안의 진상을 명백히 하는 것을 목적으로 한다(민사소송법은 형식적 진실주의를 취하므로 당사자 처분주의가 인정

1) 형사절차는 국가의 형벌권을 실현절차로서 수사절차(범죄수사) → 공판절차(형벌을 과함) → 형집행절차(선고된 형집행)순으로 진행된다.

된다).[2)]

(가) 적극적 진실주의 : 유죄자 필벌(必罰)주의[대륙법계(직권주의)]

(나) 소극적 진실주의 : 무죄자 불벌(不罰)주의[영미법계(당자자주의)]

- 기본적 인권보장이 강조되는 소극적 진실주의가 우선된다.
  - 열 사람의 범인을 놓치는 한이 있어도 억울한 한 사람을 처벌해서는 안 된다.
  - 의심스러울 때는 피고인의 이익으로
  - 무죄추정의 원칙
  - 검사의 거증책임

2) 적정절차의 원리

헌법정신을 구현한 공정한 법적 절차에 의하여 형벌권이 실현되어야 한다는 원칙이다(인권의 보장).

(1) 공정한 재판의 원칙(독립된 법관에 의한 공정한 재판신행)

(가) 공평한 법원의 구성 : 제척, 기피, 회피, 관할이전제도가 있다.

(나) 피고인의 방어권보장 : 제1회 공판기일의 유예기간(송달후 5일 이상), 피고인의 공판정출석권, 피고인의 진술권, 진술거부권, 증거신청권, 증거보전청구권이 있다.

(다) 무기평등의 원칙 : 변호인의 조력을 받을 권리, 국선변호인, 검사의 객관의무제도가 있다.

(2) 비례성의 원칙 : 강제처분을 하는 경우 적합성, 필요성, 상당성의 원칙이 지켜져야 한다.

---

2) 신동운, 『신형사소송법』 제5판, 법문사, 2014, 8~9면; 배종대외 3인공저, 『형사소송법』 제2판, 홍문사, 2016, 17~18면.

(3) 피고인보호의 원칙(각종고지)

① 진술거부권의 고지, 상소에 대한 고지제도가 있다.

② 피고인 구금시 범죄사실의 요지와 변호인 선임권에 대한 고지가 있다.

3) 신속한 재판의 원칙

형사재판은 신속하게 처리되어야 한다는 원칙으로 우리나라 헌법은 신속한 재판을 받을 권리를 피고인의 기본적 인권으로 보장하고 있다(헌법 제27조 3항).[3)]

(1) 수사와 공소제기의 신속을 위한 제도

(2) 공판절차의 신속을 위한 제도

- 공판준비절차, 궐석재판제도, 집중심리주의, 구속기간제한제도가 있다.

3. 형사소송의 기본구조

1) 소송구조론

형사소송의 지도이념을 달성하기 위한 방법론으로 소추와 심리기관의 관계 및 소추주체간에 소송의 주도적 지위를 누가 담당하는가 하는 문제를 정해놓은 구조를 의미한다.

2) 규문주의와 탄핵주의

(1) 규문주의

소추기관과 심리기관이 일치하며 불고불리의 원칙이 적용되지 않는다. 또한 피고인은 조사심리의 객체에 불과하며 당사자지위를 인정하지 않는다.

(2) 탄핵주의(프랑스 혁명 이후)

소추기관과 심리기관은 분리되며 불고불리의 원칙이 적용되어 피고인은 소송의

3) 이재상, 『형사소송법』 제9판, 박영사, 2012, 30면.

주체로 인정받게 된다. 국가소추주의(검사)와 사인소추주의(피해자소추주의 + 공중소추주의)로 구별된다.

3) 당사자주의와 직권주의(소송의 주도적 지위를 누가 담당하는가?)

(1) **직권주의** : 법원의 소송주도권을 인정하는 주의이다(대륙법계).

(2) **당사자주의** : 소송당사자인 검사와 피고인에게 소송의 주도권을 인정하는 주의이다(영미법계).

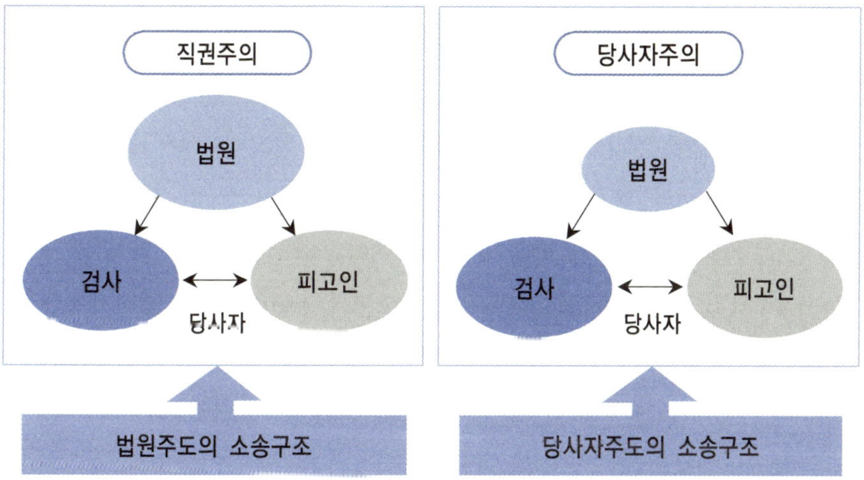

4. 무죄추정(無罪推定)의 원칙

1) 의의

1789년 프랑스대혁명의 결과 탄생한 「인간과 시민의 권리선언」 제9조에 "모든 인간은 범죄자로 선고될 때까지는 무죄로 추정된다"고 규정하였다. 오늘날 무죄추정의 원칙은 위 '인권선언' 제9조에 뿌리를 두고 있다고 이해하는 것이 일반적이다. 우리나라 헌법 제27조 제4항은 "형사피고인은 유죄의 판결이 확정될 때까지는 무죄로 추정된다"라고 규정하여 무죄추정의 헌법적 지위를 명시하고 있으며, 이 원칙은 형사소송법 제275조의2에서도 재차 확인되고 있다.

2) 취지

형사절차에서 불리한 위치에 있어 인권침해의 우려가 있는 피의자 · 피고인의 지위를 보호함으로써 형사절차에서 이들의 불이익을 최소한에 그치게 하고 방어권을 확보해 줌으로써 인간존엄성 존중을 궁극적 목표로 하고 있는 헌법이념에서 나온 것이다.[4)]

3) 법적 성질

무죄추정원칙의 본질적 내용은 증명의 단계에서 법관이 '합리적 의심이 없는 증명'에 이르지 않은 경우에는 '의심스러울 경우에는 피고인의 이익으로'(in dubio pro reo)의 원칙에 따라서 피고에게 무죄를 선고해야 한다는 점이다. 헌법재판소는 "공소의 제기가 있는 피고인이라도 유죄의 확정판결이 있기까지는 원칙적으로 죄가 없는 자에 준하여 취급하여야 하고, 불이익을 입혀서는 안 된다"고 판시하였고, 무죄추정의 제도적 표현으로서 공판절차의 입증단계에서 입증책임을 검사에게 부담시키는 제도, 보석 및 구속적부심 등 인신구속의 제한을 위한 제도, 피의자 및 피고인에 대한 부당한 대우 금지 등을 언급하고 있다.[5)]

4) 내용

(1) 증거법상 무죄추정원칙

무죄추정원칙은 입증책임의 소재를 정하는 규칙임과 동시에 합리적 의심이 없을 정도(beyond resonable doubt)의 유죄 확인이라는 입증의 정도에 관한 소송법상의 원칙이다.

(2) 무죄추정의 금지대상으로서 불이익처분

유죄의 확정판결이 있기까지는 죄 없는 자에 준하여 취급하여야 하고(유죄예단

---

4) 이진국 · 도중진, "무죄추정원칙에 관한 연구", 「연구총서」, 한국형사정책연구원, 2005, 32면.
5) 헌재 2003.11.27. 2002헌마193.

금지), 불이익을 입혀서는 안 된다(불이익처분 금지).

(3) 수사상 강제처분과 무죄추정원칙

무죄추정원칙에서 여전히 논란이 되는 쟁점 중의 하나는 수사상 강제처분, 특히 구속과의 관련성이다. 통설은 무죄추정이 인신구속의 제한원리가 된다는 전제하에서 피의자에 대한 수사와 피고인에 대한 재판은 원칙적으로 불구속으로 행해져야 하며, 구속기간은 가능한 최소한도에 그쳐야 한다고 이해하고 있다.

5) 무죄추정권과 흉악범죄 피의자의 신상공개

흉악범에 대한 얼굴공개 논란은 2004년 연쇄살인범 유영철 사건을 계기로 시작되었고, 2010년 3월 「특정강력 범죄의 처벌에 관한 특례법」 개정안을 의결하여 신상공개를 허용하고 있다. 동법 제8조의2는 “범행수단이 잔인하고 중대한 피해가 발생한 특정강력범죄사건”이면서, “피의자가 그 죄를 범하였다고 믿을만한 충분한 증거”가 있고 “국민의 알 권리보장, 피의자의 재범방지 및 범죄예방 등 오로지 공공의 이익을 위하여 필요한 경우”에는 피의자의 얼굴, 성명 및 나이 등 신상에 관한 정보를 공개할 수 있도록 규정하였다.

5. 국선변호인제도

1) 의의

국선변호인이란 법원에 의하여 선정된 변호인이고, 피고인 또는 피의자와 배우자 등 그와 일정한 관계가 있는 사인에 의하여 선임되는 사선변호인과 구별된다. 변호인은 변호사 중에서 선임하여야 한다. 예외적으로 변호사 아닌 자도 변호인이 될 수 있다.[6]

---

6) 예외적으로 대법원 이외의 법원은 특별한 사정이 있으면 변호사 아닌 자를 변호인으로 선임함을 허가할 수 있다(형사소송법 제31조 단서).

2) 취지

경제적 어려움 등으로 사선변호인을 선임하지 못하는 피고인 또는 피의자에게 국가가 변호인을 선임해 줌으로써 방어능력을 보충하여 검사와의 사이에 무기평등의 원칙을 유지함으로써 궁극적으로 공정한 재판을 실현하기 위함이다.

3) 근거

헌법은 "형사피고인이 스스로 변호인을 구할 수 없을 때에는 법률이 정하는 바에 의하여 국가가 변호인을 붙인다"고 하여(헌법 제12조 제4항 단서) 변호인의 조력을 받을 권리를 보장하고 있고, 이에 따라 형사소송법에서 국선변호인 선임의뢰권을 구체화하여 국선변호인을 선정하여야 하는 경우를 상세히 규정하고 있다(형사소송법 제33조 등).[7]

4) 국선변호인의 선정 사유

(1) 형사소송법 제33조의 경우

(가) 법원은 다음 각 호의 어느 하나에 해당하는 경우에 변호인이 없는 때에는 법원은 직권으로 변호인을 선정하여야 한다.

1. 피고인이 구속된 때
2. 피고인이 미성년자인 때
3. 피고인이 70세 이상인 때
4. 피고인이 농아자인 때
5. 피고인이 심신장애의 의심이 있는 때
6. 피고인이 사형, 무기 또는 단기 3년 이상의 징역이나 금고에 해당하는 사건으로 기소된 때

7) 우리 법원은 형사소송규칙(2006. 8. 17) 제15조의 2 "지방법원 또는 지원은 국선변호를 담당할 것으로 예정한 변호사, 공익법무관, 사법연수생 등을 일괄 등재한 국선변호인 예정자명부를 작성할 수 있다"는 규정을 신설하여 국선전담변호사제도를 시행하고 있다.

(나) 법원은 피고인이 빈곤 그 밖의 사유로 변호인을 선임할 수 없는 경우에 피고인의 청구가 있는 때에는 변호인을 선정하여야 한다.

(다) 법원은 피고인의 연령·지능 및 교육 정도 등을 참작하여 권리보호를 위하여 필요하다고 인정하는 때에는 피고인의 명시적 의사에 반하지 아니하는 범위 안에서 변호인을 선정하여야 한다.

(2) 구속 전 피의자 심문(실질영장심사제도)

구속영장을 청구받은 지방법원 판사가 피의자를 심문하는 경우에 피의자에게 변호인이 없는 때에는 직권으로 국선변호인을 선정하여야 하고, 이 경우 변호인의 선정은 피의자에 대한 구속영장 청구가 기각되어 효력이 소멸한 경우를 제외하고는 제1심까지 효력이 있다(형사소송법 제201조의 2 제8항).

(3) 체포·구속적부심사

체포·구속적부심사가 청구된 피의자에게 변호인이 없는 때에는 국선변호의 근거규정인 형사소송법 제33조를 준용하여 법원은 직권으로 국선변호인을 선정하여야 한다.

(4) 공판준비절차

공판기일에서의 효율적이고 집중적인 심리를 위하여 사건을 공판준비절차에 부칠 수 있고, 공판준비절차는 주장 및 입증계획 등을 서면으로 준비하게 하거나 공판준비기일을 열어 진행하는데, 법원은 공판준비기일이 지정된 사건에 관하여 변호인이 없는 때에는 직권으로 변호인을 선정하여야 한다(형사소송법 제266조의 8 제4항).

(5) 재심사건

재심개시결정이 확정된 후에 재심심판절차가 진행되는 사건에서 ① 사망자 또는 회복할 수 없는 심신장애자를 위하여 재심의 청구가 있는 때, ② 유죄의 선고를 받은 자가 재심의 판결 전에 사망하거나 회복할 수 없는 심신장애자로 된 때에 재심청구자가 변호인을 선임하지 아니한 때에는 재판장은 직권으로 변호인을 선임하여야 한다(형사소송법 제438조 제4항).

(6) 기타 특별법에 의하여 필요한 경우로는 국민참여재판사건, 군사재판사건, 치료감호청구사건, 특정범죄신고사건, 전자장치 부착명령 청구사건이 있다.

5) 피해자 국선변호인제도

(1) 피해자 변호인제도 도입의 필요성

당사자주의에 따라 국내의 형사소송은 검사가 기소한 사건에 한해서 피고인과 검사가 소송당사자가 되어 주도적으로 공격・방어에 임하고, 법원은 제3자로서 양 당사자의 주장과 증거를 고려하여 판결을 한다. 따라서, 형사피해자는 범죄사건의 당사자임에도 불구하고, 소송상 당사자가 될 수 없는 상황이다. 따라서 형사사건이 발생하면 피해자는 수사과정 및 공판단계까지 어떻게 대처하고 자신의 권리가 무엇인지 파악하기 어렵다. 특히 성범죄 피해자의 경우 2차 피해자화의 심각성이 크게 나타나고 있다.

따라서 피해자 국선변호인제도를 통해 형사절차 전반에서 피해자의 실질적 권리를 보장할 필요가 있다.

(2) 현행 피해자 변호인 제도

피해자 변호인 제도에 관해서는 「성폭력범죄의 처벌 등에 관한 특례법」과 「아동・청소년 성보호에 관한 법률」이 규정하고 있다.

(가) 「성폭력범죄의 처벌 등에 관한 특례법」 제27조(성폭력범죄 피해자에 대한 변호사 선임의 특례)는 다음과 같이 규정하고 있다.

① 성폭력범죄의 피해자 및 그 법정대리인(이하 "피해자등"이라 한다)은 형사절차상 입을 수 있는 피해를 방어하고 법률적 조력을 보장하기 위하여 변호사를 선임할 수 있다.

② 제1항에 따른 변호사는 검사 또는 사법경찰관의 피해자 등에 대한 조사에 참여하여 의견을 진술할 수 있다. 다만, 조사 도중에는 검사 또는 사법

경찰관의 승인을 받아 의견을 진술할 수 있다.

③ 제1항에 따른 변호사는 피의자에 대한 구속 전 피의자심문, 증거보전절차, 공판준비기일 및 공판절차에 출석하여 의견을 진술할 수 있다.

④ 제1항에 따른 변호사는 증거보전 후 관계 서류나 증거물, 소송계속 중의 관계 서류나 증거물을 열람하거나 등사할 수 있다.

⑤ 제1항에 따른 변호사는 형사절차에서 피해자 등의 대리가 허용될 수 있는 모든 소송행위에 대한 포괄적인 대리권을 가진다.

⑥ 검사는 피해자에게 변호사가 없는 경우 국선변호사를 선정하여 형사절차에서 피해자의 권익을 보호할 수 있다.

(나) 또한 「아동 · 청소년 성보호에 관한 법률」 제30조(피해아동 · 청소년 등에 대한 변호사선임의 특례)도 피해자 변호사 선임제도를 규정하고 있다. 특히 성폭력 아동 · 청소년은 낮은 정신적 연령 특성상 형사절차에서 법률적 조력의 필요성이 크다. 피해아동의 경우 극심한 정서적 불안 정서를 보이기 때문에 수사와 공판단계에서 진술을 제대로 못하거나 이전의 진술을 번복하는 경우가 많다. 이에 따라, 「아동 · 청소년 성보호에 관한 법률」은 피해자 변호인선임특례규정을 신실하여 형사절차의 전반에 걸쳐서 피해자가 변호인의 조력을 받을 권리를 보장하였다. 그 내용을 살펴보면 다음과 같다.

① 아동 · 청소년대상 성범죄의 피해자 및 그 법정대리인은 형사절차상 입을 수 있는 피해를 방어하고 법률적 조력을 보장하기 위하여 변호사를 선임할 수 있다.

② 제1항에 따른 변호사에 관하여는 「성폭력범죄의 처벌 등에 관한 특례법」 제27조 제2항부터 제6항까지를 준용한다.

(3) 국선변호사 선정

「성폭력범죄의 처벌 등에 관한 특례법」 제27조 제6항에 따라 "검사는 형사피해자에게 변호사가 없는 경우 국선변호사를 선정할 수 있다"고 규정하고 있다.

이 규정은 성폭력피해자가 경제적인 빈곤으로 인하여 변호사를 선임하기 어려운 경우, 또는 근친성폭력사건과 같이 피해아동과 그 법적 대리인이 변호사를 직접 선임하기가 곤란한 상황에서 피해자의 2차 피해를 방지하고자 하는 취지에서 국선변호인을 둘 수 있도록 제도적으로 보장하고 있는 것이다. 「성폭력범죄의 처벌 등에 관한 특별법」에서는 형사소송법이 법원에서 국선변호인을 선정하는 방식과 달리 검사가 국선변호사를 선임할 수 있도록 규정하고 있는데 이는 수사절차에서도 형사피해자에게 국선변호사의 조력을 받을 권리를 인정하려는 취지가 반영된 것이다.

제2절 형사소송절차

1. 수사개시

수사개시의 단서에는 제한이 없다. 고소 · 고발 · 자수 · 현행범인체포 · 변사자검시 또는 불심검문에 의한 범죄인지 등이 모두 수사개시의 단서가 될 수 있다. 또한 형사소송법은 "검사와 사법경찰관은 범죄의 혐의가 있다고 판단되는 경우 수사를 개시하여야 한다"고 규정하고 있다.[8)]

형사고소의 의미

검사, 사법경찰관은 범죄의 혐의가 있다고 판단하는 경우에는, 피해자의 고소가 없더라도 수사해야 할 의무가 있다. 따라서 피해자의 고소여부가 형사처벌의 전제조건이 되는 것은 아니다. 형사고소는 범죄의 피해자 또는 그 가족들이 수사기관(원칙적으로 검사)에 대해 수사 및 공소제기를 촉구하는 의미를 지닐 뿐이다. 다만, 친고죄(親告罪) 또는 반의사불벌죄(反意思不罰罪)의 경우에는 피해자의 고소 또는 처벌의사가 필요하다.

* 고소장 양식 및 작성요령은 별첨자료 1 참조.

---

8) 형사소송법 제195조(검사의 수사)는 "검사는 범죄의 혐의 있다고 사료한 때에는 범인, 범죄사실과 증거를 수사하여야 한다"고 규정하고 있으며, 동법 제196조 제2항은 "사법경찰관은 범죄의 혐의가 있다고 인식하는 때에는 범인, 범죄사실과 증거에 관하여 수사를 개시 · 진행하여야 한다"고 규정하고 있다. 즉 수사의 시작은 검사, 사법경찰관 모두 누구나 시작할 수 있도록 되어 있다. 그러나 수사종결(기소, 불기소처분)은 검사만이 할 수 있도록 되어 있어 경찰에서 수사한 관계서류와 증거물은 지체없이 검사에게 송부하도록 되어 있다(동법 제196조 제4항).

2. 수사방법

수사방법은 임의수사가 원칙이다. 임의수사란 강제적인 수단을 동원하지 않고 수사받는 사람의 동의를 얻어 행하는 수사를 말한다.

강제수사란 강제처분에 의한 수사를 말한다. 강제처분은 영장에 의하여 집행한다. 강제처분에는 체포·구속·압수·수색·검증 등이 있다.

1) 체포제도

(1) 통상체포

체포영장에 의한 체포를 의미한다. 피의자가 죄를 범하였다고 의심할만한 상당한 사유가 있고, 수사기관의 피의자신문을 위한 출석요구에 불응하거나 응하지 않을 우려가 있는 경우에 체포영장을 청구할 수 있다. 즉 통상체포란 수사단계에 있어 긴급체포 및 현행범체포처럼 영장없이 체포함으로써 발생할 수 있는 피의자 인권침해를 방지하기 위해서, 경찰이 신청하고 검사가 청구하여 최종적으로 판사가 발부한 체포영장에 의한 48시간동안의 단기간의 인신구속제도를 의미한다(사전영장주의 원칙). 원칙적으로 체포는 체포영장에 의한 통상체포가 우선되어야 한다. 이후 범죄혐의가 뚜렷하고 계속 구속할 필요가 있다면 체포한 뒤 48시간 이내에 다시 구속영장을 청구하여야 한다. 체포된 피의자 또는 그 가족 등은 체포의 적부심사를 청구할 수 있다.

(2) 긴급체포

체포영장을 발부받을 시간적 여유가 없는 긴급한 상황에서 영장 없이 피의자를 체포하는 제도이다. 범죄의 혐의와 긴급성이 인정된다고 언제나 긴급체포가 허용되는 것은 아니다. 긴급체포를 하기 위해서는 ① 범죄의 중대성(사형, 무기 또는 장기 3년 이상의 징역이나 금고에 해당하는 중대한 범죄), ② 구속사유(증거인멸, 도주의 우려), ③ 긴급성(체포영장을 받을 시간적 여유가 없는 경우) 3가지 요건이 필요하다. 피의자를 긴급체포한 때에도 지체없이 48시간 이내에 구속영장을 청구해야 한다.

(3) 현행범인체포

현행범인 또는 준현행범인은 누구나 영장 없이 체포할 수 있다. 현행범인이란 범죄를 실행 중이거나 실행 직후인 자를 말한다. 준현행범인이란 ① 범인으로 지목되어 추적되고 있는 자, ② 장물 또는 범죄에 사용하였다고 인정하기에 충분한 흉기 기타 물건을 소지하고 있는 자, ③ 신체 또는 의복류에 현저한 증적이 있는 자, ④ 누구인지 묻는데 도망하려는 자 등을 말한다(형사소송법 제211조). 일반시민이 현행범인을 체포하는 경우에는 경찰관이 올 때까지 붙들고 있거나 가까운 경찰관서로 끌고가 경찰관에게 인도해야 한다. 일반인은 현행범을 체포한다는 이유로 타인의 주거에 들어가서는 아니된다.

[형사소송법상 체포제도]

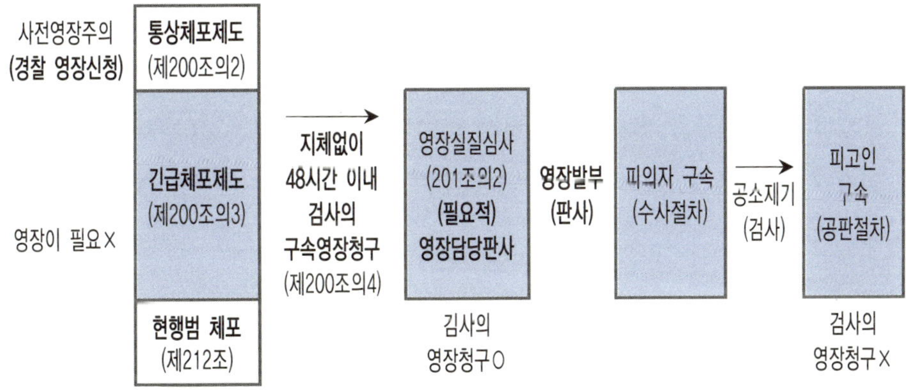

2) 구속

(1) 구속의 원칙

피의자 또는 피고인이 범죄를 범하였다고 의심할 만한 상당한 이유가 있고, 형사소송법상의 구속사유가 존재해야 한다. 형사소송법 제70조 제1항은 ① 일정한 주거가 없거나, ② 증거를 인멸할 우려가 있거나, ③ 도망하거나 도망할 염려가 있는 때를 구속사유로 하고 있으며, 제2항은 “법원은 제1항의 구속사유를 심사함에 있어서 범죄의 중대성, 재범의 위험성, 피해자 및 중요 참고인 등에 대한 위해우려 등을 고려하여야 한다"고 규정하고 있다. 피의자에 대한 구속수사기간은 경찰에서 10일, 검찰에서 20일(원칙적으로 10일이지만 법원의 허가를 받아 10일 연장할 수 있다) 최장 30일까지 가능하다. 반면 재판과정에서 피고인에 대한 구속재판은 원칙적으로 2개월로 정해져 있으며, 각 심급마다 2회 연장이 가능하여 최장 18개월까지 구속재판이 가능하다.

피의자 또는 피고인을 체포・구속하는 때에는 범죄사실의 요지, 체포・구속의 이유와 변호인을 선임할 수 있음을 알리고 변명할 기회를 주어야만 한다. 이 원칙을 흔히 '**미란다원칙**'이라고 한다. 위와 같은 내용의 권리고지를 하지 않은 채 피의자 또는 피고인을 체포・구속하면 불법체포・구속이 된다. 그에 대해 완력으로 저항하더라도 공무집행방해죄가 성립하지 않는다.[9)]

(2) 실질영장심사제도

체포된 피의자에 대하여 구속영장을 청구받은 지방법원 판사는 구속영장을 발부할 지의 여부를 결정하기 위하여 피의자를 심문하여야 한다. 수사기관은 피의자에 대한 구속영장을 청구할 때에 구속영장 실질심사를 받을 것인지 물어봐야 한다.

3) 압수・수색・검증

(1) 압수란 물건의 점유를 박탈하는 강제처분이다. 압류・영치・제출명령 등이 있다.

(2) 수색이란 압수할 물건 또는 체포할 사람을 발견할 목적으로 주거・물건・사람의 신체 또는 기타의 장소에 대하여 행하는 강제처분이다.

(3) 검증이란 5관의 작용에 의하여 물건 또는 장소의 존재 및 상태를 직접적으로 실험・인식하는 강제처분이다.

---

9) 대법원 2013.3.14. 선고 2010도2094 판결.

3. 송치

경찰이 사건수사를 담당한 경우에는, 수사를 마친 다음에 관계서류와 피의자의 신병을 검찰에 송치한다. 검찰에서 직접 수사하는 경우에는 송치절차가 필요 없음은 물론이다.

4. 수사종결처분

수사가 끝나면 검사가 피의자에 대한 공소제기 여부를 결정한다. 검사만이 공소제기의 권한을 가진다. 이것을 '기소독점주의'라고 한다. 수사의 결과 범죄의 혐의가 인정되더라도 검사는 재량에 의하여 불기소처분할 수 있다. 이것을 '기소편의주의'라고 한다.

1) 불기소

(1) 혐의의 불기소처분

범죄의 혐의가 없거나, 혐의가 있더라도 처벌할 수 없는 경우에는 불기소처분을 한다. 혐의 없음, 죄가 안됨, 공소권 없음의 3가지 유형이 있다.

(가) 혐의 없음 : 피의사건에 관하여 공소를 제기함에 충분한 객관적 혐의가 없는 경우로서 증거가 없는 경우(증거불충분) 또는 범죄를 구성하지 아니하는 경우(구성요건 해당성 결여)에 해당한다.

(나) 죄가 안됨 : 범죄구성요건에 해당하나 법률상 범죄의 성립을 조각하는 사유가 있어 범죄를 구성하지 아니하는 경우(위법성조각사유, 책임조각사유)이다. 즉 구성요건에는 해당되나, 위법성과 책임성이 결여되어 범죄가 성립하지 않음으로써 종결하는 처분이다.

(다) 공소권 없음 : 소송조건이 결여되었거나 형이 면제되는 경우를 말한다.[10] 행위가 범죄 구성요건에 해당하고 위법성과 책임성도 인정되어 기소하여 처벌받게 함이 타당하나, 소송조건 결여 또는 형면제사유가 존재하여 검사에게 기소할 수 있는 권한이 없어서 불기소로 종결하는 처분이다.

(라) 각하 : 고소장, 고발장에 의하여 처음부터 혐의 없음, 죄가 안됨, 공소권없음 사유에 해당함이 명백한 경우, 고소권자가 아닌 자의 고소, 고소인・고발인이 고소후 출석요구에 응하지 않거나 소재불명인 경우(진술청취 불가한 경우)에 수사종결하는 처분이다.

(2) 기소유예

범죄 혐의가 있고 처벌할 수도 있지만, 검사의 판단에 의하여 기소하지 않는 것을 말한다. 즉 피의사건에 관하여 범죄의 혐의가 인정되고 소송조건이 구비되었으나, 형법 제51조(양형의 조건) 범인의 연령, 성행, 지능과 환경, 범행의 동기, 수단과 결과, 범행 후의 정황 등을 참작하여 공소를 제기하지 아니하는 경우를 의미한다.[11] 비행소년에 대해서는 선도조건부 기소유예가 널리 활용된다.

결과적으로 범죄도 성립하고 소송조건도 충분히 충족하였기에 당연히 기소함이 마땅하나 검사의 재량에 의해 불기소하는 제도이다.

(3) 기소중지

범죄 혐의는 인정되지만, 참고인, 고소인, 고발인 또는 같은 사건의 피의자의 소재불명 등의 사유로 수사를 종결할 수 없는 경우 그 사유가 해소될 때까지 수사를 중지하는 처분을 말한다(검찰사건사무규칙 73조). 따라서 수사의 종결 처분이라 볼 수 없다.

---

10) 예를 들어 공소시효완성, 사면이 있는 경우, 범죄 후 법령의 개폐로 형이 폐지된 경우, 고소・고발이 없는 경우, 피의자 사망, 확정판결이 있는 경우에 해당할 때 불기소로 수사를 종결하는 검사의 처분이다(검찰사건사무규칙).

11) 검사는 형법 제51조의 사항을 참작하여 공소를 제기하지 아니할 수 있다(형사소송법 제247조 1항 기소편의주의). 이에 반해 범죄가 성립하고 소송조건이 갖춰지면 의무적으로 공소를 제기해야 하는 주의를 기소법정주의라고 한다.

2) 타관송치(기타의 처분)

(1) 타관송치(제256조)

검사는 사건이 그 소속 검찰청에 대응한 법원의 관할에 속하지 아니한 때에는 사건을 서류와 증거물과 함께 관할 법원에 대응한 검찰청 검사에 송치하여야 한다.

(2) 군사법원(군검찰관) 송치(제256조의 2)

검사는 사건이 군사법원의 재판권에 속하는 때에는 사건을 서류와 증거물과 함께 재판권을 가진 관할 군사법원검찰부에 송치하여야 한다.

(3) 소년부 송치(소년법 제49조)

검사는 소년에 대한 피의사건을 수사한 결과 벌금 이하의 형에 해당하는 범죄이거나 보호처분에 해당하는 사유가 있다고 인정한 때에는 사건을 관할 소년부에 송치하여야 한다.

3) 기소(공소제기)

검사는 수사결과 범죄의 객관적 혐의가 충분하고, 소송조건을 구비하여 유죄판결을 받을 수 있다고 확신이 드는 경우 공소를 제기한다. 공소가 제기되면 수사과정의 피의자는 피고인으로 신분이 변경된다.

정식재판을 청구하는 경우(구공판)와 약식재판을 청구하는 경우(구약식)가 있다. 죄가 비교적 가볍기 때문에 징역형이나 금고형에 처하는 것보다 벌금형에 처하는 것이 적당하다고 생각하는 경우에 검사는 약식기소를 할 수 있다. 즉 약식기소란 법원에 대해서 벌금형에 처해 달라고 청구하는 것이다. 법원은 약식절차에 의하여 벌금형을 부과할 수 있고 정식재판을 할 수도 있다.

(1) 약식명령청구

벌금, 과료, 몰수에 해당하는 사건은 검사가 공소제기와 동시에 서면으로 약식명령을 청구할 수 있다(제448-449조).

(2) 즉결심판청구

경미사건으로 20만원 이하의 벌금, 구류, 과료에 처할 범죄에 해당하는 경우, 경찰서장은 시·군법원에 즉결심판을 청구할 수 있다.

5. 공소시효

1) 의의

범죄행위가 종료한 후 검사가 일정기간 공소를 제기하지 않고 방치하는 경우에 국가의 소추권이 소멸되는 제도를 말한다.

2) 제도의 취지

범죄후 장기간이 경과함으로써 범죄인에 대한 일반인의 처벌 욕구가 감소하였다는 점, 시간의 경과에 따른 사실상의 상태를 존중하여 사회와 개인생활이 안정할 필요가 있다는 점, 또한 증거가 멸실·산일됨으로써 공정한 재판을 하기 어렵다는 점, 마지막으로 범인이 장기간의 도망생활로 인하여 처벌에 준하는 정신적 고통을 받았다는 이유에서 인정되고 있다.

3) 공소시효의 기간(2007. 12. 21 개정)

공소시효연장 이유로는 DNA 감정기술 등 과학수사 발달로 오랜 기간 경과후에도 증거수집 가능, 지능화·흉포화하는 강력범죄에 대하여 시효연장을 통한 범죄예방 필요성이 요구되었기 때문이다.

(1) 형사소송법상 시효기간(제249조)

- 사형 : 25년
- 무기징역, 무기금고 : 15년
- 장기 10년 이상의 징역 또는 금고 : 10년
- 장기 10년 미만의 징역 또는 금고 : 7년

- 장기 5년 미만의 징역 또는 금고, 장기 10년 이상의 자격정지 또는 벌금: 5년
- 장기 5년 이상의 자격정지 : 3년
- 장기 5년 미만의 자격정지, 구류, 과료 또는 몰수 : 1년

☆ 의제공소시효 → 공소제기후 25년 경과시까지 확정판결이 없으면 공소시효 완성

※ **2015년 7월 31일 '태완이법' 제정**(형사소송법 제253조의2 신설)
사람을 살해한 범죄(종범은 제외한다)로 사형에 해당하는 범죄에 대하여는 제249조부터 제253조까지에 규정된 공소시효를 적용하지 아니한다. 즉 과거 살인죄는 최고형이 사형에 해당하는 범죄라서 공소시효가 25년으로 정해져 있었으나, '태완이법'으로 인하여 살인죄의 공소시효가 없어졌다.

6. 공판

공판이란 공소가 제기되어 사건이 법원에 속하게 된 때부터 소송절차가 종료될 때까지의 모든 절차를 의미한다. 공판절차가 모두 종료되면 법관은 유죄 또는 무죄의 판결을 내린다. 실형선고・선고유예・집행유예는 모두 유죄판결에 속한다.

《 공판절차의 진행 》

① 공판준비절차 → ② 공판기일절차 → ③ 판결선고 절차

⇓

Ⓐ 모두절차 : 진술거부권고지 → 인정신문 → 검사모두진술 → 피고인모두진술 → 재판장 쟁점정리

Ⓑ 사실심리절차 : 증거조사 → 피고인신문 → 최종변론(검사, 피고인)

1) 공판절차의 개념

공소가 제기되어 사건이 법원에 계속된 이후 그 소송절차가 종결될 때까지의 전 절차, 즉 법원이 피고사건에 대하여 심리・재판하고 또 당사자가 변론을 행하는 절차단계(공판준비절차, 법정외 증인신문 및 검증절차 포함)를 말한다.

※ **공판중심주의**

법원은 피고사건에 대한 유・무죄의 심증을 공판기일의 심리에 의하여 형성하여야 한다는 원칙을 말한다.

2) 공판절차의 기본원칙

(1) 공개주의(公開主義)

밀행(密行)주의 및 당사자공개주의에 반대되는 개념이다. 즉 일반 국민에게 심리의 방청을 허용하는 주의를 말한다(헌법 제27조 3항, 제109조 본문: 심리와 판결 공개, 법원 제57조). 법원의 심판절차를 국민의 감시하에 둠으로써 재판의 공정을 확보하고 재판에 대한 국민의 신뢰를 유지하기 위한 제도이다.

(가) 내용 : 누구나 방청인으로서 공판절차에 참여할 수 있다는 추상적 가능성이 보장된다는 것을 의미한다(일반공개주의).

(나) 한계 : ① 방청인의 제한(법정에서의 방청 및 촬영 등에 관한 규칙 제2조) : 법정질서유지를 위해 방청권 발행 가능, 위험물 소지자 입정금지

② 특수사건의 비공개 : 심리는 국가의 안전보장 또는 안녕질서를 방해하거나 선량한 풍속을 해할 염려가 있는 때에 법원의 결정으로 공개하지 아니할 수 있다(헌법 제109조 단서: 심리만 비공개 가능, 법원조직법 제57조 1항).

* 단, 판결선고는 반드시 공개해야 한다.

※ ㉠ 소년보호사건의 심리는 원칙적 비공개(소년법 제24조 2항) .

㉡ 성폭력범죄사건에 대한 심리는 그 피해자의 사생활을 보호하기 위하여 결정으로 공개하지 아니할 수 있음(성폭력범죄의 처벌 등에 관한 특례법 제31조).

㉢ 가정보호사건을 심리함에 있어 사생활보호나 가정의 평화를 위하여 필요한 경우 결정으로 공개하지 아니할 수 있다(가정폭력범죄처벌등에관한특례법 제32조 제1항).

(2) 구두변론주의(口頭辯論主義)

법원이 당사자의 구두에 의한 변론(주장, 입증)을 근거로 심리·재판하는 주의를 말한다.[12)]

(가) 구두주의 : 구두에 의하여 제공된 소송자료에 의하여 재판을 행하는 주의이다. 법관에게 신선한 인상을 주고 진술의 참뜻을 태도에 의해 이해할 수 있고, 방청인에게 변론의 내용을 알림으로 공개주의의 기초로 작용한다. 주로 실체형성행위(유·무죄판단)에 적용되며, 시일경과에 따라 기억 소실, 변론내용 증명곤란 등의 단점이 있어 이를 보완하기 위해 공판조서를 작성한다.

(나) 서면주의 : 서면에 의해 재판을 진행하는 주의이다. 형식적 절차형성행위에 주로 사용되며 시일의 경과에 따른 기억을 보완하고 변론 내용의 증명이 용이하다는 장점이 있다.

(3) 변론주의

당사자의 변론, 즉 주장과 입증에 의하여 재판하는 주의를 말하여 당사자주의 소송구조의 핵심내용이다.

(4) 직접심리주의

법원이 공판기일에 공판정에서 직접 심리·조사한 증거만을 재판의 기초로 삼을 수 있다는 원칙이다.

(가) 취지 : 직접신문을 통한 법관에게 정확한 심증형성을 하게 함으로서 실체진실발견을 도모, 피고인에게 증거에 관한 변명과 반대신문의 기회를 줌으로써 피고인을 보호하고 공정한 재판의 이념을 실현함이다.

---

12) 형사소송법 제37조 제1항 "판결은 법률에 다른 규정이 없으면 구두변론에 의거하여야 한다"고 규정하고 있으며, 동법 제275조의3에도 "공판정에서 변론은 구두로 하여야 한다"고 규정함으로써 구두변론주의 원칙을 천명하고 있다.

(나) **내용** :

① 형식적 직접주의 : 수소법원(법관)이 재판의 기초가 되는 증거를 직접 조사해야 한다[(공판절차갱신(301조)].

② 실질적 직접주의 : 법원은 증명의 대상이 되는 사실과 가장 가까운 원본 증거를 재판의 기초로 삼아야 하고 그 대체물을 사용해서는 안 된다는 원칙이다(전문증거의 증거능력제한).

(5) **집중심리주의**(제267조의2 집중심리주의 명문 규정)

심리에 2일 이상을 요하는 사건은 연일 계속하여 심리해야 한다는 원칙(계속심리주의)으로 신속한 재판의 이념을 구현하기 위함이다. 부득이한 사정이 없는 한 매일 개정하고 재판장은 여러 공판기일을 일괄하여 지정 가능하며, 매일 개정할 수 없는 경우라도 다음 공판기일은 14일 이내로 지정해야 한다.

7. 오판의 구제

1) 상소(上訴)제도

항소란 제1심판결에 불복하여 제2심법원에 제기하는 상소를 말한다. 제1심판결 선고 후 7일 이내에 원심법원(제1심법원)에 항소장을 제출하여야 한다.

상고란 제2심판결에 불복하여 대법원에 제기하는 상소를 말한다. 항소와 마찬가지로 제2심판결 선고 후 7일 이내에 원심법원(제2심법원)에 상고장을 제출하고, 상고법원의 소송기록 접수 통지를 받은 날로부터 20일 이내에 상고이유서를 상고법원에 제출하여야 한다(1심 → 2심 : 항소, 2심에 → 3심 : 상고).

2) 재심

유죄의 확정판결 또는 항소나 상고를 기각하는 판결에 대한 비상구제수단이다. 항소나 상고가 판결이 확정되기 전에 불복을 신청하는 제도인 데 반하여, 재심은 유죄판결이 확정된 이후에 제기하는 제도이다.

이미 판결이 확정된 후에 심리를 다시 하게 되는 예외적인 제도이기 때문에 재심사유는 엄격하게 제한되어 있다. 확정판결을 뒤집을 만한 새로운 증거가 발견되었거나, 원판결의 사실인정 자료가 허위인 경우에만 재심을 청구할 수 있다(형사소송법 제420조). 청구권자는 검사, 유죄선고를 받은 자, 그 법정대리인, 배우자, 직계친족, 형제자매 또는 배우자 등이다.

3) 비상상고

재심과 마찬가지로 확정판결에 대해 행해진다. 재심은 사실오인을 이유로 하지만, 비상상고는 법령위반을 이유로 하는 점에 차이가 있다. 또한 비상상고는 검찰총장만이 신청할 수 있다는 점도 다르다(형사소송법 제441조).

8. 특별형사절차

1) 약식절차

검사가 약식기소한 사건에 대해서는, 법원은 약식재판을 통해 벌금의 납부를 명하는 약식명령을 내린다. 이때에는 정식의 공판절차를 거치지 아니하고 수사기록만으로 재판을 하게 된다.

검사나 피고인은 판사의 약식명령에 대해 불복이 있는 경우에는 7일 이내에 정식재판을 청구할 수 있다.

2) 즉결심판절차

즉결심판이란 경미한 범죄사건에 대하여 정식 재판절차를 거치지 아니하고 간이 신속하게 처벌함으로써 법원과 검찰의 부담을 줄이고 당사자에게도 편의를 주려는 제도이다. 검사가 기소하는 것이 아니라, 경찰서장이 즉결심판을 청구한다.

(1) 즉결심판의 대상

20만원 이하의 벌금, 구류, 과료에 처할 경미한 범죄가 즉결심판의 대상이 된다. 예컨대, 도로교통법상의 주정차금지위반, 향토예비군설치법상의 예비군훈련 불참자, 폭행죄, 단순도박죄 등 경미한 형법위반사건 또는 허위신고, 무임승차 등 54개 종류의 경범죄처벌법 위반사범 등이 즉결심판의 대상이 된다.

(2) 심판

즉결심판은 경찰서가 아닌 공개된 장소에서 판사가 한다. 피고인에게도 변명의 기회가 주어지고 변호사도 선임할 수 있지만, 경찰의 조서만을 증거로 삼아 유죄를 선고할 수도 있다. 보통 구류, 과료 또는 벌금형이 선고된다. 물론, 선고유예나 무죄가 선고될 수도 있다.

(3) 정식재판의 청구

즉결심판에 불복이 있는 피고인은 선고・고지를 받은 날로부터 7일 이내에 정식재판청구서를 경찰서장에게 제출하여야 한다.

3) 배상명령제도

배상명령제도란 형사사건의 피해자가 범인의 재판과정에서 간편한 방법으로 민사적인 손해배상명령까지 받아 낼 수 있는 제도이다. 원래 형사재판에서는 유・무죄만을 가리고, 손해배상은 따로 민사소송을 해야 하지만, 이중으로 재판을 해야 하는 부담을 줄이기 위해서 형사재판에서 판결을 내릴 때 민사상의 손해배상도 함께 처리할 수 있도록 한 것이다.

배상명령이 기재된 유죄판결문은 민사판결문과 동일한 효력이 있으므로 강제집행이 가능하다. 범죄로 인하여 발생한 직접적인 물적 피해와 치료비만을 신청할 수 있다. 그 밖에 위자료의 배상을 요구하기 위해서는 민사소송을 제기하여야 한다.

9. 체포 · 구금된 피의자 · 피고인 인권보장제도

1) 구속영장심사제도(구속전피의자신문제도)

체포된 피의자에 대하여 구속영장을 청구받은 지방법원 판사는 피의자 또는 그 변호인, 법정대리인, 배우자, 직계친족, 형제자매 가족, 동거인 또는 고용주의 신청이 있는 때에는, 구속영장을 발부할지의 여부를 결정하기 위하여 피의자를 심문할 수 있다.

피의자와 그 가족 등은 피의자가 체포된 때부터 구속영장 발부 여부를 결정할 때까지 사법경찰관, 검사 또는 판사에게 구속영장 실질심사를 신청할 수 있다. 이때 피의자에게 변호인이 없는 경우 법원은 직권으로 변호인을 선정하여야 한다(필요적 변호로서 국선변호인제도 확대).

판사는 구속여부를 판단하기 위하여 필요한 사항에 관하여 간결하게 심문한 후, 피의자를 구속할 사유가 있는지의 여부를 판단한다.

2) 체포 · 구속적부심사제도

영장에 의하여 체포 · 구속된 피의자뿐만 아니라 영장에 의하지 않고 체포 또는 구속된 피의자의 체포 또는 구속이 적법한가를 사후적으로 판단하는 제도이다.

(1) 청구권자

피의자 본인, 변호인, 배우자, 직계존속, 형제자매, 호주, 가족 또는 동거인이나 고용주에 의해서도 행해질 수 있다. 공소제기 후의 피고인은 구속적부심을 청구할 수 없다.

(2) 심판

구속적부심사를 청구받은 법원은 지체 없이 구속된 피의자를 심문하고 증거를 조사하여 결정을 내려야 한다. 구속이 부당한 것으로 판단하고 석방을 명하면 피의자는 즉시 석방된다.

(3) 피의자보석

구속적부심사를 청구받은 법원은 출석을 보증할 만한 보증금을 납부할 것을 조건으로 하여 피의자를 석방하라고 명할 수 있다. 이때, 피의자의 주거를 제한하거나, 법원 또는 검사가 지정하는 일시・장소에 출석할 의무 등 적당한 조건을 부가할 수도 있다.

보석제도는 원래, 피고인에게만 인정되는 제도였다. 피고인에 대한 보석은 피고인측의 신청에 의하여 행해지지만, 피의자 보석은 구속적부심사의 결과 법원이 재량으로 행하는 것이다.

3) 구속의 취소와 집행정지

(1) 구속의 집행정지란, 피의자 또는 피고인을 계속 구속하기 어려운 사정이 있을 때에 친족・보호단체 기타 적당한 자에게 부탁하거나 주거를 제한하여 임시로 석방하는 제도이다. 피고인에 대한 구속 집행정지는 법원의 결정에 의해서 행해지지만, 구속된 피의자에 대해서는 검사 또는 사법경찰관이 행한다.

구속된 국회의원에 대한 국회의 석방요구가 있는 때에는 당연히 구속의 집행이 정지된다.

(2) 구속취소란, 구속사유가 없거나 소멸된 경우에는 피의자 또는 피고인에 대한 구속을 취소하여야 한다(형사소송법 제93조, 제209조). 피고인에 대해서는 법원이, 피의자에 대해서는 검사 또는 사법경찰관이 구속취소를 결정한다.

4) 보석제도

영장에 의하여 체포 또는 구속된 피의자 또는 피고인에 대하여 보증금을 납부할 것을 조건으로 석방하는 제도를 보석(保釋)이라고 한다.

(1) 신청권자

피의자 또는 피고인 자신, 변호인, 피고인의 법정대리인, 배우자, 직계존속, 형제자매, 호주 등이 신청권자이다. 그러나 경우에 따라서는 법원이 직권으로 허가할 수도 있다.

(2) 보석결정

보석의 결정은 피고인의 자력과 범죄의 성질, 증거 등을 고려하여 상당한 보증금을 납부할 것, 또는 주거의 제한 등 조건을 붙여 허가하는 것이 보통이다.

형사사건 진행순서

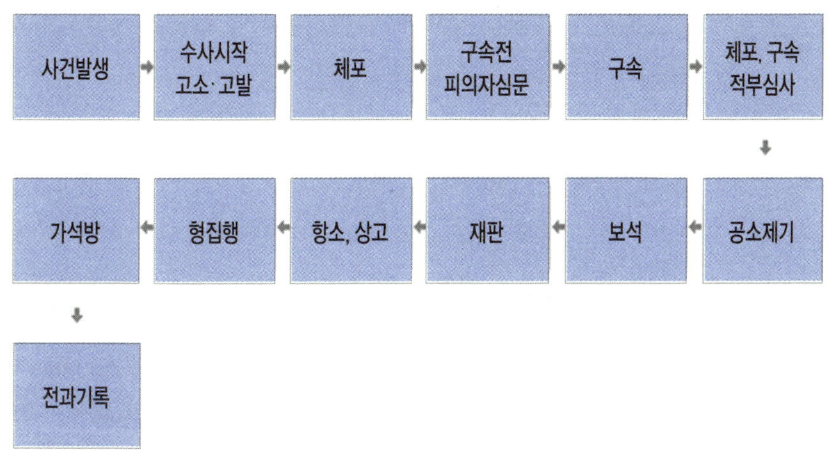

제3절 수용자와 인권

1. 수용자 권리 개념

수용자의 기본적 인권의 제한은 구금의 본질과 목적에 비추어 합리적이고 필요하다고 인정되는 범위에서 허용되며, 그 기본권 제한은 원칙적으로 법률에 의하여 행해져야 한다(특별권력관계에 있어 법치행정의 도입). 즉 수형자에게도 최소한의 인간다운 생활을 보장해야 한다.

따라서 국가는 수용자의 생활조건을 사회복귀와 재범방지대책에 적당한 형태로 보장하여야 하며, 이를 위해 필요한 인적·물적 설비를 갖추도록 노력할 의무가 있다.

> ※ 수용자란 법원의 확정판결로 형이 집행되고 있는 수형자와 아직 수사, 재판과정에서 형이 확정되지 않았으나 체포, 구속영장에 의해 구금시설에 수용되어 있는 미결수용자를 모두 포함한 개념이다.

1) 수용자 인권보장을 위한 규정

(1) UN의 수용자 지위보장을 위한 노력

(가) 세계인권선언 : 1948년 인간의 권리에 대한 기본원칙을 천명하였다.

(나) 피구금자처우최저기준규칙 : 1955년 제1회 UN범죄방지 및 범죄인처우회의에서 '피구금자처우최저규칙'이 채택됨으로서 행형에 있어 국제적 기준을 마련하였다.

(다) 기타 UN의 국제기준 : 고문금지선언(1975), 법집행공무원행동강령(1979), 의학윤리원칙(1982), 억류, 구금하에 있는 사람들을 보호하기 위한 원칙(1988), 수용자처우에 관한 기본원칙(1990) 등이 있다.

(2) **우리나라의 인권보장**

우리나라의 「형집행및수용자처우에관한법률」은 수용자의 기본적 인권의 최대한 존중 및 차별금지의 원칙을 천명하고 수용자에 대한 절차적, 실질적 권리보장 등 행형법률주의를 채택하고 있다.

(가) **헌법 제10조** : 인간의 존엄과 행복추권, **헌법 제11조** : 평등권

(나) **형집행법 제4조** : 법 집행에 있어 수용자의 인권을 최대한 존중하여야 한다.

(다) **형집행법 제5조** : 수용자는 합리적인 이유 없이 .... 차별받지 않는다.

2) 수용자 기본권 제한

(1) **절대적 기본권**

내심의 작용으로서 신앙 · 사상의 자유, 양심형성과 침묵의 자유, 연구와 창작의 자유는 법률로서도 제한할 수 없다(단, 외부표현이나 실행하는 자유는 수용자의 특성상 법률로 제한할 수 있다).

(2) **상대적 기본권**

구금시설의 안전 및 질서유지를 위해 공익적 차원에서 제한 가능한 기본권을 의미한다. 사생활 비밀과 자유, 통신의 자유, 신체의 자유, 집회 · 결사의 자유, 거주이전의 자유, 직업선택의 자유 등이 있다.

2. 수용자 권리와 제한

1) 수용자의 일반적 권리

헌법상 보장된 인간의 기본권과 관련되어 무엇인가를 할 수 있는 자유 또는 잔인하거나 비정상적인 처벌을 경험하지 않을 자유 등을 의미한다. 반면 이러한

권리와 교정시설의 보안, 질서 그리고 교화개선이라는 교정의 이념에 따른 권리의 범위와 제한의 문제가 발생한다.

(1) 서신검열(외부와의 교통)

(가) 의의 : 수용자의 언론과 표현의 자유 보장과 교정시설의 보안유지라는 서로 다른 법익이 충돌하므로 공익을 위한 최소한의 제한적 수단을 통한 서신검열만 가능하다. 서신개봉제출, 서신횟수 제한의 현실적 문제와 관련하여 최소침해의 원칙, 법익균형의 원칙이 문제될 수 있다. 제한하기 위해서는 다음과 같은 기준이 있어야 한다.

① 명백하고 현존하는 위험성이 있어야 한다.

② 합당한 목적의 달성에 합리적인 기준이 있어야 한다.

※ 과거 개봉상태에서 서신을 제출하도록 규정되어 있던 것이 인권침해라는 헌법재판소의 위헌판결에 의해 법률이 개정되어 현재는 봉함상태에서 제출하고 있다(단, 예외상황 있음).

(2) 종교의 자유

(가) 의의 : 종교적 신념의 자유에 대하여 어느 정도 제한할 것인가의 문제이다.

(나) 제한의 기준 : 현저한 국가이익의 존재와 최소한의 제재적 대안이라는 매우 엄격한 기준을 요구한다. 즉 중요한 목적과 최소한의 제한적인 수단이라는 증명이 필요하다.

(3) 잔혹하고 비정상적인 처벌(crual and unusual punishment)

(가) 의의 : 일반인의 감정에 비추어 충격적이거나 인간의 존엄성을 위협하는 형태의 처벌를 받지 않을 권리, 과다한 처벌 금지의 원칙이다.

(나) 기준

① 일반적 양식에 비추어 충격적이거나 인간의 존엄성을 위협하는 형태의 처벌을 금지한다.

② 범죄의 심각성과 균형 및 비례의 원칙에 근거하여 과다한 처벌 또는 불필요한 처벌과 이유 없는 고통을 부과하는 것을 금지한다.

③ 합법적인 행형목표를 추구하기 위해 의도된 훈육과 징벌 등이 요구되는 이상의 잔혹하고 비정상적인 처벌행위를 금지한다.

(4) 처우받을 권리와 거부할 권리

(가) 의의 : 그동안의 처우가 수용자의 권리라는 인식보다 일종의 보상 또는 특전으로 인식되어 왔다. 수용자가 처우를 거부할 권리뿐만 아니라 그로 인하여 처벌받지 않을 권리도 인정해야 한다.

(나) 논쟁 : 법원은 강제된 처우라도 그것이 헌법적 논쟁의 소지가 없는 한 대체로 허용하고 있다. 약물치료와 같은 강세직 치우에 대해서는 처우 받지 않을 권리 또는 거부할 권리가 중요시되는 반면, 교육훈련이나 태도, 습관, 행동의 변화를 추구하는 처우에 대해서는 처우받지 않을 권리에 대한 논쟁이 약하다.

2) 수용자의 개별적 권리

(1) 접견교통권

접견권이라 함은 수용자와 친족 등 사회 일반인과의 면접교담권을 말한다.

자유형의 본질이 위하적 응보이므로 수용자의 사회적 격리를 위하여 외부와의 접촉을 일체 금해야 한다(교정밀행주의 원칙)는 소수의 견해도 있지만, 자유형의 본질이 격리작용 이외에 개선작용에 있으므로 재범 방지 및 재사회화를 위한 사회적응 수단인 타인과의 접견은 당연히 인정되어야 한다고 본다(통설). 단 질서유지 및 교화상 제한은 불가피하다.

(가) **사람에 대한 제한** : 예외를 제외하고 원칙적으로 광범위하게 인정한다.

① 형집행법 제41조 예외를 제외하고 친족 뿐만 아니라 일반인에게도 인정한다.

(나) **접견 횟수에 대한 제한**

① **수용자는 매월 4회**(매회 30분 : 시행령 58조)접견 가능, 단 수용자가 19세 미만일 때, 교화개선을 위해 필요하다고 인정되면 접견횟수를 증가시킬 수 있다(시행령 제59조).

② **미결수용자** : 매일 1회(변호인과의 접견은 횟수에 포함하지 않는다 : 시행령 101조)

* 접견시간 및 접견 횟수 연장 가능(시행령 102조)

(다) **접견장소 제한** : 미결수용자가 변호인과 접견하는 경우를 제외하고 접촉차단시설에서 실시한다(시행령 58조 4항). 예외로 교정성적이 우수 또는 건전한 사회복귀를 위하여 접촉차단시설 없는 곳에서도 가능하다(시행령 59조 3항).

(라) **외국어 사용의 제한** : 접견 내용이 청취, 녹음 또는 녹화되는 경우 상호간의 모의 또는 증거인멸방지를 위하여 외국어 사용이 금지된다(시행령 60조).

(마) **접견의 참여** : 수용자의 접견에는 교도관이 참여 또한 소장은 접견내용을 청취, 기록, 녹음 또는 녹화할 수 있다(형집행법 제41조 2항). 단 사전에 그 사실을 수용자 및 상대방에게 고지해야 한다. 단 예외적으로 미결수용자와 변호인과의 접견에는 청취 또는 녹취를 못하며, 보이는 거리에서 미결수용자를 관찰 할 수 있다(형집행법 84조 제1항).

(바) **국제기준**(유엔 피구금자 처우에 관한 최저기준규칙) : 피구금자는 필요한 감독하에 일정기간마다 가족 또는 신뢰할 만한 친구와의 통신 및 접견이 허용되어야 하며, 미결구금자와 변호인의 접견은 시설직원 감시 하에 둘 수는 있지만 대화의 청취가 가능해서는 안된다.

(2) 집필의 자유

수용자는 문서 또는 도화를 작성하거나 문예, 학술, 그 밖의 사항에 관하여 집필할 수 있다. 단 소장은 안전 또는 질서를 해칠 명백한 위험이 있다고 인정되는 경우 예외로 한다(형집행법 제49조 1항). * 소장의 허가 없이도 집필이 가능하다.

작성 또는 집필한 문서나 도화를 소지할 수 있다(형집행법 26조). 단 일정한 사유가 해당하면 그 사유를 알린 후 교정시설에 영치하되, 수용자 동의하에 폐기할 수 있다(형집행법 49조 3항).

(3) 전화통화

수용자는 소장의 허가를 받아 교정시설의 외부에 있는 사람과 전화통화를 할 수 있으며, 이에 따른 허가에는 통화내용 청취 또는 녹음을 조건으로 붙일 수 있다(형집행법 제44조 1항, 2항). 단 사전에 수용자 및 상대방에게 고지(44조 4항)

(가) 청취 또는 녹음시 외국어 사용금지(단, 국어사용이 곤란한 경우 외국어 사용)(형집행법 제60조)

(나) 통화료 : 수용자 부담 원칙(교정성적 양호자 또는 영치금이 없는 수용자는 예산 지원)

(다) 이용시간 : 매일 공무원 근무시간에 3분 이내로 실시(형집규 25조 3항)

(라) 청취, 녹음의 조건 : 증거인멸의 우려, 교정시설 안전우려, 교화개선에 악영향 등(형집규 28조 1항)

3. 수용자 권리(인권침해) 구제 제도

1) 개설

(1) 의의

수용자 권리구제 제도란 교정시설에 수용된 수용자가 교도소 등으로부터 받은 부당한 처분 또는 권리침해에 대하여, 그 취소 또는 시정을 통하여 수용자의 권리보장과 적정화 조치를 구하는 불복신청제도를 의미한다.

2) 종류

(1) 사법적 구제수단

행정소송, 민・형사소송, 헌법소원이 있다.

(가) 장점 : 국가에 의한 강제력이 부여됨으로 가장 확실한 권리구제수단이다.

(나) 단점 : 많은 시간과 경비가 소요, 교정당국의 지도력 상실, 수용자 스스로 대변할 능력・여건부족, 소송에 이긴 후에도 해결에 상당한 시간이 소요된다.

(2) 비사법적 구제수단

청원, 소장면담, 행정심판, 국가인권위원회 진정, 중재 등이 있다.

(가) 장점 : 시간과 자원의 절약, 불평과 불만에 대한 보다 효과적인 반응, 문제가 심화되기 전에 신속한 처리 가능, 강제적 해결보다 수용자에게 더 큰 의미가 부여된다.

(나) 단점 : 강제력이 약하다.

3) 사법적 구제수단

(1) 행정소송

법원에 행정관청의 처분의 취소, 부작위위법확인 등 항고소송을 제기하는 것을 말한다(수용자는 행정심판을 거치지 않고도 직접 행정소송 가능).

(2) 민・형사소송

교도관의 계호작용(강제력 행사)에 있어 사용요건 및 절차상 하자가 있는 경우 불법한 처우를 이유로 수용자는 해당 공무원이나 국가를 상대로 국가배상법(민사)에 의한 민사소송 또는 당사자에 대한 형사처분을 구하는 소(訴)를 제기할 수 있다.

(가) 직접적 신체에 대한 강제 : 형사소송

(나) 그로 인한 손해 발생 : 민사소송

(3) 헌법소원의 제기

공권력의 행사 또는 불행사로 인하여 헌법상 보장된 기본권을 침해받은 자는 헌법재판소에 헌법소원심판을 청구할 수 있다. 단, 다른 법률의 구제절차를 모두 거친 후에 가능하다(보충성의 원칙).

4) 비사법적 권리구제

(1) 청원

(가) 의의 : 처우에 불복이 있는 경우 수용자가 법무부장관이나 순회공무원에게 호소하여 적절한 구제를 요구할 수 있다(형집행법 제117조).

(나) 청원권자 : 수용자(수형자, 미결수용자, 외국인) 모두 가능하다. 또한 청원은 구술 또는 서면으로 할 수 있다. 단 구술 청원시에는 교도관이 참여하지 못한다.

(다) 청원제한 : 청원자 본인에 대한 교도소장의 위법 · 부당한 처우, 교도소장 등의 작위 · 부작위로 인한 권리침해, 권리침해의 우려에 대해서 가능하다. 따라서 다른 수용자에 관한 내용, 행형제도 전반에 관한 개선의견, 감정적 의견, 단체공동 청원 등은 제한된다.

(라) 효과 : 제기만으로는 정지의 효력이 없으며 법무부장관의 지휘감독권 발동을 기대할 뿐이다. 청원이 채택되더라도 당해 소장 또는 상급 감독청의 취소 명령이 있을 때 효력이 발생한다.

(2) 소장면담

(가) 의의 : 교도관의 위법, 부당한 행위의 시정을 위해 처우에 대해 소장에게 면담을 신청할 수 있고, 소장은 면담을 하여야 한다(소송 또는 청원하기 전의 절차로 활용). 행형법 제116조(소장면담), 행형법 시행령 제138조(소장면담).

(나) 청원과의 차이점 : 처우의 불법뿐만 아니라 일신상의 사정에 대한 고충 호소도 가능하다.

(3) 행정심판의 청구

행정청의 처분 또는 부작위에 대하여 다른 법률에 특별한 규정이 있는 경우를 제외하고는 행정심판법에 의하여 그 심판을 청구할 수 있다. 따라서 수용자는 직근 상급행정기관인 지방교정청장에게 행정심판을 청구할 수 있다.

(4) 국가인권위원회법에 의한 구제

(가) 시설의 방문조사(동법 제24조) : 위원회는 필요하다고 인정되는 경우 그 의결로 구금, 보호시설을 방문하여 조사할 수 있으며, 면담 또는 구술 또는 서면으로 의견을 들을 수 있다(교도관 입회 가능, 대화내용 녹음 또는 녹취 불가).

(나) 시설수용자의 진정권 보장(동법 제31조) : 수용자가 진정을 원할 경우 소속 공무원은 즉시 진정서 작성에 필요한 시간과 장소 및 편의를 제공해야 한다. 진정인과 위원과의 면담에는 수용시설직원(교도관)은 참여하거나 청취 또는 녹취하지 못한다.

* 수형자 권리침해와 관련된 인권위 '진정'사건 판례 검토

제4절 성폭력범죄와 피해자 인권보호

1. 성폭력범죄의 개념

1) 의의

성폭력은 '성'(sexuality)과 '폭력'(violence)의 결합어라 할 수 있다. 성폭력은 "성을 매개로 해서 상대방의 의사에 반해 이루어지는 모든 가해 행위"로서 성희롱이나 성추행, 성폭행 등은 모두 성폭력의 개념에 포함된다. 이 밖에 사이버 성폭력과 스토킹 등을 넓은 의미의 성폭력에 포함시키기도 한다. 즉 성폭력범죄는 개인의 '성적 자기결정의 자유'를 침해하였는지가 가장 중요한 것이다.[13] 그리고 이러한 성폭력에 대한 개념도 점차 확대되어 과거 강간 중심적 개념정의에서 다양한 유형의 성적 공격행위를 포함하는 개념으로 발전되었다.[14]

2) 성희롱(Sexual Harassment)

우리나라에서는 '서울대 조교 성희롱 사건'을 계기로 성희롱이라는 용어가 처음으로 대중적 주목을 받은 이후 성희롱이 사회문제로 등장하게 되었다. 이후 남녀고용평등법의 직장 내 성희롱조항과 남녀차별금지 및 구제에 관한 법률의 영향으로 성희롱에 관한 관심이 고조되었다. 이들 두 가지 법은 약간의 차이가

13) 이재상 · 장영민 · 강동범, 『형법각론』, 박영사, 2016, 159면.

14) 성폭력을 개인의 자유로운 성적 결정권을 침해하는 범죄로 성폭행뿐만 아니라 성추행, 성희롱 등 모든 신체적, 언어적, 정신적 폭행을 포괄하는 광범위한 개념으로 정의하기도 한다(정경자, 성폭력피해현황과 그 대책, 「피해자학연구」 제2호, 한국피해자학회, 1993, 71면). 성폭력의 유형을 음란전화, 성기노출, 성적괴롭힘, 가벼운 추행, 심한 추행, 어린이 성추행, 강간미수, 강간, 아내강간 등 9가지 유형으로 구분하여 파악하는 견해도 있다(최인섭 외, 「성폭력의 실태와 원인에 관한 연구(II)」, 한국형사정책연구원, 1998, 55~57면).

있으나 성희롱을 업무와 관련해 성적 언어나 행동 등으로 성적 굴욕감을 느끼게 하거나 성적 언동 등을 조건으로 고용상 불이익을 주는 행위라고 정의하고 있다. 성희롱은 일반인이 생각하는 것보다 훨씬 깊은 상처를 남겨 실제 생활에서 직장여성들의 심리적, 조직적 측면에서 심각하게 부정적인 결과를 나타낸다.[15)]

남녀고용평등법은 직장 내 성희롱에 대해서만 적용되지만, 남녀차별금지 및 구제에 관한 법률은 고용은 물론이고 교육 또는 시설과 용역의 제공 및 이용, 법과 정책의 집행 등 사회생활의 모든 영역에서 발생하는 성희롱에 대해 널리 적용된다. 따라서 국가・지방자치단체・학교 등 공공기관은 물론 근로기준법이 적용되지 않는 사업장 등이 모두 적용대상이 된다.

성희롱의 피해자 등은 고용평등위원회 또는 여성부에 그 구제를 신청할 수 있다. 동시에, 민사소송을 제기하여 손해배상을 청구할 수 있음은 물론이다. 고용평등위원회 또는 여성부는 신청내용을 조사하여 성희롱이 있었다고 인정되면 그 시정을 권고할 수 있다. 특히, 여성부는 조사내용이 관계법률의 형사처벌규정에 위반된다고 인정할 때에는 관할 수사기관에 고발할 수도 있다. 즉 조사내용이 단순한 '성희롱'을 넘어 '강제추행' 등에 이르렀을 때에는 가해자를 형사처벌하도록 조치할 수 있다는 의미이다.

3) 성추행(강제추행, Indecent Sexual Assault)

성추행은 성폭력의 정도가 성희롱을 넘어 형법상 강제추행죄로 처벌되는 것으로서 '폭행이나 협박'을 수단으로 '추행'하는 것이다. 대법원은 "상대방의 의사에

15) 성희롱의 행위개념을 어떻게 정립할 것인가 하는 점은 구성요건의 유형화라는 측면에서 보면 간단치가 않다. 이에 대하여는 성폭력범죄의 범주에 성희롱도 포함되어야 한다는 견해(이영란, 성폭력특별법의 형법적 고찰, 「피해자학연구」, 제3호, 한국피해자학회, 1994, 29면)와 성희롱은 직장 내 위법한 성차별의 일종으로서 남녀고용평등에 규정하고, 이들 행위에 대하여는 민사적인 불법행위로서 손해배상청구권이 발생하는 것으로 보아야 한다는 견해(한인섭, 성폭력특별법과 피해자보호, 「인권과 정의」, 1994, 41면)가 있으나 우리나라의 성희롱에 대한 규제방법은 후자의 입장을 취하고 있고 그 견해가 타당하다(자세한 것은 박미숙, 성폭력관련법률의 체계화 방안 -성폭력특별법에 나타난 정책방향을 중심으로-, 「형사정책」 제12권, 한국형사정책학회, 2000, 256면 참조).

반하는 물리력의 행사로 그 힘의 대소강약을 불문한다"로 밝히고,[16] 판례는 상대방을 알몸이 되게 하거나 유방을 만지는 행위[17] 등을 강제추행으로 인정하고 있다.

강제추행은 타인의 성적 자유를 침해하는 음란한 행위로서 성적 수치심이나 혐오감을 불러일으키는 일체의 행위를 말한다. 적어도 타인의 성적 자유를 침해할 만한 행위로 인정되어야 한다. 타인의 성적 자유를 침해할 만한 성적인 침해인가의 여부는 객관적 관점에서 판단하여야 한다. 강제추행은 형사처벌의 대상이 되는 범죄행위이므로, 단지 피해자나 가해자의 주관적 의사에 의해서 일방적으로 정해질 수는 없다.

성희롱과 강제추행의 구별

성희롱은 반드시 객관적인 기준을 요하지 않는다. 피해자의 의사에 반하는 성적 의미 있는 행위가 모두 성희롱이 될 수 있다. 피해자가 불쾌하게 생각했거나 마음의 상처를 입었다면 그것으로 이미 정신적 손해가 발생한 것이기 때문이다. 일반적으로 성희롱은 ① 직장 내에서의 지위나 근로조건에 영향을 미칠 수 있는 자(주로 상급자)에 의한 행위가 문제로 된다. 피해자가 자유로이 자신의 의사를 밝힐 수 있는가가 중요한 판단기준이 되기 때문이다. ② 피해자의 의사에 반하여 성과 관련된 언동을 하거나, 불쾌한 성적 접근을 하는 행위는 모두 성희롱이 될 수 있다. 비록 지나친 성적 언동을 했더라도 상대방이 불쾌하게 생각하지 않았다면 성희롱이라고 할 수 없다. 또한 성희롱은 범죄가 아니라는 점에서 성희롱에 대해서는 민사상 손해배상청구를 할 수 있으며, 또한 직장 내 행정처분인 '징계'로 처벌받게 된다.

4) 성폭행(Rape, Sexual Assault)

앞에서 살펴본 바와 같이 성폭행은 성폭력범죄중에 가장 심각한 정도의 범죄로서 형법상 강간과 강간미수 행위를 의미한다. 즉 폭행 또는 협박을 가해 사람을 간음하는 가장 중한 성범죄이다.[18]

---

16) 대법원 1994.8.23, 94도630

17) 대법원 2002.4.26, 2001도2417

18) 성폭력에 대한 우리나라의 법적 규정을 살펴보면 성폭력을 단지 심한 추행이나 강간미수, 강간 등의 한정된 의미로 사용되는 경향이 강하다. 즉 성폭력을 '저항의 문제'로 파악한

2. 성폭력범죄의 처벌 등에 관한 특례법 주요 내용

[시행 2017.6.21.] [법률 제14412호, 2016.12.20., 일부개정]

형법상 성범죄 규정에 우선하여 '성폭력범죄의 처벌 및 그 절차에 관한 특례'를 규정함으로써 성폭력범죄를 효과적으로 규제하고, 피해자를 보호하기 위해 제정된 법률이다(이하 '성폭력특별법'이라고 한다). 반면 19세 미만의 청소년과의 성매매(원조교제), 청소년을 이용한 음란물 제작, 청소년에 대한 강간, 강제추행 등에 대해서는 아동·청소년 성보호에 관한 법률이 성폭력특별법 보다 우선 적용된다.

1) 성폭력특별법상 가중처벌되는 성범죄

(1) 특수강간 등

① 야간주거침입절도(형법 제330조), 특수절도(형법 331조) 또는 특수강도(형법 제334조)가 강간(형법 제297조), 강제추행(형법 제298조) 또는 준강간·준강제추행죄(형법 제299조)의 죄를 범한 자(제5조). ② 흉기 기타 위험한 물건을 휴대하거나 2인 이상이 합동하여 강간, 강제추행 또는 준강간·준강제추행의 죄를 범한 자(제6조 제1항 내지 제3항).

(2) 친족관계에 의한 강간

일정범위의 친족관계(4촌 이내의 혈족 또는 2촌 이내의 인척)에 있는 사람을 강간 또는 강제추행한 자는 이 법에 의해 가중 처벌한다. 이 법에 규정된 친족관계에는 이례적으로 사실상의 친족관계도 포함된다(제7조).

다는 것으로 '강제'와 '동의'를 동일한 비중으로 취급하고 있다. 그러나 피해자의 적극적 저항이나 그 의지가 없다면 이를 동의한 것으로 보는 것은 성범죄를 '성적 자기결정권'의 침해로 보는 통설적 견해에 반하는 것이며, 반대로 피해자에게 '저항'을 입증하라고 하는 과중한 증명의 부담을 떠맡기는 것이다(자세한 내용은 류병관, "미국의 강간죄에 있어 '저항'과 '동의'에 관한 연구", 「비교형사법연구」 제9권 제2호, 한국비교형사법학회, 2007. 12; 류병관, "성폭력 피해자 보호를 위한 증거제한에 관한 연구-미국의 강간피해자보호법을 중심으로-, 「법학논집」 제28권 제1호, 전남대학교 법학연구소, 2008.을 참조바람).

(3) 장애인에 대한 강간 · 강제추행

신체장애 또는 정신장애로 인해 저항할 수 없음을 이용하여 사람을 간음하거나 추행한 자도 강간 및 강제추행의 죄로 처벌된다(제8조). 형법상의 강간 · 강제추행죄는 폭행 또는 협박을 수단으로 한 경우에만 성립한다. 그러나 장애로 인해 저항할 수 없는 상태를 이용한 경우에는 폭행 또는 협박을 수단으로 하지 않았더라도 강간 또는 강제추행죄로 처벌하도록 규정한 것이다.

(4) 어린이에 대한 강간 · 강제추행의 가중처벌

13세 미만의 사람을 강간, 강제추행 또는 준강간 · 준강제추행한 자에 대해서는 이 법에 의해 가중 처벌된다. 폭행 · 협박에 의한 간음(강간) · 추행(강제추행)뿐만 아니라 위계 또는 위력을 수단으로 한 간음과 추행에 대해서도 이 법이 적용된다(제8조의2).

(5) 강간상해 · 살인 등 가중처벌

강간 또는 강제추행 등의 죄를 범하여 사람에게 상해를 입히거나 사망하게 한 자를 무겁게 처벌한다(제9조, 제10조).

(6) 업무상 위력 등에 의한 추행죄

업무 · 고용 기타관계로 인하여 자기의 보호 또는 감독을 받는 사람에 대하여 위계 또는 위력으로써 추행한 자는 2년 이하의 징역 또는 500만원 이하의 벌금에 처한다(제11조 제1항).

법률에 의하여 구금된 사람을 감호하는 자가 그 사람을 추행한 때에는 3년 이하의 징역 또는 1천500만원 이하의 벌금에 처한다(제11조 제2항).

2) 성폭력특별법상 특별한 유형의 성범죄(* 최근 사회적 이슈화)

(1) 공중밀집장소에서의 추행죄

대중교통수단, 공연 · 집회장소 기타 공중이 밀집하는 장소에서 사람을 추행한 자는 1년 이하의 징역 또는 300만원 이하의 벌금에 처한다(동법 제11조).

예 강제추행죄보다 구성요건이 완화된 경우로서, 지하철, 버스, 공연장 등 사람이 많이 모여있는 장소에서 폭행 · 협박 없이 단순히 고의적으로 성적 수치심을 느낄 수 있게 신체접촉을 하는 행위

(2) 성적 목적을 위한 공공장소 침입죄

자기의 성적 욕망을 만족시킬 목적으로 공중화장실 및 목욕장 등 대통령령으로 정하는 공공장소에 침입하거나 같은 장소에서 퇴거의 요구를 받고 응하지 아니하는 사람은 1년 이하의 징역 또는 300만원 이하의 벌금형에 처한다"(동법 제12조).

예 남자가 여자 화장실, 탈의실 등에 고의적으로 들어가는 경우 .

(3) 통신매체이용 음란죄

자기 또는 다른 사람의 성적 욕망을 유발하거나 만족시킬 목적으로 전화 · 우편 · 컴퓨터 기타 통신매체를 이용하여 성적 수치심이나 혐오감을 일으키는 말이나 음향, 글이나 도서, 영화 또는 물건을 상대방에게 도달하게 한 자는 2년 이하의 징역 또는 500만원 이하의 벌금에 처한다(동법 제13조).

예 카톡, 문자, 전화 등으로 음란한 영상, 그림을 전송하는 행위

(4) 카메라 등을 이용한 촬영죄

카메라 등을 이용하여 성욕이나 성적 수치심을 유발할 수 있는 타인의 신체를 그 의사에 반하여 촬영한 자는 5년 이하의 징역 또는 1천만원 이하의 벌금에 처한다(동법 제14조).

예 지하철, 버스, 도로, 화장실 등 장소불문하고 본인의 동의없이 타인의 신체(특정부위 또는 전신)을 사진 또는 동영상 촬영하는 경우

3. 성폭력피해자 인권보호

1) 성폭력범죄의 처벌 등에 관한 특례법상 보호 규정

(1) 고소에 대한 특칙(동법 제18조)

성폭력특별법에 해당하는 성폭력범죄에 대하여는 자기 또는 배우자의 직계존속도 고소할 수 있으며, 고소기간도 범인을 알게 된 날로 부터 1년으로 한다. 단, 고소할 수 없는 불가항력의 사유가 있는 때에는 그 사유가 없어진 날로부터 기산한다.

(2) 신변안전 보호 규정(동법 제23조)

성폭력사건의 증인이 피고인 기타의 사람으로부터 생명신체에 해를 받거나 받을 염려가 있다고 인정되는 때에는 관할경찰서장 또는 검사에게 신변안전조치를 위하여 필요한 조치를 할 것을 요청할 수 있다.

본인의 명시적인 동의없이는 피해자 또는 신고하거나 고발한 자임을 미루어 알 수 있는 정도의 사실이나 사진을 신문지 기타 출판물에 게재하거나 방송 또는 유선방송하지 못한다.

(3) 피해자의 신원 및 사생활비밀 보호(제21조)

성폭력범죄의 수사 또는 재판을 담당하거나 이에 관여하는 공무원은 피해자를 특정하여 파악할 수 있게 하는 인적 사항과 사진 등은 물론, 소추에 필요한 범죄구성사실을 제외한 피해자의 사생활에 관한 비밀을 공개하거나 타인에게 누설하여서는 안된다.

(4) 영상물의 촬영 · 보존 등(제30조)

검사 또는 사법경찰관은 성폭력 범죄를 당한 피해자의 연령, 심리상태 또는 후유장애의 유무 등을 신중하게 고려하여 조사과정에서 피해자의 인격이나 명예가 손상되거나 사적인 비밀이 침해되지 않도록 주의하여야 하며, 조사횟수는 필요 최소한으로 하여야 한다.

특히 피해자가 13세 미만이거나 신체장애 또는 정신상의 장애로 사물을 변별하거나 의사를 결정할 능력이 미약한 때에는 피해자의 진술내용과 조사과정을 비디오녹화기 등 영상물 녹화장치에 의하여 촬영·보존하여야 한다. 다만, 피해자 또는 법정대리인이 이를 원하지 않는 의사를 표시한 때에는 촬영을 하여서는 아니된다. 또한 촬영한 영상물에 수록된 피해자의 진술은 공판준비 또는 공판기일에서 피해자 또는 조사과정에 동석하였던 신뢰관계에 있는 자의 진술에 의하여 그 성립의 진정함이 인정된 때에는 증거로 할 수 있다.

(5) 심리의 비공개(제31조)

성폭력범죄에 대한 재판에 있어서는 사생활보호를 위해 피해자에 대한 심리를 공개하지 않을 수 있고, 증인으로 소환받은 피해자와 그 가족은 사생활보호 등의 사유로 증인신문의 비공개를 신청할 수 있다.

(6) 전문가의 의견조회(제33조)

법원은 정신과의사·심리학자·사회복지학자 그 밖의 관련전문가에게 행위자 또는 피해자의 정신·심리상태에 대한 진단소견 및 피해자의 진술내용에 관한 의견을 조회할 수 있다. 법원은 성폭력범죄를 조사·심리함에 있어서 제1항의 규정에 의한 의견조회의 결과를 참작하여야 한다.

(7) 피해자 이외의 자와 동석(제34조)

성폭력 피해자를 법원이 증인으로 신문하는 경우에는 검사 또는 피해자의 신청에 의하여 피해자가 신뢰관계에 있는 자를, 수사기관이 조사하는 경우에는 피해자의 신청에 의하여 피해자가 지정하는 자를 동석하게 할 수 있다.

(8) 비디오 등 중계장치에 의한 증인신문(제40조)

범죄의 피해자를 증인으로 신문하는 경우 검사와 피고인 또는 변호인의 의견을 들어 비디오 등 중계장치에 의한 중계를 통하여 신문할 수 있다.

(9) 증거보전의 특례(제41조)

성폭력범죄의 피해자 또는 그 법정대리인은 피해자가 공판기일에 출석하여 증언하는 것이 현저히 곤란한 사정이 있는 때에는 그 사유를 소명하여 당해 범죄를 수사하는 검사에 대하여 형사소송법의 증거보전(제184조의 1항)의 청구를 할 것을 요청할 수 있다.

2) 성폭력방지 및 피해자보호 등에 관한 법률상 보호 규정[19)]

(1) 피해자 등에 대한 취학 및 취업 지원

국가와 지방자치단체는 피해자나 피해자의 가족구성원이 학생인 경우 주소지 외의 지역에서 취학할 필요가 있을 때에는 그 취학이 원활히 이루어지도록 지원하여야 한다. 이 경우 취학을 지원하는 관계자는 피해자 등의 사생활이 침해되지 아니하도록 유의하여야 한다(동법 제7조).

(2) 피해자에 대한 법률상담

국가는 피해자에 대하여 법률상담과 소송대리 등의 지원을 할 수 있다. 여성가족부장관은 「법률구조법」 제8조에 따른 대한법률구조공단 등에 법률상담 등을 요청할 수 있으며, 법률상담 비용은 국가가 부담할 수 있다(동법 제7조의2).

(3) 피해자에 대한 불이익처분의 금지

누구든지 피해자를 고용하고 있는 자는 성폭력과 관련하여 피해자를 해고하거나 그 밖의 불이익을 주어서는 아니 된다(동법 제8조).

19) 본 특별법은 「성폭력범죄의 처벌 및 피해자보호 등에 관한 법률」의 내용 중 성폭력피해자 보호·지원에 관한 사항을 분리하여 규정하고, 성폭력피해자의 보호·지원을 위한 국가 및 지방자치단체의 책무, 성폭력피해자 등에 대한 취학 지원, 성폭력피해자를 위한 성폭력통합지원센터의 설치·운영의 법적 근거 등을 규정하여 성폭력 방지 및 성폭력피해자를 보호·지원함으로써 피해자 인권증진을 목적으로 2011년 1월 1일 제정되었다.

(4) 보호자, 책임자 및 관련 종사자의 신고의무

19세 미만의 미성년자를 보호하거나 교육 또는 치료하는 시설의 장 및 관련 종사자는 자기의 보호·지원을 받는 자가 「성폭력범죄의 처벌 등에 관한 특례법」 제3조부터 제9조까지, 「형법」 제301조 및 제301조의2의 피해자인 사실을 알게 된 때에는 즉시 수사기관에 신고하여야 한다(동법 제9조).

(5) 성폭력 피해 상담소 운영

국가 또는 지방자치단체는 피해자 보호·지원 시설 등의 설치·운영을 통하여 성폭력피해자를 보호하고 있는데 그 대표적인 기관이 '성폭력피해상담소'이다(동법 제10조). 성폭력 상담소의 주요 업무로는 성폭력피해의 신고접수와 이에 관한 상담, 성폭력피해자보호시설 등의 연계, 피해자 등의 질병치료와 건강관리를 위한 의료 지원, 피해자에 대한 수사기관의 조사와 법원의 증인신문(證人訊問) 등에의 동행, 대한법률구조공단 등 관계 기관에 필요한 협조를 통한 법률지원, 성폭력 예방을 위한 홍보 및 교육 등이 있다(동법 제11조).

제5절 소년범의 형사절차와 보호처분

1. 소년범의 개념

소년법은 반사회성이 있는 소년에 대하여 그 환경을 조정하고 성행을 교정하기 위한 보호처분을 행하고, 소년에 대한 형사처분의 특례를 규정함으로써 소년을 건전하게 육성하는 것을 목적으로 제정된 법률이다.

현재 우리나라는 청소년을 보호하기 위해 다양한 법률을 제정 시행하고 있는데, 그 중에서도 소년법은 형벌법규에 위반하는 행위를 저질렀거나, 그럴 위험성이 있는 소년을 개선 교화하는 것을 주된 목적으로 한다. 이 밖에도, 청소년 또는 아동의 보호를 주된 목적으로 하는 법률로는 「아동복지법」, 「청소년기본법」, 「청소년보호법」, 「아동・청소년 성보호에 관한 법률」 등이 있다.

1) 소년법의 적용대상

소년법의 적용대상은 만 10세 이상 19세 미만의 청소년이다. 소년법상 보호처분의 대상이 되는 소년은 범죄소년, 촉법소년, 우범소년 등이다.

(1) 범죄소년

범죄를 범한 청소년을 말한다. 14세 넘은 자의 행위라야만 범죄로 평가되므로, 범죄소년은 14세 이상 19세 미만의 청소년이다. 범죄소년에 대해서는 법원 소년부 판사의 심리를 거쳐 보호처분을 과할 수도 있고, 형사재판을 통해서 형벌을 부과할 수도 있다. 다만, 행위시를 기준으로 18세 미만의 소년에 대해서는 사형이나 무기징역을 선고할 수 없다. 자유형을 집행할 때에도 성인범죄자와 격리하여 수용한다(소년교도소).

(2) 촉법소년

형벌법규에 위배되는 행위를 한 10세 이상 14세 미만의 소년을 말한다. 14세가 되지 아니한 자가 형벌법규에 위배되는 행위를 했더라도 범죄가 되지 않으므로, 이들을 '범죄' 소년이라고 하지 않고 '촉법' 소년이라고 하는 것이다. 이 소년들에 대해서는 소년심판을 통하여 보호처분을 부과할 수 있다.

(3) 우범소년

정당한 이유 없이 보호자의 감독에 복종하지 않거나 가출하는 등 그 성격 또는 환경에 비추어 장래 형법법령에 저촉되는 행위를 할 우려가 있는 10세 이상 19세 미만의 소년을 말한다.

촉법소년과 우범소년은 범죄자가 아니다. 따라서 이들에게는 형벌은 부과할 수 없고 소년법상의 보호처분을 부과할 수 있을 뿐이다.

2) 최근 소년범죄의 특징

(1) 소년범죄의 나이가 점차 저연령화되고 있다(초등학생 소년범 증가).

(2) 범죄의 내용이 더욱 흉포화되고 있다. 특히 대중매체, 게임물의 영향 등으로 성인범죄를 모방하는 난폭하고 파괴성있는 범죄가 발생하고 있다.

(3) 전체 소년범 비율중에 여자소년범의 비율이 점차 증가하고 있다(여고생의 초등학생 납치 살인사건).

(4) 전체 소년범죄수는 줄어들고 있으나 반면 강력범죄비율은 계속 증가하고 있는데, 특히 성폭력범죄가 전체 30%를 차지할 정도로 급증하고 있다.

2. 소년범의 보호처분과 형사절차

1) 보호처분

소년법상의 보호처분 중 가장 무거운 처분은 소년원 송치처분이다. 그 밖에도 병원・요양소 위탁처분, 아동복지시설 등에의 위탁처분, 보호관찰처분, 감호위탁처분 등이 있다(소년법 제32조).

〈 **소년법 제32조** 보호처분 〉

1. 보호자 또는 보호자를 대신할 수 있는 자 감호위탁(6개월)
2. 수강명령(100시간)
3. 사회봉사명령(200시간)
4. 단기보호관찰(1년)
5. 장기보호관찰(2년)
6. 아동복지시설 그 밖의 소년보호시설 감호위탁(6개월)
7. 병원, 요양소 또는 소년의료보호시설 위탁(6개월)
8. 1 개월 이내 소년원 송치
9. 단기소년원(6개월내)
10. 장기소년원(2년내)

2) 형사처분

14세 이상 19세 미만의 소년의 범죄행위가 금고 이상의 형사처분이 필요한 경우에는 형사법원에서 재판을 통해 형벌을 부과한다.

※ **소년범 형사처벌의 특칙**

소년법 제59조(사형 및 무기형의 완화) 죄를 범할 당시 18세 미만인 소년에 대하여 사형 또는 무기형(無期刑)으로 처할 경우에는 15년의 유기징역으로 한다.

소년법 제60조(부정기형) ① 소년이 법정형으로 장기 2년 이상의 유기형(有期刑)에 해당하는 죄를 범한 경우에는 그 형의 범위에서 장기와 단기를 정하여 선고한다. 다만, 장기는 10년, 단기는 5년을 초과하지 못한다.

- 소년과 성인은 구별하여 수용한다. 따라서 소년범은 별도의 소년교도소(김천소년교도소)에서 형을 집행한다. 단 형집행중 23세가 되면 일반성인교도소로 이송된다.

3. 소년범의 처리절차

(1) **촉법소년, 우범소년** : 경찰서장(통고) ⇨ 가정법원 소년부

(2) **범죄소년** : 경찰 ⇨ 검찰 ⇨ 공소 ⇨ 형사법원
(선의권) ⟶ 소년부법원

(가) **통고** : 보호자, 학교장, 복리시설의 장 등이 수사기관을 거치지 않고 직접 법원에 접수하는 것을 의미한다.

(나) **송치** : 수사기관에서 피의자와 서류를 검찰에게 보내는 것을 의미한다.

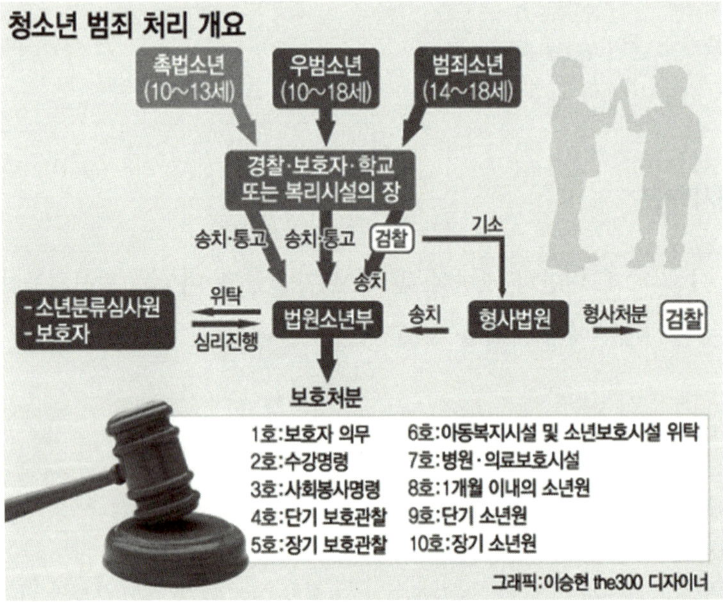

4. 촉법소년 연령 하향에 대한 논의(시사잇슈 : 캣맘사건)

촉법소년의 나이를 하향하여 현재 10세 이상 14세 미만인 소년에서 10세 이하 8세 또는 6세까지 낮춰서 소년법상 보호처분의 대상이 되는 소년의 범위를 넓히자는 논의이다.

1) 찬성측

① 사회의 발전으로 소년들의 신체 및 정신 또한 성숙되었다.
② 촉법소년의 범죄가 증가한다.
③ 나이를 낮추더라도 보호처분만 가능하므로 과도한 처벌이 아니다.
④ 외국의 경우 더 낮은 경우가 많다.
⑤ 현행법으로는 만 10세 미만의 촉법소년은 어떠한 보호처분도 불가능하여 교정 · 교화의 기회가 없다.
⑥ 피해자 보호를 위해서도 필요하다.

2) 반대측

① 범죄자라는 낙인이 찍힌다.
② 외국의 상황을 단면적으로 보고 가져올 수는 없다.
③ 사회적으로 하향에 대한 관심이 적다.
④ 최근 소년법 개정을 통해 이미 촉법소년의 연령을 12세에서 10세로 낮추었다.
⑤ 소년의 자유를 일찍이 박탈할 수는 없다.

3) 관련 기사

14세 미만 촉법소년 기준 낮추는 문제는 신중론 우세

(서울=연합뉴스) 이신영 기자 = 소년범죄 처벌 연령을 낮추는 문제를 놓고 논란이 다시 불붙을지 주목된다. 증오범죄 가능성이 거론되며 전국을 떠들썩하게 했던 '캣맘' 사망이 초등학생의 장난에서 비롯된 것으로 드러났기 때문이다. 용의자로 지목된 A군은 만 9세로 현행법상 형사미성년자이다. 소년보호 처분을 할 수 있는 촉법소년(만 14세 미만, 10세 이상)에도 해당하지 않아 형사책임을 물을 수 없다. 이 때문에 피해자 보호 등을 목적으로 형사처벌 연령을 낮춰야 하는 게 아니냐는 의견이 법조계 안팎에서 나온다. 그러나 교화 기회도 없이 어린 나이에 범죄자 낙인을 찍는 것은 옳지 않다는 반대론이 우세하다.

〈이재윤, '캣맘'사건 계기로 소년범죄 처벌연령 논란 재연되나, 연합뉴스. 2015. 10. 16: 접속일자 2017. 6. 25 http://www.yonhapnews.co.kr/bulletin/2015/10/16〉

제 5 장
범죄와 인권에 관련된 사회적 이슈

제1절 사형(死刑)제도와 인권

1. 서설

사형은 수형자의 생명을 박탈하여 사회로부터 영구히 격리시키는 형벌로서 생명형 또는 극형(capital punishment)이라고도 한다.

1) 사형의 역사

사형은 응보적 형벌로서 가장 오랜 역사를 가지고 있고, 목적형으로서도 가장 극단적인 사회방위처분이라고 할 수 있다. 위하를 형벌의 본질로서 중시하던 근세 초기에 있어서는 사형이야말로 인간본성에 있어 미지의 상황에 대한 극도의 외포심을 불러 일으키는 형벌로서 범죄예방의 효과가 큰 것으로 인식되어 형벌 중 사형이 주로 행하여졌다(형벌의 역사는 사형의 역사이다).

그러나 프랑스 대혁명 이후 법치국가의 인권보장기능이 강조되면서 사형의 적용범위가 점차 제한되어 왔다.

2) 사형의 집행방법 및 종류

① 사형의 집행도 고대 이후 원시적이고 잔혹한 방법으로 공개리에 시행되어 오던 것이 오늘날에는 인도적 견지에서 일반적으로 비공개리에 행해지고 있다.

② 일반적인 사형의 집행방법은 교수, 총살, 전기의자살, 독가스살이며, 우리나라 형법은 교수형을 택하고 있고(형법 제66조), 군형법은 총살형을 인정하고 있다(군형법 제3조).

3) 집행에 관한 현행법 규정

① 사형은 형무소 내에서 교수(絞首)하여 집행한다(형법 제66조).

② 사형은 법무부장관의 명에 의하여 집행한다(형소법 제463조).

③ 사형의 집행명령은 판결이 확정된 날로부터 6월 이내에 하여야 한다(형소법 제465조).

④ 법무부장관이 사형의 집행을 명한 때에는 5일 이내에 집행하여야 한다(형소법 제466조).

⑤ 국경일 · 일요일 기타 공휴일에는 사형을 집행하지 아니한다(행형법 제56조).

⑥ 죄를 범할 당시 18세 미만인 소년에 대하여는 사형 또는 무기형으로 처할 것인 때에는 15년의 유기징역으로 한다(소년법 제59조).

2. 사형제도 존 · 폐론[1)]

1) 사형제도 폐지론

(1) 사형은 야만적이고 잔혹한 형벌로서 인간의 존엄과 가치를 인정하는 자유

---

1) 근대 형법학의 선구자인 계몽사상가 Beccaria가 『범죄와 형벌 1764』이라는 저서에서 사형의 폐지를 주장한 이래 몽테스키외(Montesquieu), 하워드(Howard), 칼버트(Calvert), 리프만(Liepmann), 서덜랜드(Sutherland), 셀린(Sellin) 등에 의해 확산되었다. 이에 반해 로크(Locke), 루소(Rousseau), 블랙스톤(Blackstone), 칸트(Kant) 등은 사형존치를 주장하였다. 특히 Rousseau는 『사회계약론』에서 살인의 희생자가 되지 않기 위하여 자기 자신이 살인범이 된 경우에는 죽는데 동의한 것으로 본다. 즉, 자기의 생명을 처분하는 것이 아니라 그 계약에 따라서 단지 생명을 보호하는 것만을 고려하는 것이다. 이러한 계약효과에 구속되어 자기가 살인자가 되었을 경우에도 사형을 받지 않으면 안 된다고 하였다. 또한 Kant는 개인주의 내지 인격주의를 그 철학바탕으로 삼고 인격에 대한 무한한 존경의 표현으로 생명에 대해서는 어떤 등가물도 존재할 수 없다고 보았다. 따라서 사람을 살해한 자는 사형에 처하지 않으면 안 된다고 주장하였는데, "세상이 멸망한다 할지라도 감옥의 사형수는 모두 처형해야 한다"는 유명한 말을 통하여 절대적 정의론을 주장하였다(박영숙, 사형제도에 관한 연구-사형제도 존치론적 입장에서-, 「교정복지연구」, 한국교정복지학회, 2008. 95-96면). 국제사면위원회(Amnesty International)는 1989년을 전세계 사형폐지운동의 해로 지정하고 사형폐지운동을 전개하고 있는데, 2011년 기준 197개국 문명국가 중에서 139개국이 법률상, 사실상 사형제도를 폐지한 것으로 보고 있다.

민주사회에서는 허용될 수 없다(위헌이다).

(2) 사형은 재판의 과오(오판)에 대한 회복이 불가능하다.

(3) 사형은 피해자의 민사상 구제에도 도움이 되지 않고 일반국민에 대한 일반예방의 효과(위하력)도 적다.

(4) 사형은 정치범과 같은 확신범의 경우 범죄예방의 효과도 없다.

(5) 사형은 순수한 응보일 뿐, 죄인을 교화하는 교육형에로의 형벌목적을 달성할 수 없는 원시적이고 무의미한 형벌이다.

(6) 사형은 정치적 반대세력, 소수민족, 종교 및 소외집단에 대한 탄압도구로 빈번히 악용된다.

2) 사형제도 존치론

(1) 사형은 사람의 생명을 박탈하는 형벌이고, 생명은 인간이 본능적으로 가장 애착을 가지는 것이므로 다른 형벌이 갖지 못하는 특별한 범죄억제력이 있다.

(2) 형벌의 본질은 응보에 있으므로 살인을 저지르면 사형에 처해진다는 사실은 일반국민의 응보관념과 정의관념에 부합된다.

(3) 사형은 피해자의 감정을 만족시키며 살인자를 사회에서 영구히 격리하는 효과가 있다.

(4) 사형은 국가의 행형비용을 절약할 수 있다.

3) 우리나라 판례의 태도

(1) 사형은 이상적으로는 폐지되어야 하나 범죄로 인해 침해되는 또 다른 존귀한 생명을 외면할 수 없고 사회공공의 안녕과 질서유지를 위하여 현실적으로 필요하다(대판 1983.3.8. 82도3248).

(2) 사형의 선고는 범행에 대한 책임의 정도와 형벌의 목적에 비추어 그것이 정당화될 수 있는 특별한 사정이 있는 경우에만 허용된다(대판 2001.3.9. 2000도5736).

(3) 사형은 인간의 응보욕구와 맞물린 '필요악'으로서 불가피한 제도이다(헌재 1996.11.28, 95헌바).

4) 최근 국민여론

최근 한국법제연구원이 발표한 '2015 국민 법의식 조사'에 따르면 사형제 폐지 여부를 묻는 질문에 '찬성한다'는 응답은 34.2%에 그쳤다. 반면 사형제 폐지에 '반대한다'는 의견은 65.2%로 두 배 가까이 차이가 났다. 응답자 특성별로 살펴보면, 연령별로는 20대에서 사형제폐지 찬성비율이 40.8%로 가장 높게 나타났다. 이와 대조적으로 60대 이상은 27.9%가 '찬성'이라고 응답해 찬성률이 가장 낮았다. 그 밖에 학력이 높을수록, 이념성향이 진보적일수록 사형제 폐지를 찬성하는 의견이 높은 것으로 조사됐다.[2)]

3. 헌법재판소의 판결

※ **헌법재판소 1996.11.28. 선고 95헌바1 결정(사형의 합헌결정)**

생명권 역시 헌법 제37조 제2항에 의한 일반적 법률유보의 대상이 될 수밖에 없는 것이니, 생명권에 대한 제한은 곧 생명권의 안전한 박탈을 의미한다 할 것이므로, 사형이 비례의 원칙에 따라서 최소한 동등한 가치가 있는 다른 생명 또는 그에 못지 아니한 공공의 이익을 보호하기 위한 불가피성이 충족되는 예외적인 경우에만 적용되는 한, 그것이 비록 생명을 빼앗는 형벌이라 하더라도 헌법 제37조 제2항 단서에 위반되는 것으로 볼 수는 없다. **사형은 죽음에 대한 인간의 본능적 공포심과 범죄에 대한 응보욕구가 서로 맞물려 고안된 "필요악"으로써 불가피하게 선택된 것이며 지금도 여전히 제기능을 하고 있다는 점에서 정당화될 수 있다.** 사형은 이러한 측면에서 헌법상의 비례의 원칙에 반하지 아니한다 할 것이고, 적어도 우리의 현행 헌법이 스스로 예상하고 있는 형벌의 한 종류이기도 하므로 아직은 우리의 헌법질서에 반하는 것으로 판단되지 아니한다.

---

2) 양대근, [국민 법의식 조사 ①] 국민 65% "사형제 폐지반대, 유지해야", 헤럴드경제, (bigroot@heraldcorp.com, 2016-02-10: 접속일자 2017.6.23).

구분	사진	의견
합헌		**이강국** "사형제, 가볍게 부정시 헌법의 개정이나 헌법의 변질에 이르게 될 우려 있어" **이공현, 이동흡** "극악한 범죄 저지른 자의 생명권 박탈, 사익보다 결코 작다고 볼 수 없어 … 헌법의 한계 이탈 아냐"
입법개선 전제 합헌		**민형기** "전면적 폐지 또는 전면적 존치 같은 극단적 방법 외 대상범죄 축소 등 입법개선해야" **송두환** "반인륜적, 극악범죄의 경우로 한정해야"
일부위헌		**조대현** "헌법 제110조 4항에 해당 경우 적용시 위헌"
전부위헌		**김희옥** "침해 최소성에 반하여 비례원칙, 인간의 존엄 및 가치 위배" **김종대** "생명권 침해해 위헌 … 범인 영구 격리 가능한 최고형 도입 전제 폐지해야" **목영준** "범죄예방 실요성 없다. 절대적 종신형이 사형제의 대안"

4. 사형제도의 대안

2005년 국가인권위원회는 사형폐지를 권고하는 결정을 내리고 이에 대한 대안으로서 감형·가석방없는 종신제(무기형) 도입을 주장하였다. 또한 대다수의 학자들이 중국형법이 채택하고 있는 '사형집행유예제도'도입에 찬성하고 있다.[3)]

3) 조국, 『절제의 형법학』 제2판, 박영사, 2015, 23~29 참조.

제2절 낙태죄와 여성의 인권

1. 서설

최근 불법 낙태 문제가 사회적 논란이 되고 있는 가운데, 우리 국민들은 낙태 허용에 대해서는 반대 의견이 우세한 것으로 조사됐다. 우리나라는 1953년 형법 제정 때부터 낙태는 범죄로 규정하고 처벌하고 있다.[4] 물론 모자보건법에 근거해서 예외적으로 허용되는 경우가 있으나, 하루 1000건 정도의 불법낙태행위가 있고, 이에 상응하는 범죄자도 발생하고 있는 것이다. 그러나 실제 낙태죄로 처벌되는 경우는 1년에 1~2건도 발생하지 않고 있다.

현재 독일, 미국 등 선진국을 중심으로 낙태는 여성의 인권차원에서 특히 '여성의 신체에 대한 자기결정권'인 기본권으로 파악하고 허용하고 있는 추세이다. 최근 우리나라에서도 낙태죄에 대한 위헌여부가 논의되었는데, 헌법재판소는 낙태행위를 범죄로 처벌하는 것은 '합헌'이라고 판결함으로써 낙태죄 존·폐에 관한 논쟁이 지속되고 있다.

---

4) 보건복지가족부와 고려대 의대 연구팀이 2005년 실시한 '인공 임신중절 실태 조사'에 따르면 연간 34만 2,000건의 낙태 시술이 이뤄지고 있으며, 특히 낙태 시술 가운데 1만 4,900여 건(4.4%)만이 유전질환을 비롯한 모자보건법에 근거한 허용조건을 갖췄고, 나머지 33만 건은 불법낙태 시술로 나타났다(김두휘, "수면 위로 떠오른 '불편한 진실', 불법낙태"(http://blog.naver.com/dw456/80103939637), 2010.3.17(접속 2017. 7. 24 15:00).

2. 낙태죄의 범죄유형

1) 자기낙태죄 / 업무상 동의낙태죄

> **제269조[낙태]** ① 부녀가 약물 기타 방법으로 낙태한 때에는 1년 이하의 징역 또는 200만원 이하의 벌금에 처한다.
> ② 부녀의 촉탁 또는 승낙을 받아 낙태하게 한 자도 제1항의 형과 같다.
> **제270조[의사 등의 낙태, 부동의낙태]** ① 의사, 한의사, 조산사, 약제사 또는 약종상이 부녀의 촉탁 또는 승낙을 받아 낙태하게 한 때에는 2년 이하의 징역에 처한다.

(1) 낙태죄의 개념

태아를 자연적인 분만기에 앞서서 인위적으로 모체로부터 분리·배출하거나 태아를 모체 내에서 살해하는 행위를 말한다(통설).

(2) 보호법익

태아의 생명·신체의 안전이 낙태죄의 주된 보호법익이지만, 부차적으로는 모체의 생명·신체의 안전도 보호법익이 된다(통설).

(3) 자기 낙태죄(제269조 1항)

회임한 부녀 자신에 의한 낙태를 말한다(신분범, 신분적 감경유형).

(가) 방법 : 약물 기타 방법 모두 가능하다.

(나) 행위 객체 : 착상된 후 살아있는 태아가 대상이 된다(수태착상설).

> **※ 인간배아 복제 실험 허용**
> 배아복제 실험의 대상이 될 수 있는 수정란은 모체에 착상하기 전인 수정된 후 14일 미만의 수정란으로 보고 있다.

(다) 기수시기 : 모체 밖으로 배출된 때, 모체 내에서 살해될 때[5] 기수가 된다.

---

5) 낙태죄 판례
【사건개요】 산부인과 의사인 피고인은 인터넷 홈페이지를 개설하고 상담게시판을 이용해 낙태 관련 상담을 하면서 합법적인 인공임신중절수술이 허용되는 경우가 아님에도 낙태 시술을 해줄 수 있다고 약속하고 자신의 병원을 방문하도록 권유했다. 이후에 찾아온 산모

(1) **모자보건법상 낙태허용범위(위법성조각사유)**(2009. 1. 7. 법률 제9333호로 개정된 것) 제14조(인공임신중절수술의 허용한계) ① **의사는** 다음 각 호의 어느 하나에 해당되는 경우에만 **본인과 배우자(사실상의 혼인관계에 있는 사람을 포함한다. 이하 같다)의 동의**를 받아 인공임신중절수술을 할 수 있다.

1. 본인이나 배우자가 대통령령으로 정하는 우생학적(優生學的) 또는 유전학적 정신장애나 신체질환이 있는 경우
2. 본인이나 배우자가 대통령령으로 정하는 전염성 질환이 있는 경우
3. 강간 또는 준강간(準强姦)에 의하여 임신된 경우
4. 법률상 혼인할 수 없는 혈족 또는 인척 간에 임신된 경우
5. 임신의 지속이 보건의학적 이유로 모체의 건강을 심각하게 해치고 있거나 해칠 우려가 있는 경우

(2) **모자보건법 시행령**(2009. 7. 7. 대통령령 제21618호로 개정된 것) 제15조(인공임신중절수술의 허용한계) ① 법 제14조에 따른 인공임신중절수술은 **임신 24주일 이내인 사람만 할 수 있다.**

에 대하여 약물에 의한 유도분만의 방법으로 낙태시술을 했으나 태아가 살아서 미숙아 상태로 출생하자 그 미숙아에게 염화칼륨을 주입해 사망하게 한 사안이다.

【판시사항】 [1] 낙태시술 결과 태아의 사망 여부가 낙태죄의 성립에 영향이 있는지 여부(소극) [2] 산부인과 의사인 피고인이 약물에 의한 유도분만의 방법으로 낙태시술을 하였으나 태아가 살아서 미숙아 상태로 출생하자 그 미숙아에게 염화칼륨을 주입하여 사망하게 한 사안에서 피고인에게 살해의 범의가 인정된다고 한 원심의 판단을 수긍한 사례

【판결요지】

[1] 낙태죄는 태아를 자연분만기에 앞서서 인위적으로 모체 밖으로 배출하거나 모체 안에서 살해함으로써 성립하고, 그 결과 태아가 사망하였는지 여부는 낙태죄의 성립에 영향이 없다.

[2] 산부인과 의사인 피고인이 약물에 의한 유도분만의 방법으로 낙태시술을 하였으나 태아가 살아서 미숙아 상태로 출생하자 그 미숙아에게 염화칼륨을 주입하여 사망하게 한 사안에서, 염화칼륨 주입행위를 낙태를 완성하기 위한 행위에 불과한 것으로 볼 수 없고, 살아서 출생한 미숙아가 정상적으로 생존할 확률이 적다고 하더라도 그 상태에 대한 확인이나 최소한의 의료행위도 없이 적극적으로 염화칼륨을 주입하여 미숙아를 사망에 이르게 하였다면 피고인에게는 미숙아를 살해하려는 범의가 인정된다고 한 원심의 판단을 수긍한 사례(대법원 2005. 4. 15. 선고 2003도2780 판결).

3. 낙태죄와 여성의 자기결정권(낙태죄 존 · 폐론)

1) 낙태의 위헌 논의

낙태금지 헌법 위반 여부, 헌재서 공개변론

2011년 08월 13일 (토) 16:24:49 최소연 기자 webmaster@sisaseoul.com

[시사서울] 낙태를 금지한 형법 조항이 헌법에 위반되는지를 가늠하기 위한 공개변론이 올 하반기 헌법재판소에서 진행된다.

헌법재판소는 이를 포함, 이미 대법원이 위헌이라 판결한 긴급조치1호 등에 대한 위헌소원사건, 변리사의 특허소송대리를 금지한 변리사법에 대한 위헌확인사건에 대한 공개변론을 각각 10~12월 연다.

13일 헌법재판소에 따르면 이른바 '낙태죄 사건'에 대한 공개변론은 11월10일 열린다. 임산부의 부탁을 받고 6주된 태아를 강제로 낙태시킨 혐의로 기소된 조산사가 지난해 10월 헌법소원을 냈다.

낙태 처벌 여부에 대한 위헌 논란은 불법낙태 근절운동을 주도적으로 벌여온 프로라이프의사회가 지난해 낙태시술을 한 산부인과 병원들을 고발하면서 더욱 고조됐다.

재판소는 이날 헌법소원을 낸 조산사, 피청구인인 법무부장관, 참고인 등을 불러 의견을 들은 뒤 낙태를 금지한 형법 270조 1항이 임산부의 자기결정권을 침해하는지 여부 등을 판단할 예정이다.

2) 낙태죄 존 · 폐론의 논거

최근 불법 낙태 문제가 사회적 논란이 되고 있는 가운데, 우리 국민들은 낙태 허용에 대해서는 반대 의견이 우세한 것으로 조사됐다. 낙태 허용에 대한 찬반 여론을 조사한 결과, '불법낙태를 허용해서는 안된다'는 의견이 53.1%, '허용해야 한다'는 의견은 33.6%로 조사됐다.

남녀 모두 낙태 허용에 대해서는 반대의견이 우세했으나, 남성의 반대가 59.8%로 응답자 절반을 넘고 여성층에서는 47.6%로 조사됐다. 반면, 낙태를 허용해야 한다는 의견은 여성이 37.4%로 남성 29.7%보다 높게 나타났다.[6)]

---

6) 이 조사는 여론조사 전문기관 리얼미터가 2010년 2월 5일, 전국 19세 이상 남녀 1000명을 대상으로 전화로 조사했고, 표본오차는 95% 신뢰수준에서 ±3.1% 였다.

(1) 낙태죄 폐지 찬성의견(위헌론)

① 태아의 인권도 중요하지만 임산부(여성)의 인권도 중요하다.

② 아이를 낳아 양육하기 힘든 상황에서도 출산을 강요하는 것은 옳지 않다.

③ 준비되지 않은 부모 아래에서 크는 아이는 불행할 확률이 높다.

④ 성폭행으로 인한 임신의 경우도 출산을 강요하는 것은 옳지 않다.

⑤ 우리나라의 해외 입양률이 세계 1위이다. 그러나 그 중 대부분이 미혼모의 아이들이다.

(2) 낙태죄 폐지 반대의견(합헌론)

① 세상 누구도 남의 생명권에 대한 권리를 행사, 침해할 수 없다. 따라서 부모라고 해도 아이의 살 권리에 대한 결정권은 없다.

② 생명경시풍조 등 도덕적 해이현상이 나타날 수 있다.

③ 뱃속 태아도 두려움과 고통을 느낀다.

④ 부모의 부주의로 인한 책임을 태아가 떠안게 되는 결과를 초래한다.

⑤ 우리나라는 아이가 태어나자마자 1살로 취급한다. 이것은 뱃속에서의 10개월을 사람으로서 살았다고 여기는 인식을 가지고 있는 것이다.

⑥ 저출산 국가로서 국가 유지를 위해서라도 출산을 해야 한다.

> ※ **영아살해죄와의 차이**
> 형법 제251조(영아살해) 직계존속이 치욕을 은폐하기 위하거나 양육할 수 없음을 예상하거나 특히 참작할 만한 동기로 인하여 분만 중 또는 분만직후의 영아를 살해한 때에는 10년 이하의 징역에 처한다.

4. 헌법재판소 판결(2012. 8. 23. 2010헌바402)

1) 판결 내용

【사건개요】

청구인은 조산사로서 2009. 2.경부터 부산에서 '○○조산원'이라는 상호로 조산원을 운영하는 자인바, "2010. 1. 28. 위 조산원에서 임부로부터 임신 6주된 태아를 낙태시켜 달라는 촉탁을 받고, 진공기를 임부의 자궁 안에 넣어 위 태아를 모체 밖으로 인위적으로 배출하는 방법으로 낙태하게 하였다."는 등의 공소사실로 기소되어 재판을 받던 중(부산지방법원 2010고단2425), 2010. 10. 17. 형법 제270조 제1항이 헌법에 위반된다며 이 사건 헌법소원심판을 청구하였다.

【판시사항】

1. **부녀가 약물 기타 방법으로 낙태한 때에는 1년 이하의 징역 또는 200만원 이하의 벌금에 처하도록 규정한 형법**(1995. 12. 29. 법률 제5057호로 개정된 것) **제269조 제1항**(이하 '자기낙태죄 조항'이라 한다)**이 위헌이라고 판단되면**, 조산사 등이 부녀의 촉탁 또는 승낙을 받아 낙태하게 한 때에는 2년 이하의 징역에 처하도록 규정한 형법(1995. 12. 29. 법률 제5057호로 개정된 것) 제270조 제1항 중 '조산사'에 관한 부분(이하 '이 사건 법률조항'이라 한다)도 위헌이 되는 관계에 있는지 여부(적극)

2. 자기낙태죄 조항이 임부의 자기결정권을 침해하여 헌법에 위반되는지 여부(소극)

【결정요지】

(1) 낙태죄 합헌의견(4명)

인간의 생명은 고귀하고, 이 세상에서 무엇과도 바꿀 수 없는 존엄한 인간 존재의 근원이며, 이러한 생명에 대한 권리는 기본권 중의 기본권이다. 태아가 비록 그 생명의 유지를 위하여 모(母)에게 의존해야 하지만, 그 자체로 모(母)와 별개의 생명체이고 특별한 사정이 없는 한 인간으로 성장할 가능성이 크므로 **태아에게도 생명권이 인정되어야 하며,** 태아가 독자적 생존능력을 갖추었는지 여부를 그에 대한 낙태 허용의 판단 기준으로 삼을 수는 없다. <u>한편, 낙태를 처벌하지 않거나 형벌보다 가벼운 제재를 가하게 된다면 현재보다도 훨씬 더 낙태가 만연하게 되어 자기낙태죄 조항의 입법목적을 달성할 수 없게 될 것이고,</u> 성교육과 피임법의 보편적 상용, 임부에 대한 지원 등은 불법적인 낙태를 방지할 효과적인 수단이 되기에는 부족하다. 나아가 입법자는 일정한 우생학적 또는 유전학적 정신장애나 신체질환이 있는 경우와 같은 **예외적인 경우에는 임신 24주 이내의 낙태를 허용하여**(모자보건법 제14조, 동법 시행령 제15조), **불가피한 사정이 있는 경우에는 태아의 생명권을 제한할 수 있도록 하고 있다.** 나아가 자기낙태죄 조항으로 제한되는 사익인 **임부의 자기결정권이 위 조항을 통하여 달성하려는 태아의 생명권 보호라는 공익에 비하여 결코 중하다고 볼 수 없다.** 따라서 자기낙태죄 조항이 임신 초기의 낙태나 사회적·경제적 사유에 의한 낙태를 허용하고 있지 아니한 것이 임부의 자기결정권에 대한 과도한 제한이라고 보기 어려우므로, 자기낙태죄 조항은 헌법에 위반되지 아니한다.

(2) **낙태죄는 위헌의견**(4명)

태아에 대한 국가의 보호의무에는 여성이 임신 중 또는 출산 후 겪게 되는 어려움을 도와주는 것까지 포함된다고 보아야 할 것이고, 국가는 생명을 보호하는 입법적 조치를 취함에 있어 인간생명의 발달단계에 따라 그 보호정도나 보호수단을 달리할 수 있다. 현대 의학의 수준에서는 태아의 독자적 생존능력이 인정되는 임신 24주 이후에는 임부의 낙태를 원칙적으로 금지하고, 임부의 생명이나 건강에 현저한 위해가 생길 우려가 있는 등 특단의 사정이 있는 경우에만 낙태를 허용함이 바람직하다. 임신 중기(임신 13주-24주)의 낙태는 임신 초기(임신 1주-12주)의 낙태에 비하여 임부의 생명이나 건강에 위해가 생길 우려가 증가한다는 점에서 국가는 모성의 건강을 증진하기 위하여 낙태의 절차를 규제하는 등으로 임신중기의 낙태에 관여할 수 있다고 할 것이다. 그런데 **임신 초기의 태아는 고통을 느끼지 못하는 반면, 임신 초기의 낙태는 시술방법이 간단하여 낙태로 인한 합병증 및 모성사망률이 현저히 낮아지므로 임신 초기에는 임부의 자기결정권을 존중하여 낙태를 허용해 줄 여지가 크다. 따라서 임신 초기의 낙태까지 전면적, 일률적으로 금지하고 처벌하고 있는 자기낙태죄 조항은 침해의 최소성 원칙에 위배된다.** 한편, 형법상 낙태죄 규정이 현재는 거의 사문화되어 자기낙태죄 조항으로 달성하려는 태아의 생명보호라는 공익은 더 이상 자기낙태죄 조항을 통하여 달성될 것으로 보기 어려운 반면, 자기낙태죄 조항으로 제한되는 사익인 임부의 자기결정권은 결코 가볍게 볼 수 없어 법익의 균형성 요건도 갖추지 못하였다. 그러므로 자기낙태죄 조항은 임신 초기의 낙태까지 전면적, 일률적으로 금지하고 처벌하고 있다는 점에서, 임부의 자기결정권을 침해하여 헌법에 위반된다.

2) 헌법재판소 판결 평가

헌법 제10조는 "모든 국민은 인간으로서의 존엄과 가치를 가지며, 행복을 추구할 권리를 가진다. 국가는 개인이 가지는 불가침의 기본적 인권을 확인하고 이를 보장할 의무를 진다."라고 규정하여 개인의 인격권과 행복추구권을 보장하고 있다.

개인의 인격권·행복추구권에는 개인의 자기운명결정권이 전제되는 것이고, 이 자기운명결정권에는 임신과 출산에 관한 결정, 즉 임신과 출산의 과정에 내재하는 특별한 희생을 강요당하지 않을 자유가 포함되어 있다.

자기낙태죄 조항은 "부녀가 약물 기타 방법으로 낙태한 때에는 1년 이하의 징역 또는 200만원 이하의 벌금에 처한다."고 규정함으로써, 태아의 생명을 보호하기 위하여 태아의 발달단계나 독자적 생존능력과 무관하게 임부의 낙태를 원칙적으로 금지하고 이를 형사처벌하고 있으므로, 헌법 제10조에서 도출되는 임부의 자기결정권을 제한하고 있다고 판단되므로 임부인 여성의 인권을 침해하고 있다고 보여진다.

제3절 성매매와 인권

1. 성매매의 정의

「성매매알선 등 행위의 처벌에 관한 법률」 제1장 제2조는 "성매매"란 불특정인을 상대로 금품이나 그 밖의 재산상의 이익을 수수(授受)하거나 수수하기로 약속하고 다음 각 목의 어느 하나에 해당하는 행위를 하거나 그 상대방이 되는 것을 말한다고 규정하고 있다. 그 행위유형으로는, 성교행위, 구강, 항문 등 신체의 일부 또는 도구를 이용한 유사 성교행위를 의미한다. 이에 대해 제21조(벌칙)는 성매매를 한 사람은 1년 이하의 징역이나 300만원 이하의 벌금・구류 또는 과료(科料)에 처한다고 규정하고 있다.

2. 성매매는 범죄인가? (성매매특별법의 위헌여부 논의)

1) 성매매특별법 위헌여부 심판제청(2013. 1. 9)

2012년 9월 성매매 행위로 기소된 여성이 성매매특별법 제21조 1항은 위헌이라고 헌법소원을 신청하였다.

2) 사유

(1) 성매매 여성에 대한 교화가 아닌 형사처벌은 적절한 수단이 되지 못한다.

(2) 착취나 강요가 아닌 성인간의 성행위는 개인의 자기결정권의 문제이므로 국가가 형벌권 행사로써 개입해서는 안 된다.

(3) 특정인을 위한 축첩행위는 처벌되지 않고 성매매 여성에 대한 차별적 범죄화와 국제협약간에 충돌된다.

(4) 따라서 위 법은 성매매 여성들의 평등권을 침해하므로 위헌이다.

3) 위헌주장(고려대 법학전문대학원 박경신 교수)

(1) 성매매를 형사처벌하기 위해서는 성매매의 구체적인 해악이 입증되어야 한다.

(2) 도덕주의적 담론 : 여성의 정조관념을 전제로 하는 도덕주의적 담론은 성차별적인 사고를 전제로 하므로 현행 헌법질서하에서 유지되기 어려운 가치이다.

(3) 생명윤리적 담론 : 성매매가 장기매매와 같이 생명 · 신체에 대한 직접적인 위해를 가하는 행위가 아니라는 점에서 차별의 정당한 근거가 될 수 없다.

(4) 성판매자에 대한 형사처벌은 처벌의 정당한 근거가 없을 뿐만 아니라 성판매자를 비범죄화하는 세계적인 흐름에도 어긋난다.

4) 찬성주장(강릉원주대학교 오경식 교수)

(1) 신변종 성매매업소의 난립, 전체 성매매 시장에서 차지하는 자발적 성매매의 높은 비중, 성매매로 인한 인간의 성에 대한 왜곡된 인식의 확산 등을 고려하면, 자발적 성판매자를 형사 처벌하는 심판대상조항이 성판매자의 성적 자기결정권을 침해한다고 볼 수 없다.

(2) 축첩이나 현지처계약 등도 성매매에 해당하는 경우 심판대상조항의 적용을 받게 되므로 심판대상 조항이 진술거부권이나 평등권을 침해한다고 보기 어렵다.

(3) 성매매가 사회적으로 유해하고 공익을 해칠 수 있다.

5) 합헌 · 위헌론의 쟁점정리

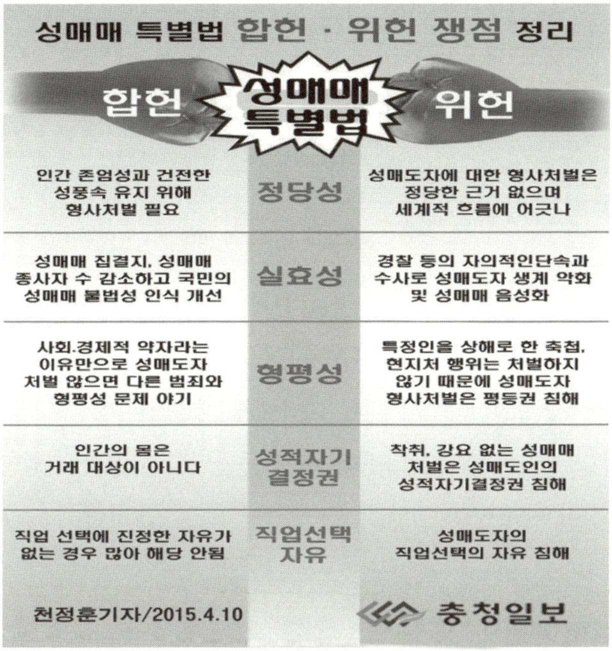

성매매 특별법 합헌 · 위헌 쟁점 정리

합헌	성매매 특별법	위헌
인간 존엄성과 건전한 성풍속 유지 위해 형사처벌 필요	정당성	성매도자에 대한 형사처벌은 정당한 근거 없으며 세계적 흐름에 어긋나
성매매 집결지, 성매매 종사자 수 감소하고 국민의 성매매 불법성 인식 개선	실효성	경찰 등의 자의적인단속과 수사로 성매도자 생계 악화 및 성매매 음성화
사회.경제적 약자라는 이유만으로 성매도자 처벌 않으면 다른 범죄와 형평성 문제 야기	형평성	특정인을 상해로 한 축첩, 현지처 행위는 처벌하지 않기 때문에 성매도자 형사처벌은 평등권 침해
인간의 몸은 거래 대상이 아니다	성적자기 결정권	착취, 강요 없는 성매매 처벌은 성매도인의 성적자기결정권 침해
직업 선택에 진정한 자유가 없는 경우 많아 해당 안됨	직업선택 자유	성매도자의 직업선택의 자유 침해

천정훈기자/2015.4.10 충청일보

〈 출처 : 충청일보, 천정훈 기자, 2015. 4. 10.〉

3. 헌법재판소의 판결

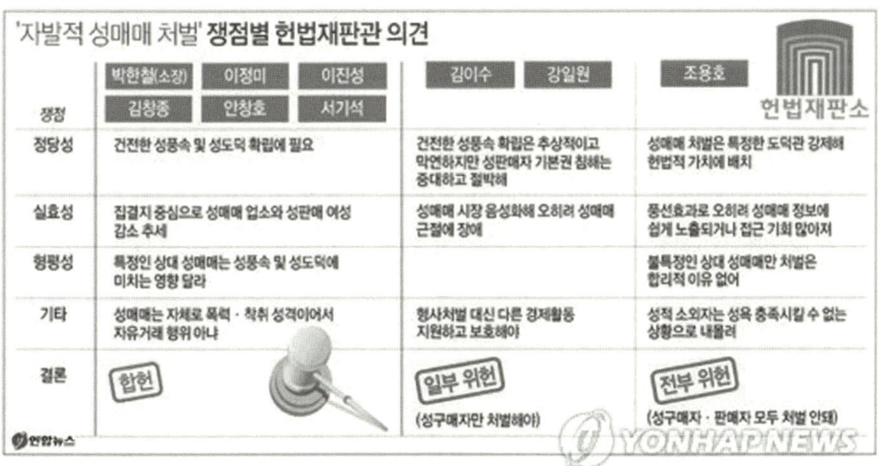

'자발적 성매매 처벌' 쟁점별 헌법재판관 의견

쟁점	박한철(소장) 이정미 이진성 김창종 안창호 서기석	김이수 강일원	조용호
정당성	건전한 성풍속 및 성도덕 확립에 필요	건전한 성풍속 확립은 추상적이고 막연하지만 성판매자 기본권 침해는 중대하고 절박해	성매매 처벌은 특정한 도덕관 강제해 헌법적 가치에 배치
실효성	집결지 중심으로 성매매 업소와 성판매 여성 감소 추세	성매매 시장 음성화해 오히려 성매매 근절에 장애	풍선효과로 오히려 성매매 정보에 쉽게 노출되거나 접근 기회 많아져
형평성	특정인 상대 성매매는 성풍속 및 성도덕에 미치는 영향 달라		불특정인 상대 성매매만 처벌은 합리적 이유 없어
기타	성매매는 자체로 폭력 · 착취 성격이어서 자유거래 행위 아냐	형사처벌 대신 다른 경제활동 지원하고 보호해야	성적 소외자는 성욕 충족시킬 수 없는 상황으로 내몰려
결론	합헌	일부 위헌 (성구매자만 처벌해야)	전부 위헌 (성구매자 · 판매자 모두 처벌 안돼)

헌법재판소 연합뉴스 YONHAPNEWS

박영석 기자 / 2016.03.01. 위터 @yonhap_graphics, 페이스북
luney.kr/LeYN1

제4절 가정폭력범죄와 피해자의 인권

1. 가정폭력범죄의 개념

「가정폭력범죄의 처벌 등에 관한 특례법」에 의하면 '가정폭력'이란 가정구성원[7] 사이의 신체적·정신적 또는 재산상 피해를 수반하는 행위를 말한다. 이러한 가정폭력은 가족구성원이라는 고정된 대상에게 지속적이며 반복적인 형태로 행사되며, 관습적으로 가족이라는 테두리 내에 묵인되어 사회의 개입이 어렵기에 그 문제의 심각성이 매우 크다.

2. 가정폭력범죄의 특징 및 유형

1) 특징[8]

첫째, 폭력의 원인과 계기의 차이이다. 일반 대인폭력의 경우는 스트레스나 분노, 좌절 등을 부적절하게 드러내는 방법으로서 단기간 또는 일회적인 성격이 대부분으로 '표출적 폭력'의 속성이 지배적이다. 반면, 가정폭력의 경우는 임의적으로 자행되는 일회성 폭력행위가 아니라, 공포감을 유발함으로써 상대방의 태도를 지배·통제하기 위해 가해지는 '도구적 폭력'의 속성이 더 전형적이다.

둘째, 범죄성 및 피해에 대한 인지도의 차이이다. 일반 대인폭력은 다른 어떤 유형의 범죄보다도 가해자와 피해자 모두 유형력 행사에 따른 범죄피해 인지도

---

7) 배우자 관계에 있었던 사람(사실상 혼인관계 포함), 본인 또는 배우자의 직계존비속관계에 있었던 자(사실상 양친자관계 포함), 계부모와 자의 관계 또는 적모와 서자의 관계에 있거나 있었던 자, 동거하는 친족관계에 있는 자를 포함한다.

8) 김은경, 김혜정, 박소현, 유숙영, "현행 가정폭력처벌특례법의 운용실태 및 입법적 개선방안 연구", 「형사정책연구원연구총서」, 한국형사정책연구원, 2014, 41-43면.

가 높다. 반면, 가정폭력의 경우엔 가해자나 피해자 모두 피해에 대한 인지도가 매우 낮거나 심지어 서로 상반된 인식을 갖는 경우도 있다.

셋째, 노출가능성 또는 보고가능성에 차이가 있다. 일반 대인폭력은 범죄피해에 대한 인지도가 매우 높기 때문에, 공식적으로 노출될 가능성도 매우 높다. 반면, 가정폭력의 경우 전통적 가족체계의 체계유지적 속성 때문에 은폐되거나 사소하게 취급됨으로써, 공식적으로 노출될 가능성이 매우 낮다.

넷째, 폭력관계의 폐쇄성 여부이다. 가정폭력의 '낮은 보고율'은 관계의 폐쇄성에 기인한다. 최초의 가정폭력은 종종 결혼 전후에 발생하는데, 이때 대부분의 피해자인 여성은 남편에 대한 복수 또는 떠나는 방법 등의 반응을 생각하지 않는다. 이는 가부장적 사회구조가 남성의 아내에 대한 폭력을 합법화시킴으로써 여성이 이에 저항하거나 도움을 청하는 것은 폭력발생보다 훨씬 더 규범을 위반하는 일이 되기 때문이다.

2) 유형

(1) 신체적 폭력

물리적인 힘이나 도구를 이용하여 신체를 직접적으로 때리는 행위와 물건을 집어던지거나 어깨나 목 등을 꽉 움켜잡는 등을 말한다.

(2) 정서적 폭력

상대방을 배려하지 않으므로 주로 발생하는 감정적 학대는 정서적 학대와 유사한 개념으로 개인의 감정상태 또는 정서에 대한 침해와 관련된다.

(3) 성적인 폭력

우리나라 가부장적인 인식으로 인해 발생되는 유형중 하나로 아내를 구타할 때 나체인 상태로 폭력을 행사하거나 강제적 성 관계를 강요하는 형태가 포함된다. 아내나 자식을 남편의 소유물로 생각하는 인식으로 인해 비롯된 행동으로 자주 나타난다.

(4) 경제적 폭력

폭력적 성향의 남편은 생활비에 대한 자율권을 아내에게 주지 않는 경우가 많거나 또는 지출에 대해 일방적인 불만과 폭력적 행동을 보이는 경우도 있다.

(5) 방임

무관심과 냉담하게 대하고 위험한 상황에 방치하는 행위이다. 음식을 주지 않는 행위, 불결한 생활환경에 장시간 방치하는 행위, 교육을 시키지 않는 행위, 문을 잠궈놓고 나가는 행위 등이 있다.

3. 가정폭력범죄의 심각성

가정폭력이 살인에 이르는 유형은 남편이 폭력 끝에 아내를 죽이는 것, 아내가 반격해 남편을 죽이는 것, 폭력부모가 자녀를 죽이는 것, 자녀가 폭력 부모를 죽이는 것으로 가족 간 살인으로 치닫는 가정폭력은 벗어날 수 없는 실존적 상황이다.[9]

1) 2016년 1월 경기도 김포시 11세 소년 친부 살해 사건

아내가 늦게 귀가했다는 이유로 남편의 구타가 시작되었고, 옆방에서 엄마의 울음 섞인 비명을 듣던 11세 아들이 부엌에서 흉기를 가져와 아버지의 복부를 찔러 살해한 사건 ☞ 촉법소년

2) 2014년 11월 경기도 안산시 부녀암매장 사건[10]

2014.11.10. 아내의 외도를 의심해 폭력을 행사하던 중 아내가 숨지자 시신을 암매장. 남편은 12년동안 상습적인 폭력 행사
☞ 상해치사 및 사체은닉 등 혐의로 징역 10년 선고

---

9) 양선희, "[논설] 아내는 맞아 죽어야 하나", 중앙일보, 2016.5.3, (http://news.joins.com/article/19977775).

10) 연합뉴스(2014.12.31.) 2014.12월 경기지방경찰청 징계위원회는 안산시에서 발생한 가정폭력사건인 이른바 '부인암매장 사건'으로 인해 당시 수사에 참가한 경찰관들에게 근무태만과 업무소홀 등을 이유로 중징계 처분을 내렸다.

3) 우리나라 정당방위 논란 사례

대전지법 2006.10.18. 선고 2006고합102 판결, "가정폭력 남편 살해 아내 정당방위 부정"

- 정당방위로 인정되려면 무엇보다도 자기 또는 타인의 법익에 대한 '현재의 부당한 침해'가 있어야 하며, 긴급피난으로 인정되려면 무엇보다도 자기 또는 타인의 법익에 대한 '현재의 위난'이 있어야 하며, 이러한 정당방위나 긴급피난이 범죄의 구성요건에 해당하는 어떤 행위의 위법성을 예외적으로 소멸시키는 사유라는 점에 비추어 그 요건으로서의 침해나 위난의 현재성은 엄격히 해석·적용되어야 한다.
- 평소 남편으로부터 지속적인 폭행이나 학대를 당해오던 피고인이 잠자고 있는 남편을 살해한 사안에서, 사회심리학자의 견해(이른바 '학대나 폭력의 지속적인 재경험')나 오랜 기간 동안 남편으로부터의 폭력이나 학대에 시달려온 피고인의 특별한 심리상태를 수긍하더라도, 그러한 사정만으로는 살해 당시 객관적으로도 피고인 등의 법익에 대한 침해나 위난이 현존하고 있었다고 보기 어렵다는 이유로 정당방위나 긴급피난의 성립을 부정한 사례. ☞ 징역 3년, 집행유예 5년

"매 맞는 아내의 정당방위는 언제쯤 …"[11)]

- 2015. 6. 25. 문모(당시 58세)씨는 전처 조모(45)씨의 목에 흉기를 들이대며 "죽이겠다"고 위협하자 조모씨가 문모씨를 밀쳐낸 후 부엌 천장 미늘 찧는 몽둥이로 내려치고 넥타이로 목을 졸라 살해. 문모씨는 결혼 후 20년간 폭행과 욕설, 이혼 후에도 계속 폭행
  - ☞ 1심 국민참여재판, 배심원 9명 전원 유죄선택 : 재판부"사회통념상 정당한 방어로 볼 수 없다. 이미 쓰러져 폭행을 중단한 문씨의 목을 졸랐고, 살인은 가정폭력을 해결하기 위한 유일한 수단이 아니다."라는 이유
  - ☞ 2016. 4. 22. 서울고법, 징역 2년형 선고 : "정당방위는 안되지만 심각한 가정폭력으로 인해 폭력적 자극에 과민한 상태였고, BWS로 인해 합리적 의사결정을 하기 어려운 상태였다"고 판단

11) 임장혁, "[취재일기] 매 맞는 아내'의 정당방위는 언제쯤 …", 중앙일보, 2016.4.26., (http:/ /news.joins.com/article/19944381).

4. 가정폭력방지법상 피해자보호

「가정폭력범죄의 처벌 등에 관한 특례법」과 함께 제정된 「가정폭력방지 및 피해자보호 등에 관한 법률」은 가정폭력을 예방하고 가정폭력의 피해자를 보호하기 위한 시설 등의 설치 운영에 관한 사항을 규정하고 있다.

(1) 가정폭력행위자에게 부과되는 보호처분의 종류는 다음과 같다(제40조 1항).

① 행위자가 피해자에게 접근하는 행위의 제한

② 친권자인 행위자의 피해자에 대한 친권행사의 제한

③ 보호관찰 등에 관한 법률에 의한 사회봉사・수강명령

④ 보호관찰 등에 관한 법률에 의한 보호관찰

⑤ 가정폭력방지 및 피해자보호 등에 관한 법률이 정하는 보호시설에의 감호위탁

⑥ 의료기관에의 치료위탁

⑦ 상담소 등에의 상담위탁

(2) 제40조 제1항 제1호와 제2호의 보호처분이 확정된 후에 이를 이행하지 아니한 행위는 2년 이하의 징역이나 2천만원 이하의 벌금 또는 구류에 처한다(제63조).

「가정폭력범죄의 처벌 등에 관한 특례법」〈1997.12.13.제정〉		
응급조치 : 폭력행위제지, 가.피해자분리 및 범죄수사, 상담소 또는 보호시설 인도, 의료기관인도, 임시조치 신청가능통보	제5조	사법경찰관리
긴급임시조치 : 100미터 이내 접근금지, 전기통신을 이용한 접근금지, 퇴거등 격리	제8조의2	사법경찰 <2011.7.25.신설>
가정보호사건 처리, 상담조건부기소유예<2007.8.3.신설>	제9조, 제9조의2	검사
임시조치 : 100미터 이내 접근금지, 전기통신을 이용한 접근금지<2007.8.3.신설>, 퇴거등격리, 요양소위탁,구치소유치	제29조	판사(청구 : 검사)
보호처분결정 : 접근행위제한, 전기통신이용접근금지제한, 친권행사제한, 사회봉사·수강명령, 감호위탁, 치료위탁, 상담위탁	제40조	판사
피해자보호명령제도 도입	제55조, 제55조의4	판사 <2011.7.25.신설>
피해자보호명령·임시보호명령 불이행죄 ☞ 2년 이하의 징역 또는 2천만원 이하의 벌금 또는 구류	제63조	
소환불응, 의견제출요구불응, 보호처분미이행 또는 집행불응, 임시조치미이행 ☞ 500만원 이하 과태료	제65조	
긴급임시조치미이행 ☞ 300만원 이하 과태료	제66조	<2014.12.30.신설>

제5절 아동학대범죄와 피해아동의 인권

1. 아동학대의 개념

아동학대란 보호자를 포함한 성인에 의하여 아동의 건강, 복지를 해치거나 정상적인 발달을 저해할 수 있는 신체적, 정신적, 성적 폭력 또는 가혹행위 및 아동의 보호자에 의하여 이루어지는 유기와 방임을 말한다(아동복지법 제3조). 이 법에서 아동이란 18세 미만인 사람을 말한다.

2. 아동학대 유형

1) 신체적 학대

(1) 멍, 화상, 찢김, 골절, 장기파열, 기능 손상의 원인이 되는 행위
(2) 물건을 던지는 행위와 물건을 사용하여 때리는 행위
(3) 떠밀고 움켜잡는 행위
(4) 뺨을 때리는 행위
(5) 발로 차거나 물어뜯고 주먹으로 치는 행위

2) 정서적 학대

(1) 원망적 · 거부적 · 적대적 또는 경멸적인 언어폭력
(2) 잠을 재우지 않는 것
(3) 벌거벗겨 내쫓는 행위
(4) 삭발을 시키거나 강제적으로 머리를 자르는 행위

(5) 형제나 친구 등과 비교하는 행위, 차별, 편애

(6) 가족 내에서 왕따시키는 행위

(7) 아동이 가정폭력을 목격하도록 하는 행위

(8) 아동을 시설 등에 버리겠다고 반복적으로 위협하거나, 짐을 싸서 내보내는 행위

(9) 미성년자 출입금지 업소에 지속적으로 아동을 데리고 다니는 행위

(10) 돈을 벌어 오라고 위협하거나, 아동의 나이에 적절하지 않은 과도한 일을 시키는 행위

(11) 보호자의 종교행위 강요

3) 성적 학대

(1) 성적 유희, 성기 및 자위행위 장면의 노출, 포르노비디오를 아동에게 보여주는 행위

(2) 보호자의 부부관계 및 자위행위 목격 등으로 아동이 부적절하게 성에 노출되는 것

(3) 성기삽입, 성적 접촉, 강간 등과 같은 접촉 행위(성범죄 성립)

(4) 아동매춘이나 매매 등의 행위

(5) 성매매 업소에 아동을 데리고 가는 행위

4) 방임/유기

(1) 물리적 방임

의식주를 제공하지 않는 행위, 위험으로부터 아동을 보호하지 않는 행위, 불결한 환경이나 위험한 상태에 아동을 방치하는 행위, 보호자가 아동을 가정 내에 두고 가출한 경우 등을 말한다.

(2) 교육적 방임

학교(의무교육)에 보내지 않는 행위, 학교 준비물을 챙겨주지 않는 행위, 특별한 교육적 욕구를 소홀히 하는 행위를 말한다.

(3) 의료적 방임

필요한 의료적 처치를 하지 않는 행위, 예방 접종이 필요한 아동에게 예방 접종을 실시하지 않는 행위, 장애아동에 대한 치료적 개입을 거부하는 행위를 말한다.

3. 아동학대범죄의 처벌 등에 관한 특례법 주요 내용

1) 입법목적

이 법은 아동학대범죄의 처벌 및 그 절차에 관한 특례와 피해아동에 대한 보호절차 및 아동학대행위자에 대한 보호처분을 규정함으로써 아동을 보호하여 아동이 건강한 사회 구성원으로 성장하도록 함을 목적으로 한다(동법 제1조).

2) 아동학대범죄 처벌 강화

아동학대범죄를 범한 사람이 아동을 사망에 이르게 한 때에는 무기 또는 5년 이상의 징역에 처하며(동법 제4조), 아동의 생명에 대한 위험을 발생하게 하거나 불구 또는 난치의 질병(중상해)에 이르게 한 때에는 3년 이상의 징역에 처한다(동법 제5조).

3) 가중처벌사유

상습적으로 아동학대범죄를 범한 자는 그 죄에 정한 형의 2분의 1까지 가중한다(동법 제6조). 또한 아동학대 신고의무자가 보호하는 아동에 대하여 아동학대범죄를 범한 때에는 그 죄에 정한 형의 2분의 1까지 가중한다(동법 제7조).

◉ 아동학대범죄의 처벌 등에 관한 특례법 ◉

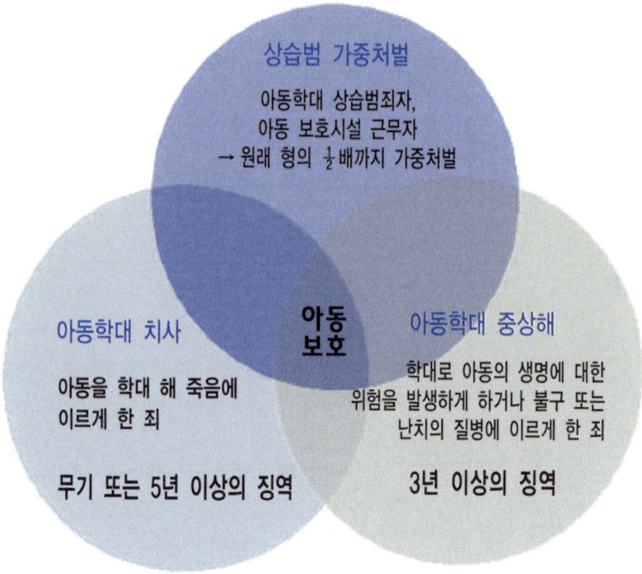

아동학대처벌특례법 시행 전후 비교

처벌기준 강화 사례 : 상습폭행해 의붓딸 숨지게 한 '칠곡 계모'

- 전 형법상 상해치사죄로 3년 이상 유기징역에 해당, 집행유예 가능
- 후 '아동학대치사죄'(4조) 적용해 무기 또는 5년 이상의 징역

친권의 제한 사례 : 중학생 자녀 폭행 아버지, 아동보호기관 개입 거부

- 전 친권자인 아버지 동의 없이 아동과 격리 불가능
- 후 보호명령(47조)으로 최대 5년까지 친권 제한 · 정지

신고의무 확대 사례 : 어린이집 교사 등 신고 의무자가 아동의 몸에서 상처 발견

- 전 학대행위를 알고도 신고 안 한 경우에만 300만원 이하 과태료
- 후 '의심되는 경우'라도 반드시 신고(10조)해야. 위반 시 500만원 이하 과태료

아동복지법상 금지행위

① 아동의 신체에 손상을 주는 학대행위
② 아동에게 성적 수치심을 주는 성희롱, 성폭행 등의 학대행위
③ 아동의 정신건강 및 발달에 해를 끼치는 정서적 학대행위
④ 자신의 보호·감독을 받는 아동을 유기하거나 의식주를 포함한 기본적 보호·양육 및 치료를 소홀히 하는 방임행위(벌칙 40조, 5년 이하 징역, 1500만원 벌금)
⑤ 아동을 타인에게 매매하는 행위
⑥ 아동에게 음행을 시키거나 음행을 매개하는 행위
⑦ 장애를 가진 아동을 공중에 관람시키는 행위
⑧ 아동에게 구걸을 시키거나 아동을 이용하여 구걸하는 행위
⑨ 공중의 오락 또는 흥행을 목적으로 아동의 건강 또는 안전에 유해한 곡예를 시키는 행위
⑩ 정당한 권한을 가진 알선기관 외의 자가 아동의 양육을 알선하고 금품을 취득하는 행위
⑪ 아동을 위하여 증여 또는 급여된 금품을 그 목적 외의 용도에 사용하는 행위

4. 아동학대 피해자 보호방안

1) '부모 자격증' 취득 의무화

국가 또는 지방자치단체가 무상으로 가정폭력예방교육, 아동학대예방교육을 실시하고 이러한 프로그램을 일정시간 이상 이수하는 사람에 대해서는 "부모자격증"을 부여하도록 규정할 필요가 있다. 즉 이러한 자격증을 소지한 부부만이 혼인신고를 할 수 있도록 하고 또한 부부가 임신한 경우에는 아동복지법상 '아동복지' 교육을 이수하도록 하고 이러한 교육을 이수한 부부에 대해서는 국가가 추가로 의료복지혜택을 지급할 수 있도록 한다면 아동학대를 사전에 예방할 수 있을 것이다.

2) 아동학대 신고의무 강화

아동학대를 예방하고 처벌하기 위한 가장효과적인 수단은 국민 모두가 감시자가 되어 아동학대에 대한 '신고문화'를 정착해 가는 것이다. 특히 신고의무자의 신고의무위반에 대한 과태료 처분 규정을 개정하여 징역형 또는 벌금형으로 형사처분화하여 그 의무를 보다 강화할 필요가 있다.

【판례연구】

사례 1) 울산계모 사건(살인죄 적용)
사례 2) 칠곡계모 사건(과실치사죄 적용)

제6절 데이트폭력범죄와 피해자의 인권[12)]

1. 서론(데이트폭력의 심각성)

최근 우리 사회에서 심각한 문제로 떠오르고 있는 것 중에 하나가 데이트폭력문제이다. 데이트폭력(Dating Abuse)은 연인 또는 과거 연인이었던 관계에서 나타나는 여러 유형의 괴롭힘 또는 폭력행위 등을 의미한다(가정폭력개념과 유사). 따라서 신체적, 정서적, 언어적, 경제적, 성적 폭력을 포함하는 넓은 의미로 개념지울 수 있다.

경찰청이 '최근 5년간 데이트폭력현황' 자료를 보면, 2011년 전국적으로 상해 3074건, 폭행 2633건, 폭력행위등처벌에관한법률 위반 1068건, 강간 등 성폭력범죄 390건, 살인 127건 총 7,292건이 발생했으며, 2015년에는 상해 23602건, 폭행 36706건, 폭력행위등처벌에관한법률위반 1105건, 강간 등 성폭력범죄 509건, 살인 102건 총 7692건이 발생했다고 발표했다.[13)] 매년 7000건 이상의 데이트폭력이 발생하고 100명 이상 피해자가 데이트폭력의 결과로 살해당하고 있는 심각한 상황인 것이다.[14)]

---

12) 자세한 내용은, 류병관, "데이트폭력에 있어 피해자 보호방안, 법학연구, 경상대학교 법학연구소, 2014.7, 91~108 참조.

13) 경찰청, 데이트폭력현황 통계자료, 2016.

14) 2016년 데이트폭력으로 '입건'된 사람은 8367명으로, 2015년 7692명보다 8.8% 늘은 것으로 나타났는데, 전 애인을 만난다는 이유로 '같이 죽자'고 협박하고 차량에 3시간 동안 감금하거나, 만남을 피하는 피해자의 집을 찾아가 과도를 목에 들이댄 사건, 도망가려는 피해자를 잡아 가위로 손가락 끝마디를 절단한 사건, 유부남인 사실을 숨기고 6년간 동거하던 중 피해자가 말대답을 한다며 가위로 머리를 자르고 식칼로 위협하는 등 상습 폭행한 사건, 결별을 통보하자 직장을 찾아가 행패를 부리거나 500여 통의 문자메시지를 보낸 사건, 여자친구가 전화를 퉁명스럽게 받았다는 이유로 집에 찾아가 감금하고 무차별 폭행한 사건, 사귀던 여자친구가 헤어지자고 하자 집 앞에서 벽돌로 내리쳐 살해하려다 미수에 그친 사건도 발생했다고 한다(최영아, "죽이겠다! 트럭 몰고 여친에게 돌진한 '데이트폭력' 끝판왕", 아시아 경제(http://www.asiae.co.kr/news), 2017.07.20., (접속 2017.7.23.14:00).

2. 데이트폭력의 범죄 유형

1) 성폭력범죄[15]

(1) 성폭행(강간죄, 강간미수죄)

> **형법 제297조** 폭행 · 협박으로 사람을 강간한 자는 3년 이상의 유기징역에 처한다.

(가) 단순강간(Simple Rape)과 면식범강간(Acquaintance Rape)의 구별

우리나라는 특별히 강간의 유형을 구별하여 논하고 있지 않지만, 미국의 경우 강간죄의 처벌과 관련하여 강제력 행사정도에 따라 강간을 최소 3등급에서 최대 6등급 유형으로 나누어 처벌하고 있다. 또한 강간죄 성립과 관련하여 가해자와 피해자의 관계를 중심으로 다양한 유형의 개념을 도입하고 있다.

그 중 데이트폭력과 관련하여 살펴볼 필요가 있는 분류가 단순강간과 면식범강간이다. 특히 강간죄에 있어 논의의 핵심이 되고 있는 저항 및 동의의 문제가 발생하는 사례의 대부분을 면식범강간유형이 차지하고 있다는 점에서도 두 유형에 대한 개념정의는 매우 중요하다.[16]

미국에서는 비면식범강간은 단순강간(Simple rape)의 개념으로 실제강간은 면식범강간(Acquaintance Rape)의 개념으로 발전하였다. 비면식범강간이란 낯선 사람이 한 밤중 갑자기 나타나 흉기로 피해자를 위협하고, 심한 폭행을 가한 후 강간하는 경우를 말한다. 반면, 실제강간은 가해자가 이미 피해자를 알고 있으며, 주로 혼자이며 흉기나 심각한 폭행을 사용하지 않은 상태에서 발생하는 강간을 의미한다. 이런 실제강간의 유형은 기존의 전통적인 강간범죄를 기초로 한 법률과 형사법체계에서 그 사건자체가 형사사건화가 되는 것조차 어려우며, 설사 형사소추가 이루어진다 해도 강간의 유죄가 인정되기에는 더욱 어렵다는 것이다.[17] 따라서 강간개념은 이런 실제강간을 기준으로 재정립되어야 하며 특히 '저항'

---

15) 제3장 형법각칙상 범죄유형에서 성범죄와 관련된 내용과 다소 중복될 수 있으나, 특히 데이트폭력과 관련하여 발생할 수 있는 문제점을 중심으로 추가 설명하고자 한다.

16) Stephen J. Schulhofer, 「Unwanted Sex」, Harvard U. Press, 1998.

의 요소를 삭제하고 '동의'여부에 의해서만 강간을 판단해야 한다고 주장한다.[18)]

(나) 데이트강간과 관련하여 비동의 간음죄 신설의 필요성
- '확정적 동의'(Affirmative consent)와 '동의의 철회'(Withdrawal consent)-

비동의 간음죄는 강간죄에서 더 이상 폭행, 협박을 요구하지 않고 부동의만으로 강간을 인정할 수 있게 하는 것이다. 현재 미국은 대부분의 주에서 비동의 간음죄를 인정하고 있으며 우리나라도 현재 입법이 논의중에 있다. 하지만 간과해서는 안 될 사실은 부동의 개념 속에 강요를 여전히 남겨놓고 있다는 것이다. 즉 부동의가 있었다는 것을 보여주기 위한 방법으로 성관계가 강요에 의해 이뤄졌다는 것이 증명되어야 하는 것이다. 따라서 이제 저항의 요구는 강요의 입증이 아닌 부동의(non-consent)를 입증하기 위해서 여전히 존재하게 되는 것이다. 이러한 문제는 강간죄의 개념정의를 강요와 부동의의 관계로 보는 한 강간죄에서 저항의 개념은 결코 제거될 수 없다는 점을 보여주는 것이다.

따라서 최근 미국의 주 판례[19)]는 강요에 근거한 저항 요소를 더 이상 요구하지 않으면서 또한 다른 한 요소인 피해자의 부동의 요소도 요구하지 않게 되었다. 즉 더 이상 피해자가 부동의를 입증할 필요가 없고, 반대로 가해자인 피고인이 강간의 성립을 부정하기 위한 방법으로서 성관계에 대한 피해자의 확정적 동의(Affirmative consent)가 있었다는 것을 증명해야 하는 것이다.[20)] 즉 피해자의 명시적・적극적 동의가 없는 성관계는 강요나 어떤 저항이 없었더라도 강간죄로 처벌될 수 있다는 것을 의미한다. 이러한 강간죄에 있어 동의의 개념에 대한 인식변화는 한 단계 더 발전하게 되었고, 마침내 동의하에 성관계(성기 삽입)가 있었어도 피해자의 동의가 철회된 경우에는 동의가 철회된 시점부터 강간이

---

17) Susan Estrich, 「Real Rape」, Harvard U. Press. 1987, p.4.

18) 이러한 실제강간(Real rape)을 내용으로 한 강간죄 개혁의 주장은 미국사회에 다양한 방면으로 받아들여지기 시작했으며, 이후 면식범 강간(Acquaintance rape), 데이트강간(Dating rape), 부부강간(Spousal rape)의 형태로 좀 더 세분화하여 고찰하게 되는 계기가 되었다.

19) State ex rel M.T.S., 588 A. 2d 1282 (N.J. Super. Ct App. Div. 1992).

20) 대표적인 주로 뉴저지, 캘리포니아주가 있다.

인정된다는 삽입후 강간(Post-penetration Rape)개념을 인정하기에 이르렀다.[21)]

현재 우리나라 강간사례에서도 면식범강간(데이트강간, 부부강간) 유형이 증가하고 있다. 이러한 유형의 사건에서 과학수사의 발달(특히 DNA 검사)로 인하여 피고인이 간음행위 자체를 부인하는 경우는 거의 없게 되었다. 다만 피해자의 동의하에 간음이 있었다고 주장할 뿐이다. 따라서 이제 우리나라도 강간죄의 가장 중요한 두 요소인 '강요'와 '동의'의 개념 중에 성적 자기결정권을 중심으로 하여 '동의'에 좀 더 관심을 가져야 할 때라 본다.

2) 강제추행죄

형법 제298조 폭행 또는 협박으로 사람에 대하여 추행한 자는 10년 이하의 징역 또는 1천500만원 이하의 벌금에 처한다

강제추행이란 폭행 또는 협박으로 사람을 추행하는 것으로서 추행이란 '건전한 상식이 있는 일반인의 성적 수치·혐오의 감정을 느끼게 하는 일체의 행위(다수설, 판례)를 말한다.[22)] 판례에 의하면 폭행, 협박은 사전에 있을 필요가 없고 추행행위 자체를 폭력으로 판단할 수 있다. 강간죄와 동일하게 '성적 자기결정권'을 보호법익으로 하고 있다.

판례 데이트를 하던 중 여자를 팔로 힘껏 껴안고 두 차례 입을 맞추는 경우(대판1983.6.28)

3) 강요죄

형법 324조 폭행 또는 협박으로 사람의 권리행사를 방해하거나 의무 없는 일을 하게 한 자는 5년 이하의 징역에 처한다.

21) People v. Jhon Z., 60 P.3d 183, 184(Cal. 2003).
22) 이재상, 형법각론, 박영사, 2012, 165면.

폭행 또는 협박으로 사람의 권리행사를 방해하거나, 의무 없는 일을 하게 함으로써 성립하는 범죄로서, 보호법익은 의사결정과 의사결정에 따른 행동의 자유(의사결정의 자유와 의사실현의 자유)이다.

예 피해자로 하여금 고소를 못하게 하는 것, 수강(수업참여)을 못하게 하는 것, 사람을 못 만나게 하는 것, 증언을 못하게 하는 것, 해외여행을 못하게 하는 것, 술을 억지로 마시게 하는 것, '왕 초보' 운전자에게 경적을 울려 빨리 가게 하는 것.

4) 협박죄

형법 제283조 제1항 사람을 협박한 자는 3년 이하의 징역, 500만원 이하의 벌금, 구류 또는 과료에 처한다. 3항 피해자의 명시한 의사에 반하여 공소를 제기할 수 없다.

해악을 고지하여 상대방에게 공포심을 발생시킴으로서 성립하는 범죄로서 개인의 의사결정의 자유를 보호법익으로 한다. 위험함 물건 휴대하여 협박한 경우 특수협박죄(284조 7년 이하), 상습협박죄(285조 1/2가중)는 가중처벌된다.

판례 안만나주면 죽이겠다거나, 가만두지 않겠다고 겁을 주는 경우

판례 친권자가 야구방망이로 때릴 듯한 태도로 '죽여버린다고' 한 경우 협박죄 인정

5) 비밀침해죄

형법 제316조 1항 봉함 기타 비밀장치한 사람의 편지, 문서, 도화를 개봉한 자는 3년 이하의 징역이나 금고 또는 500만원 이하의 벌금에 처한다. 2항 봉함 기타 비밀장치한 사람의 편지, 문서, 도서 또는 전자기록 등 특수매체기록의 내용을 알아낸 자도 제1항의 형과 같다.
제318조 본죄는 고소가 있어야 공소를 제기할 수 있다.

판례 상대방의 동의 없이 우편물 또는 핸드폰 문자 및 이메일 등을 열어보고 점검하는 경우 비밀침해죄가 성립할 수 있다.

6) 주거침입죄와 퇴거불응죄

형법 319조 제1항 사람의 주거, 관리하는 건조물, 선박이나 항공기 또는 점유하는 방실에 침입한 자는 3년 이하 징역 또한 500만원 이하의 벌금에 처한다.
형법 319조 제2항 적법하게 주거에 들어온 사람이 주거자의 퇴거요구를 받고 응하지 아니한 경우에 성립(3년 이하 500만원) → 진정부작위범

판례 자취방, 기숙사방, 원룸 등에 허락없이 들어오는 경우

판례 신체의 일부가 들어가도 주거침입죄 기수

7) 체포 · 감금죄

형법 제276조 1항 사람을 체포 또는 감금한 자는 5년 이하의 징역 또는 700만원 이하의 벌금에 처한다.

사람으로 하여금 자유롭게 활동하지 못하도록 일정 장소에 머무르게 하고 그 곳을 떠나지 못하게 하는 것을 내용으로 하는 범죄.

판례 방에서 못나가게 하는 경우, 차에서 내리지 못하게 하는 경우

3. 스토킹방지법 제정 논의[23)]

1) 스토킹(stalking)의 개념

스토킹의 유형은 다양하지만 가장 중요한 핵심은 "타인의 의사에 반하여 반복

---

23) 스토킹규제에 관한 대표적인 논문으로는, 김용욱, "스토킹에 대한 형법적 규제", 「연세법학연구」, 연세법학회, 2004; 이건호, "스토킹행위에 대한 규제와 피해자화 방지전략에 대한 고찰", 「형사정책연구」, 한국형사정책연구원, 2007; 이기헌, "스토킹의 형법적 규제에 관한 비교법적 고찰", 「비교형사법연구」 제4권 제2호, 한국비교형사법학회, 2002; 이승우, "사이버스토킹에 대한 법률적 대응 방안", 「연세 의료 · 과학기술과 법」 제2권 제1호, 연세대학교 법학연구원, 2011. 2; 이정호, "스토킹의 규제방안에 관한 연구", 「경찰연구논집」 제3호, 이실학회, 2008; 장규원, "새로운 사회문제로서의 스토킹과 그에 대한 입법의 기본방향, 「피해자학연구」 제9권 제1호, 한국피해자학회, 2001등이 있다.

적으로 괴롭힘을 주는 모든 행위"로 정의할 수 있을 것이다. 미국에서는 "의도적으로 악의를 가지고 타인에게 반복적으로 쫓아다니고 괴롭히거나 생명 또는 신체에 대하여 상당한 위해를 가할 것을 위협함으로써 타인으로 하여금 공포심을 느끼게 할 정도로 상당한 협박을 가하는 것"이라고 정의하고 있다.[24] 이러한 스토킹행위에 대해 형사처벌의 필요성을 강조하고 있는 견해는 스토킹행위를 방치하게 되면 이러한 불법행위가 살인, 성폭행, 상해, 납치 등 심각한 범죄로 발전하여 생명, 신체에 대한 위험을 발생시킬 수 있다는 점을 강조하고 있다. 그러나 스토킹행위유형중에 상대방에 대한 애정과 관심을 표현하는 행위와 범죄성을 가진 불법행위를 구별하여 처벌하기가 현실적으로 어렵다는 점에서 그 개념을 명확하게 구별하기 어려운 것이 사실이다.

2) 스토킹법 입법의 필요성

특정한 스토킹행위가 현행법상 형벌법규 처벌대상이 되어 처벌할 수 있는 경우라도 이러한 시점은 이미 피해자가 정신적·육체적 심각한 피해를 입은 후라는 점에서 스토킹이 심각한 범죄로 발전하기 이전에 이를 효과적으로 방지하고 피해를 예방하는데 한계가 있다는 점에서 스토킹법의 입법의 필요성이 강조된다.[25] 즉 일반 형법범으로 발전하여 피해자에게 피해결과를 발생하기 전에 사전적 예방수단으로서 가정폭력방지법에서 규정하고 있는 내용과 유사하게 보호처분으로서 경찰의 경고처분, 접근금지명령, 전달금지명령, 의료기관에의 위탁, 경찰서 유치장 또는 구치소에 유치처분 등의 근거규정을 두고, 이를 위반한 경우에 징역형 또는 벌금형으로 처벌하고자 하는 것이다.

---

24) 미국 캘리포니아 형법 제646.9조.

25) 입법에 반대하는 견해는 현행 법규들을 통해서도 스토킹행위를 충분히 처벌할 수 있으므로 별도의 특별법을 양산할 필요가 없고 주장한다.

3) 현행법상 스토킹을 처벌할 수 있는 법률

(1) **경범죄처벌법 제1조 제24호**(불안감조성)

정당한 이유없이 길을 막거나 시비를 걸거나 뒤따르거나 또는 몹시 거칠게 겁을 주는 말 또는 행동으로 다른 사람을 불안하게 하는 행위에 대해서는 10만원 이하의 벌금, 구류 또는 과료의 형으로 처벌한다. 또한 경범죄처벌법 제1조 제53호(장난전화)는 "다른 사람에게 전화 또는 편지(전자메일 포함)를 여러 차례 되풀이 하여 괴롭힌 사람에 대하여 10만원 이하의 벌금, 구류 또는 과료의 형으로 처벌하도록 규정하고 있다.

(2) **성폭력범죄의 처벌 및 피해자보호 등에 관한 법률 제14조**(통신매체이용음란)

자기 또는 다른 사람의 성적 욕망을 유발하거나 만족시킬 목적으로 전화, 우편, 컴퓨터 기타 통신매체를 통하여 성적 수치심이나 혐오감을 일으키는 말이나 음향, 글이나, 도화, 영상 또는 물건을 상대방에게 도달하게 한 자는 1년 이하의 징역 또는 300만원 이하의 벌금에 처하도록 하고 있다.

(3) **형법 및 폭력행위 등 처벌에 관한 특별법**

스토킹이 간접적이고 경미한 행위방법을 넘어서 직접적인 폭력으로 발전하는 경우 행위유형에 따라 형법 및 특별법으로 처벌할 수 있다(상해죄, 폭행죄, 체포감금죄, 협박죄, 명예훼손죄, 모욕죄, 주거침입죄, 강요죄 등).

4) 스토킹행위 방지대책

(1) **스토킹방지특별법을 제정**하여 악의적, 의도적으로 반복되는 스토킹행위에 대해 효과적으로 대처해야 할 것이다. 현행법만으로는 스토킹으로 인해 발생할 수 있는 심각한 범죄행위를 사전에 예방하고 피해자를 보호하는데 있어 실질적으로 한계가 있다.

(2) **정부 및 민간기관의 역할** : 스토킹의 행위의 종류, 위험성, 처벌가능성에 대한 적극적인 홍보활동 및 민간상담기관과의 유기적인 협조를 통하여 스토킹 범죄행위임을 일반인에게 주지시킴으로서 스토커의 발생을 억제하고, 피해자가 발생한 경우 피해신고가 활성화될 수 있도록 상담 및 신고체제 구축에 적극 지원해야 할 것이다.

(3) **수사기관의 역할** : 스토킹 전담수사체제를 구축하고 경미한 스토킹행위에 대해서도 적극적으로 개입하여 엄정하게 대처함으로서 심각한 범죄로 확대되지 않도록 경고조치 및 피해자보호조치를 취하여야 할 것이다.

(4) **사법부의 역할** : 스토킹사범이 기소된 경우 중형주의를 취함으로써 일반예방적 효과 및 재범방지에 적극적으로 노력해야 할 것이다.

(5) **피해자의 역할** : 피해자는 경미한 스토킹행위도 범죄라는 인식을 갖고 이러한 행위가 더욱 심각한 범죄로 발전할 가능성이 있다는 사실을 인식하고, 스토킹행위가 시작된 초기부터 스토커에 대하여 명확한 거부의사표시를 통하여 형사고소가능성에 대하여 경고할 필요가 있다. 나아가 스토킹행위가 반복・지속되는 경우 증거를 확보하고 즉시 민간기관과의 상담 및 수사기관에 신고하여 관련기관의 도움을 요청하는데 주저함이 없어야 할 것이다.

4. 데이트폭력 피해자 보호 방안

1) 가정폭력방지특별법상 '보호처분'제도 도입

최근 데이트폭력은 우리 사회의 중요한 사회문제로 등장하고 있다. 데이트폭력 피해의 양적 증가만 문제되는 것이 아니라, 그 피해의 내용이 폭행, 상해를 넘어 살인, 중상해 등 중범죄의 형태로 나타나고 있는 것이 현실이다. 따라서 현행 가정폭력방지특별법에서 규정하고 있는 피해자보호규정(긴급임시보호조치, 가해자 격리조치, 피해자보호처분 등)을 데이트폭력 피해자에게도 적용할 수 있도록 법 개정이 필요하다. 미국의 경우와 같이 가정폭력방지특별법을 개정할 필요가 있다. '가족 구성원' 개념에 '데이트관계에 있거나 있었던 경우'도 포함시키면 별도의 특별법 제정없이 법 개정을 통해서 보호할 수 있을 것이다.[26)]

2) 클레어법 도입

최근 데이트폭력 방지대책으로 가장 많이 논의되고 있는 제도가 바로 '클레어법'(가정폭력전과공개제도, Domestic Violence Disclosure Scheme)이다. 클레어법은 인터넷 싸이트를 통해서 알게 된 남자친구의 폭력에 노출되어 오다 2009년 살해된 영국의 '클레어 우드'의 이름에서 유래되었다. 남자친구가 클레어를 사귀기 전에도 폭력전과가 있었다는 사실을 확인하고, 피해자 보호를 위해 범죄경력조회를 할 수 있도록 하는 내용을 중심으로 2014년 시행됐다. 범죄경력이라는 민감한 개인정보를 공개하는 내용을 골자로 하고 있어 기본권침해라는 논란이 있다.[27)]

데이트폭력, 스토킹 더 이상 방치할 수 없다.

지난해 12월 같은 과 동기생인 전 여자친구를 스토킹(stalking)하다 살해한 후 자살로 위장하려 한 고려대 학생에게 검찰은 무기징역을 구형했으나 법원은 징역 15년형을 선고했다. 2012년 창원성폭력상담소가 경남지역 대학생 1,000명을 대상으로 실시한 설문조사결과 응답자의 53%가 데이트폭력을 경험한 적이 있으나, 데이트폭력 피해학생 67.8%가 별다른 조치를 취하지 않았고, 23.1%는 친구·선배에게, 2%는 전문상담기관에, 0.9%만이 경찰에 신고했다고 답변하고 있다.

이러한 상황은 우리 사회가 그동안 데이트폭력의 현황과 그 심각성에 대해 얼마나 무관심해 왔는지를 단편적으로 보여주는 자료이다. 특히 이러한 데이트폭력, 가정폭력, 학교폭력 등 경미한 범죄라 취급하여 별다른 대책을 강구하지 않은 유형

26) 류병관, "데이트폭력에 있어 피해자 보호방안, 법학연구, 경상대학교 법학연구소, 2014.7, 91~108 참조.

27) 문제는 '클레어법'이 개인의 범죄경력이라는 민감한 개인정보를 공개하는 내용을 골자로 하고 있다는데 있다. 폭력전과가 있다는 이유만으로 평생 지속·반복적으로 개인정보 침해 위험에 노출되는 것이 허용되려면 엄격한 심사절차 등이 마련돼야 한다는 지적도 있다(윤진희, "살인까지 이어지는 데이트폭력…한국판 '클레어법 필요할까?", 서울 뉴스1(http://news1.kr/articles/?3055039), 2017.7.22., (2017. 7. 23 14:00 접속).

의 범죄들이 살인, 자살, 강간, 상해 등 심각한 범죄로 확대 재생산되고 있는 현실을 감안한다면 이제라도 이러한 범죄를 예방하고 피해자를 보호하기 위한 대책이 필요하다.

첫째, 테이트폭력을 예방하기 위한 수단으로서 스토킹(stalking)처벌 및 피해자 보호법의 제정이 시급하다. 스토킹이란 "타인의 의사에 반하여 반복적으로 괴롭힘을 주는 모든 행위"로 정의할 수 있다. 2013년 3월 22일 개정된 경범죄처벌법은 "상대방의 명시적 의사에 반하여 지속적으로 접근, 시도하여 면회 또는 교제를 요구하거나 지켜보기, 따라다니기, 잠복하여 기다리기 등의 행위"를 스토킹으로 규정하고 10만원 이하의 벌금, 구류 또는 과료로 처벌할 수 있도록 하고 있다. 그러나 스토킹을 경범죄유형으로 분류하고 대처한다면 스토킹으로 인해 발생할 수 있는 심각한 범죄행위를 사전에 예방하고 피해자를 보호하는데 있어 실질적으로 한계가 있다. 따라서 미국, 영국, 일본 등 많은 국가들과 같이 스토킹행위를 범죄로 규정하고 징역형에 처할 수 있도록 함은 물론, 피해자 보호를 위해 경찰의 경고처분, 접근금지명령 등 임시보호처분제도 도입이 필요하다.

둘째, 데이트폭력 및 스토킹범죄에 대한 사회적 관심이 필요하다. 데이트폭력 및 스토킹 행위의 종류, 위험성, 처벌가능성에 대한 적극적인 홍보활동 및 민간상담기관과의 유기적인 협조를 통하여 데이트폭력도 엄연한 범죄이며 스토킹행위가 피해자에게는 심각한 피해를 유발시킬 수 있는 범죄행위임을 일반인에게 주지시킴으로서 스토커의 발생을 억제하는데 사회구성원 모두 동참해야 할 것이다. 또한 국가 및 지방자치단체, 학교기관 등은 피해자가 발생한 경우 피해신고가 활성화될 수 있도록 상담 및 신고체제 구축에 적극 지원해야 할 것이다.

셋째, 피해자의 적극적인 대처가 필요하다. 피해자는 경미한 데이트폭력 및 스토킹행위라도 이는 분명한 범죄행위라는 인식을 갖고 이러한 행위가 더욱 심각한 범죄로 발전할 가능성이 있다는 사실을 알고 인식해야 한다. 데이트폭력 및 스토킹행위가 시작된 초기부터 스토커에 대하여 명확한 거부의사표시를 하고 이후 형사고소가능성에 대해서도 경고할 필요가 있다. 나아가 스토킹행위가 반복·지속되는 경우 증거를 확보하고 즉시 학교상담기관 및 민간기관과의 상담을 통하여 수사기관에 신고하는 등 관련기관의 도움을 요청하는데 주저함이 없어야 할 것이다.

〈 창원대학교 학보 기고문, 2015. 5. 23. 〉

제7절 학교폭력과 학생의 인권

1. 학교폭력의 개념

1) 법령상 개념(협의의 개념, '학교폭력예방 및 대책에 관한 법률')

학교폭력이란 '학교 내외에서 학생을 대상으로 발생한 상해, 폭행, 감금, 협박, 약취·유인, 명예훼손·모욕, 공갈, 강요·강제적인 심부름 및 성폭력, 따돌림, 사이버 따돌림, 정보통신망을 이용한 음란·폭력 정보 등에 의하여 신체·정신 또는 재산상의 피해를 수반하는 행위를 말한다(동법 제2조 제1호)'(2012.4.1. 시행).

2) 확장적 개념(광의의 개념)

(1) 학교 내외에서 신체적, 언어적, 간접적·정서적 측면으로 폭력을 행사하는 행위를 말한다.

(가) 신체적 측면 : 때리기, 침뱉기, 금품갈취를 위한 폭력행사, 흉기위협 등

(나) 언어적 측면 : 모욕, 별명 부르기, 인종차별적 언어사용, 전화위협 및 협박

(다) 간접적 · 정서적 측면 : 왕따, 헛소문 또는 사악한 소문 퍼뜨리기, 지속적으로 귀찮게 하는 행위, 공개적 망신, 바보 만들기 등

(2) 학교폭력은 학교 내외(사회적 폭력도 포함)에서 발생하는 학생(초등학생, 중학생, 고등학생)을 대상으로 발생하는 폭력으로 한정한다.

(가) 자퇴생, 퇴학생, 취학의무 유예자, 취학의무 면제자, 정원 외 학적관리 대상자 등도 학교폭력에 포함(대학생 제외)

(나) 학생과 교사 간, 학생과 일반인 간의 폭력도 학교폭력 개념에 포함(단, 학생의 교사에 대한 폭력은 제외되고 있음)[28)]

2. 학교폭력의 유형 및 특성

1) 유형

(1) 신체폭력

신체폭력은 학교폭력 중에서 가장 흔하게 발생하는 폭력으로 '신체적으로 해를 가하거나 재산상의 손실을 가져오는 행동'으로 때리기, 발 걸기, 밀기, 차기, 찌르기, 침뱉기, 가혹행위, 옷이나 물건 망가뜨리기 등이 포함되는 일체의 행위를 말한다.

(2) 집단따돌림

집단따돌림이란 한 집단 내에서 한 학생이 둘 이상의 학생에 의해 반복적이고 지속적으로 구타와 폭행, 소외, 심리적 배척의 형태로 이루어지는 부정적인 행동에 노출되는 현상이다. 구체적으로는 대화를 거부하기, 약점을 들추어내거나 모함하기, 은근히 혹은 공개적으로 비난하기, 하는 일마다 시비걸기, 따돌림 대상 학생을 고립시킬 목적으로 학생과 가깝게 지내려는 다른 집단구성원에게 위해하기, 바보 만들기, 장난을 빙자하여 괴롭히기 등의 행동으로 나타난다.

(3) 언어폭력

언어폭력은 학교폭력 안에서 가장 빈번하게 발생하고 있는 폭력 중 하나다. 언어폭력이란 말하는 사람의 의도적, 비의도적 언어행위를 통해, 듣는 사람이 압도되거나 강요되는 상황에 처함으로 심리적 고통이 야기되는 것을 말한다. 또한 일상 학교생활에서 겪게 되는 언어폭력 뿐 아니라 사이버 상에서 경험하게 되는 언어폭력도 해당된다.

---

28) 류병관, "학교폭력의 개념으로서 교사폭행에 관한 고찰 : 미국과의 비교검토를 중심으로", 「소년보호연구」 21, 한국소년정책학회, 2013.2, pp. 67~95 참조.

언어폭력의 유형에는 놀림과 거친 욕, 위협 및 인식공격 등이 있다. 사이버 언어폭력에는 사이버 모욕(인터넷 상에서 특정인에 대하여 모욕적인 언사나 욕설 등을 행하는 것)과 사이버 명예훼손(특정인에 대한 허위의 글이나 명예에 관한 사실을 인터넷에 제시하여 불특정다수인에게 공개하는 것) 등이 있으며 이는 휴대전화 문자나 싸이월드, 네이트 온, 게임 등의 채팅 또는 쪽지, 블로그 및 인터넷 홈페이지의 게시판 등을 통해 이루어진다.

(4) 금품갈취

'빵셔틀'은 자신을 괴롭히는 학생들에게 빵을 사다주거나 금품을 가져다주고, 온갖 심부름까지 도맡아하는 학생들을 가리키는 아이들 사이의 은어이다. 금품갈취란 법적으로 "사람을 공갈하여 재물의 교부를 받거나 재산상의 불법한 이익을 취득하거나 타인으로 하여금 이를 얻게 함으로써 성립하는 범죄"라고 하는데, 소위 폭행이나 협박을 동반하는 경우가 많기 때문에 강도와 유사한 성격을 지니며, 폭력범죄의 주요한 형태로 간주될 수 있다.

(5) 학교성폭력

성폭력이란 강간뿐만 아니라 원치 않는 신체적 접촉, 음란전화, 인터넷 등을 통해서 접하게 되는 불쾌한 언어와 치근거림, 성기노출, 음란물 간행 및 배포 등의 성을 매개로 가해지는 신체적, 언어적, 정신적 폭력을 말한다. 또한 성폭력에 대한 막연한 불안감이나 공포, 그리고 그것으로 인한 행동 제약 등을 일으키게 하는 모든 행위를 포함한다.

2) 학교폭력의 특성

학교폭력은 피·가해학생의 힘의 균형이 깨어진 상태에서 이루어진 신체적, 언어적, 심리적인 폭력사건으로 그 자체만으로도 위기라 할 수 있다. 집단폭행 외에도 집단따돌림이나 괴롭힘의 경우에는 학교나 학급의 다수가 피해자 또는 가해자 집단일 가능성이 있다. 이런 경우 학교 전체가 학교폭력의 위기에 처해 있다고 볼 수 있다.

특히 최근에는 학교폭력이 단순한 탈선의 차원을 넘어 의도적이고 계획적으로 이루어짐으로써 심각한 범죄의 수준으로 발전해가는 경향이 있으며, 가해행위가 갈수록 교묘한 방법으로 지능화되며 집요화, 이상행동화되면서 신종 학교폭력의 유형이 등장하는 경향이 있다. 가장 심각한 문제는 대부분의 학교폭력은 가해학생의 보복에 대한 두려움 등의 이유로 인해 피해신고를 하기 힘든 상황이므로 반복적이고 지속적으로 이루어지는 경향이 있다는 점이다. 이러한 문제는 피해학생이 폭행으로 인해 사망하거나, 자살하는 극단적 상황까지 불러오게 된다.

학교폭력의 일반적 특징은 다음과 같다.

(1) 학교폭력은 피해자, 가해자를 명확하게 구분하는 데 어려움이 있다.

(2) 가해학생이 갈수록 저연령화되고 집단화, 조직화되는 경향이 있다

(3) 학교폭력은 주변의 방관자도 간접적 가해자 또는 피해자될 수 있다.

(4) 최근 학교폭력은 특별한 이유가 없이 그냥 마음에 들지 않거나 스트레스 및 잠재적인 불만을 해소한다는 이유만으로 무차별적, 충동적으로 폭력을 행사하는 경향이 있다.

3. 학교폭력대책 자치위원회의 활동

1) 의의

정부는 심각한 사회문제로 대두하고 있는 학교폭력문제에 효과적으로 대처하기 위한 전담기구의 설치, 정기적인 학교폭력 예방교육의 실시, 학교폭력 피해자의 보호와 가해자에 대한 선도 · 교육 등 학교폭력의 예방 및 대책을 위한 제도적 틀을 마련하였고, 그 대표적인 기구가 "학교폭력대책자치위원회"이다.[29]

(1) 위원회의 구성

(가) 설치 장소 : 학교(학폭법 제12조 제1항)

29) 자치위원회 활동의 법적근거는 학교폭력예방 및 대책에 관한 법률(법률 제11388호, 2012.3.21.개정, 2012.5.1. 시행].

- 초·중등교육법상 초등학교, 중학교, 고등학교, 특수학교 및 각종학교와 동법 제61조에 따라 운영하는 학교

(나) 위원회의 조직적 성격 : 필요적 학교조직(학폭법 제12조 제1항)

- 단, 대통령령으로 정하는 사유가 있는 경우[피해학생과 가해학생이 다른 학교에 재학 중인 경우(동법 시행령 제13조 제1항)]에는 교육감에게 보고하고 둘 이상의 학교가 공동으로 위원회를 구성 가능

2) 학교폭력 분쟁조정의 절차

- 학교폭력대책자치위원회(이하 "자치위원회"라 함)는 학교폭력의 예방 및 대책 등에 관한 사항을 심의하고 학교폭력이 발생하면 다음의 절차에 따라 피해학생, 가해학생 또는 그 보호자 사이의 분쟁을 조정합니다.

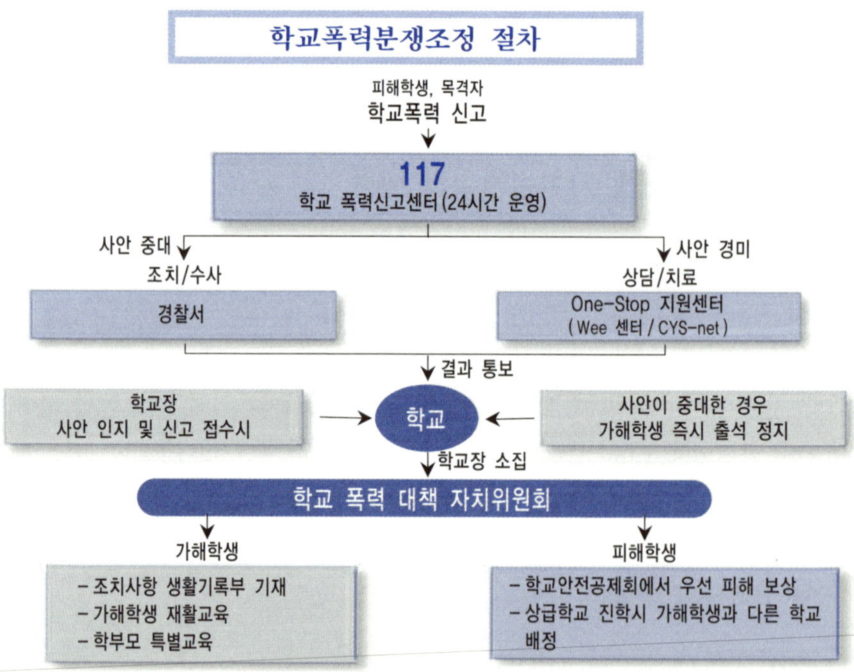

'학교폭력 현장을 보거나 그 사실을 알게 된 자는 학교 등 관계 기관에 이를 즉시 신고하여야 한다.'
(학교 폭력예방 및 대책에 관한 법률 제20조)

출처: 교육부, 학교폭력예방 자료(http://www.moe.go.kr)

3) 학교폭력 피해학생에 대한 보호

(1) 학교폭력의 신고의무

학교폭력 현장을 보거나 그 사실을 알게 된 자는 학교 등 관계 기관에 이를 즉시 신고하고 신고를 받은 기관은 이를 가해학생 및 피해학생의 보호자 또는 소속 학교의 장에게 통보해야 한다. 통보를 받은 소속 학교의 장은 이를 자치위원회에 지체없이 통보하여야 한다.

(2) 피해학생에 대한 보호조치(학폭법 제16조)

(가) 조치 수 : 총 5가지(병과 가능)

(나) 조치의 종류

제1호 : 심리상담 및 조언
제2호 : 일시보호
제3호 : 치료 및 치료를 위한 요양
제4호 : 학급교체
제5호 : 삭제
제6호 : 그 밖에 피해학생의 보호를 위하여 필요한 조치

(다) 긴급조치(학폭법 제16조 제1항) : 학교의 장은 피해학생의 보호를 위하여 긴급하다고 인정하거나 피해학생이 긴급보호의 요청을 하는 경우 제1호, 제2호, 제6호의 조치가 가능하다.

- 보호조치가 필요한 학생에 대하여 학교의 장이 인정하는 경우 결석을 출석일수에 산입 가능

(라) 장애학생의 보호(학폭법 제16조의2) : 피해자가 장애학생인 경우 장애인 전문상담가의 상담 또는 장애인전문 치료기관의 요양 조치를 요청한다.

(마) 비용부담(학폭법 제16조 제6항) : 제1항부터 제3항까지 상담 등을 받는데 필요한 비용은 가해학생 보호자가 부담한다(학폭법 제16조 제6항 본문).

- 피해학생의 신속한 치료를 위하여 학교의 장 또는 피해학생의 보호자가 원하는 경우 학교안전사고 예방 및 보상에 관한 법률 제15조에 따른 학교안전공제회 또는 시・도교육청이 부담후 구상권 행사

4) 가해학생에 대한 선도 및 징계 조치

(가) 조치 수 : 총 9가지(학폭법 제17조 제1항)

(나) 조치간 병과 또는 가중 가능(학폭법 제17조 제2항)

- 피해학생이나 신고・고발한 학생에 대한 협박 또는 보복행위일 경우

(다) 조치의 종류(학폭법 제17조 제1항)

제1호 : 피해학생에 대한 서면사과

제2호 : 피해학생 및 신고・고발 학생에 대한 접촉, 협박 및 보복행위의 금지

제3호 : 학교에서의 봉사

제4호 : 사회봉사

제5호 : 학내외 전문가에 의한 특별 교육이수 또는 심리치료

제6호 : 출석정지

제7호 : 학급교체

제8호 : 전학

제9호 : 퇴학처분(단, 의무교육과정에 있는 가해학생에 적용 안함)

(라) 긴급조치(학폭법 제17조 제4항) : 학교의 장은 가해학생에 대한 선도가 긴급한 경우 우선 제1호부터 제3호, 제5호, 제6호 조치가 가능하다(제5호와 제6호는 병과조치 가능). 이때 자치위원회에 즉시 보고 후 추인을 받아야 한다.

(마) 가해학생 부모 교육(학폭법 제19조 제9항) : 가해학생이 특별교육을 이수할 경우 보호자도 반드시 함께 교육을 받아야 한다.

4. 학생인권 보호 방안

우리나라는 OECD국가중 청소년 자살률이 가장 높은 국가라는 불명예를 안고 있다. 세계적으로 우리나라 청소년이 가장 행복하지 못하다는 현실을 보여주고 있다. 학교폭력을 해결하기 위한 여러 방안이 논의되고 있지만 우선 청소년이 '행복'할 수 있는 나라, 즉 '청소년(학생) 인권'이 최우선 보장되는 사회를 만들어야 할 것이다. 가장 우선시 되어야 할 정책은 가정 내에서 가정폭력 및 아동학대를 근절시키는 것이다. 학교폭력의 가해자, 피해자 대부분이 이러한 폭력의 피해자들이기 때문이다.

【학교폭력에 관한 대법원 판례-집단따돌림 자살사건】

대법원 2007. 11. 15. 선고 2005다16034 판결

가. 판시사항

[1] 이른바 집단 따돌림의 의미

[2] **집단 따돌림으로 피해 학생이 자살한 경우, 자살의 결과에 대해 교장이나 교사에게 보호·감독의무 위반 책임을 묻기 위한 요건 및 그 판단 기준**

[3] 중학교 3학년 여학생이 급우들 사이의 집단 따돌림으로 자살한 사안에서, 따돌림의 정도와 행위의 태양(態樣), 피해 학생의 평소 행동 등에 비추어 담임 교사에게 피해 학생의 자살에 대한 예견가능성이 있었다고 인정하지 아니하여 자살의 결과에 대한 손해배상책임을 부정한 사례

나. 판결요지

[1] 집단 따돌림이란 학교 또는 학급 등 집단에서 복수의 학생들이 한 명 또는 소수의 학생들을 상대로 의도와 적극성을 가지고, 지속적이면서도 반복적으로 관계에서 소외시키거나 괴롭히는 현상을 의미한다.

[2] 집단 따돌림으로 피해 학생이 자살한 경우, 자살의 결과에 대해 학교의 교장이나 교사의 보호감독의무 위반의 책임을 묻기 위해서는 피해 학생이 자살에 이른 상황을 객관적으로 보아 교사 등이 예견했거나 예견할 수 있었음이 인정되어야 한다. 다만, 사회통념상 허용될 수 없는 악질, 중대한 집단 따돌림이 계속되고 그 결과 피해 학생이 육체적 또는 정신적으로 궁지에 몰린 상황에 있었음을 예견했거나 예견할 수 있었던 경우에는 피해 학생이 자살에 이른 상황에 대한 예견가능성도 있는 것으로 볼 수 있을 것이나, 집단 따돌림의 내용이 이와 같은 정도에까지 이르지 않은 경우에는 교사 등이 집단 따돌림을 예견했거나 예견할 수 있었

다고 하더라도 이것만으로 피해 학생의 자살에 대한 예견이 가능했던 것으로 볼 수는 없으므로, 교사 등이 집단 따돌림 자체에 대한 보호감독의무 위반의 책임을 부담하는 것은 별론으로 하고 자살의 결과에 대한 보호감독의무 위반의 책임을 부담한다고 할 수는 없다.

[3] 중학교 3학년 여학생이 급우들 사이의 집단 따돌림으로 자살한 사안에서, 따돌림의 정도와 행위의 태양(態樣), 피해 학생의 평소 행동 등에 비추어 담임 교사에게 피해 학생의 자살에 대한 예견가능성이 있었다고 인정하지 아니하여 자살의 결과에 대한 손해배상책임은 부정하면서, 다만 학생들 사이의 갈등에 대한 대처를 소홀히 한 과실을 인정하여 교사의 직무상 불법행위로 발생한 집단 따돌림의 피해에 대해 지방자치단체의 손해배상책임을 긍정한 사례

제8절 전자감시제도와 범죄자의 인권

1. 서론

1) 전자감시제도의 의의

재범위험성이 높은 특정 범죄자(성폭력범, 미성년자 유괴범, 살인범, 강도범)의 발목 등 신체에 위치추적 전자장치를 부착하여 유선전화기 또는 무선장비를 이용하여 24시간 대상자의 위치와 이동경로, 상태를 파악·기록하고 보호관찰관의 밀착 지도, 감독을 통해 재범을 억제하는 새로운 제재유형의 하나이다[특정범죄자보호관찰 및 전자장치부착에 관한 법률(일명 전자발찌법 2008.2.4 시행)].[30)]

2) 입법취지

특정범죄를 저지른 사람의 재범방지를 위하여 형기를 마친 뒤에 보호관찰 등을 통하여 지도하고 보살피며 도움으로써 건전한 사회복귀를 촉진하고 위치추적 전자장치를 신체에 부착하게 하는 부가적인 조치를 취함으로써 특정범죄로부터 국민을 보호함을 목적으로 입법되었다(동법 제1조).

3) 대상 특정범죄

'특정범죄'란 성폭력범죄, 미성년자 대상 유괴범죄, 살인범죄 및 강도범죄를

30) 처음 이 법이 시행된 2008년에는 전자발찌 착용자의 수가 151명이었는데, 2015년 기준으로 2,218명이 착용하고 있어 그 수가 14배 증가하였다. 반면 이러한 대상자를 상시 위치추적장치를 통해 관리해야 할 보호관찰관에 대한 증원은 이루워지지 않고 있어 실무 운영상 많은 문제점을 발생시키고 있다.

말한다(동법 제2조). 단 만 19세 미만의 자에 대하여 부착명령을 선고한 때에는 19세에 이르기까지 이 법에 따른 전자장치를 부착할 수 없다.

4) 법률 연혁

본 법은 1차 개정을 통하여 전자발찌 부착기간을 최장 10년으로 연장하고, 부착자에 대한 특별 준수사항을 도입하였고(공공장소 출입금지, 야간 등 특정 시간대의 외출제한, 피해자 등 특정인에 대한 접근금지 등), 2차 개정시에 미성년자가 대상인 경우 유괴범죄가 추가된다('성폭력범'에서 '특정범죄자'로 범죄군 확대). 또한 3차 개정을 통해 소급적용을 위한 근거 규정 마련, 살인범죄 추가, 전자발찌 부착기간 최장 30년으로 연장, 13세 미만의 아동에 대한 범죄인 경우 하한을 2배로 가중한다. 마지막으로 4차 개정시에 강도범죄를 추가하였다.

2. 전자발찌 부착 절차

검사는 특정범죄자 중 재범의 위험성이 있다고 인정되는 사람에 대하여 전자장치를 부착하도록 하는 명령을 법원에 청구할 수 있다. 법원은 검사의 부착명령 청구가 이유 있다고 인정하는 때에는 최장 30년 기간의 범위 내에서 부착기간을 정하여 판결로 부착명령을 선고하여야 한다.

(1) **징역형종료** : 검사의 청구전조사(검사는 필요하다고 인정하는 때에는 피의자에 관하여 필요한 사항의 조사를 보호관찰소의 장에게 요청) → 검사의 부착명령 청구(검사는 재범할 위험성이 있다고 인정되는 사람에 대하여 전자장치를 부착하도록 하는 명령을 법원에 청구) → 법원의 부착명령 선고(법원은 부착명령 청구가 이유 있다고 인정하는 때에는 부착기간을 정하여 판결로 부착명령을 선고) → 부착명령 집행(부착명령은 검사의 지휘를 받아 보호관찰관이 형의 집행이 종료되는 날 석방 직전에 피부착명령자의 신체에 전자장치를 부착함으로써 집행한다.)

(2) **가석방/가출소** : 부착명령 결정(보호관찰심사위원회, 치료감호심의위원회에서 결정) → 전자장치 부착(보호관찰관이 집행).

(3) **집행유예** : 법원의 판결전조사(법원은 필요하다고 인정하는 때에는 피의자에 관하여 필요한 사항의 조사를 보호관찰소의 장에게 요청) → 법원의 부착명령 선고 → 부착명령 집행(법원의 판결이 확정된 때부터 집행).

3. 전자발찌제도 운영상 문제점

1) 실효성

훼손 증가, 전자발찌 착용상태에서의 범죄 증가, 정확한 위치파악이 힘든 점, 행위나 행동 등을 파악하기 힘들다. 또한 외출명령금지, 수신기 미지참 등의 위반행위에 대한 수사의뢰 등이 잘 이루어지지 않고 있다.

2) 기준의 모호성

전자발찌 착용의 판단요건인 재범의 위험성을 판단하는 것은 과거의 행적, 전과 등을 토대로 하여 법원이 판단하는 것을 전적으로 의지한다. 즉 장래 재범의 위험성 판단에 관한 객관적 기준이 부족하다.

3) 관리인원 부족

대상범죄의 확대 및 소급적용을 통해 부착대상자는 급속하게 증가하고 있는 반면, 이를 관리하는 보호관찰관은 턱없이 부족하여 업무과중으로 인하여 효과적인 관리가 어려운 상황이다.

4) 인권침해

전자발찌로 인한 심각한 사생활권이 침해되고 있으며, 최대 30년이라는 착용

기간으로 인한 장기간의 사회적 낙인효과로 인하여 심각한 인권침해가 발생할 수 있다. 특히 취업기회 제한 등으로 인하여 출소후 범죄자의 정상적인 사회복귀를 저해함으로써 상실감, 무력감 등으로 인한 묻지마 범죄 등 다른 범죄의 원인이 될 수 있다는 문제가 있다.

4. 헌법상 인권침해 여부 논의 -소급적용에 대한 헌법재판소의 판결

(헌재 2012. 12. 27. 2011헌바393)

보안처분이다.	보안처분 < 형벌
• 전통적 의미의 형벌 X • 공익을 목적 • 자유침해 X → 처벌적인 효과 X • 기본권 침해 최소화 - 재범의 위험성 판단 후 부착 • 비형벌적 보안처분 - 장래의 위험성 방지가 목적	• 소급적용(일부 위헌) - 피해의 최소성원칙에 반함 - 신뢰이익의 침해 - 법적 불안정성과 불이익 - 과잉금지원칙에 위배 • 소급적용(전부 위헌) - 총체적으로 형사상 제재 - 헌법 제13조 제1항 전단 소급효금지를 위배

헌재, 출소예정자에 전자발찌 소급 적용한 것은 '합헌'

위치추적 전자장치, 일명 '전자발찌' 시행 전 판결을 선고받고 복역하던 출소예정자에게 전자발찌 부착을 소급 적용한 것은 합헌이라고 헌법재판소가 결정했다. 헌재는 특정 범죄자에 대한 위치추적 전자장치 부착 등에 관한 법률(전자발찌법) 5조와 부칙 2조에 대한 헌법소원 사건에서 재판관 전원일치 의견으로 합헌 결정했다고 19일 밝혔다.

전자발찌법 5조는 성폭력범죄를 다시 범할 위험성이 인정되는 출소예정자에게 전자장치 부착명령을 청구할 수 있도록 하고 있다. 또 부칙에서는 전자발찌법이 시행되기 전인 2008년 9월 이전에 저지른 범죄도 소급적용할 수 있도록 하고 있다. 헌재는 해당 법조항이 **헌법이 정한 이중처벌·소급처벌·과잉 금지원칙 등에 위반되는 것이 아니라고 판단했다**. 헌재는 "(전자발찌) 부착명령은 과거의 불법에 대한 응보가 아닌 장래의 재범 위험성을 방지하기 위한 것"이라며 "그 법적 성격은 형벌이 아닌 '보안처분'에 해당되므로, 부착명령청구 조항은 이중처벌 금지원칙에 위반되지 않는다"고 밝혔다.

헌재는 또 "형벌적 성격이 강한 보안처분의 경우 헌법 13조 1항의 소급처벌 금지원칙이 적용된다"며 "(전자발찌는) 피부착자의 위치만 국가에 노출될 뿐

새로이 의무적 노동을 부과하거나 여가시간을 박탈하는 등 피부착자의 행동 자체를 제한하는 것은 아니므로 '비형벌적 보안처분'에 해당한다"고 밝혔다.

헌재는 이어 "피부착자의 기본권 제한을 최소화하기 위해 피부착자에 대한 수신자료의 열람 · 조회를 엄격히 제한하고, 부착명령의 탄력적 집행을 위한 가해제 제도를 운영하고 있는 점 등을 고려할 때 침해의 최소성 및 법익의 균형성도 인정된다"고 밝혔다.

앞서 ㄱ씨는 1995년 성폭력범죄처벌법 위반으로 징역 15년을 선고받고 2013년 7월 출소했다. 그러나 검찰은 2012년 11월 전자발찌법 부칙에 따라 출소예정자에 대해 전자발찌 부착명령을 법원에 청구했고, 법원은 지난해 12월 ㄱ씨에 대해 전자발찌 부착을 선고했다. 이에 ㄱ씨는 지난 1월 헌재에 헌법소원심판을 청구했다.

〈김경학 기자, 경향신문, 2015.10.19(접속http://news.khan.co.kr/kh_news/ 2017. 6. 25. 10 : 40)〉

제9절 신상공개제도와 범죄자의 인권

1. 개념

성범죄자 신상공개제도란 유죄판결이 확정된 성범죄자의 신상정보를 등록・관리하고 그 정보를 지역 주민에게 공개・고지하는 제도를 말한다. 현재 우리나라는「성폭력범죄처벌등에 관한 특례법」,「아동・청소년 성보호에 관한 법률」에 근거하여 인터넷 공개(www.sexoffender.go.kr) 및 우편고지제도를 운영하고 있다.

이 제도는 1994년 미국에서 아동성폭행전과가 있는 옆집 이웃에게 살해당안 7살 메간의 이름을 따서 1996년 미국연방법으로 제정된 "메간법(Megan's Law)"에서 유래되었다. 입법취지는 이웃이나 주변에 성범죄자가 살고 있다는 것을 사전에 주민들에게 알림으로써 또다른 성폭력피해자가 나오지 않도록 성범죄를 예방하고자 하는 목적이다.

2. 공개대상 및 절차

1) 공개대상

법원은 다음 각 호의 어느 하나에 해당하는 자에 대하여 판결로 제3항의 공개정보를「성폭력범죄의 처벌 등에 관한 특례법」제45조 제1항의 등록기간 동안 정보통신망을 이용하여 공개하도록 하는 명령(이하 "공개명령"이라 한다)을 등록대상 사건의 판결과 동시에 선고하여야 한다. 다만, 피고인이 아동・청소년인 경우, 그 밖에 신상정보를 공개하여서는 아니 될 특별한 사정이 있다고 판단하는 경우에는 그러하지 아니하다(동법 제49조).

1. 아동 · 청소년대상 성폭력범죄를 저지른 자
2. 「성폭력범죄의 처벌 등에 관한 특례법」 제2조 제1항 제3호 · 제4호, 같은 조 제2항(제1항 제3호 · 제4호에 한정한다), 제3조부터 제15조까지의 범죄를 저지른 자
3. 13세 미만의 아동 · 청소년을 대상으로 아동 · 청소년대상 성범죄를 저지른 자로서 13세 미만의 아동 · 청소년을 대상으로 아동 · 청소년대상 성범죄를 다시 범할 위험성이 있다고 인정되는 자
4. 제1호 또는 제2호의 죄를 범하였으나 「형법」 제10조 제1항에 따라 처벌할 수 없는 자로서 제1호 또는 제2호의 죄를 다시 범할 위험성이 있다고 인정되는 자

2) 공개 절차

성폭력범죄 처벌 등에 관한 특례법에 근거, 법무부가 당해 범죄자의 신상을 등록하여 여성가족부에 송부한다. 정보를 받은 여성가족부는 아동 · 청소년 성보호에 관한 법률에 근거, 공개 및 고지명령을 집행한다.

3. 신상공개제도 운영상 문제점

1) 공개방법의 문제

공개되는 신상정보의 범위가 모든 공개대상자에게 같고, 불법의 정도가 다른 범죄에 동일한 집행절차와 방식이 적용된다는 문제가 있다. 예를 들어 살인으로 신상이 공개되고 고지되는 것과 단순한 몰카범에 같은 규정이 적용되는 것이다.

2) 연좌제 성격의 2차 피해자화

신상공개 및 고지가 성범죄자뿐만 아니라 그 가족들까지 연좌제의 개념으로 2차적 피해를 끼치는 수치형의 성격을 가지고 있는 점을 고려해볼 때, 광범위한

대상범죄 규정을 제한적인 범위로 축소하는 것이 바람직하다.

4. 헌법상 인권침해 여부 논의

1) 이중처벌금지의 원칙에 위배되는가......

헌법 제13조 제1항 "모든 국민은 행위 시의 법률에 의하여 범죄를 구성하지 아니하는 행위로 소추되지 아니하며, 동일한 범죄에 대하여 거듭 처벌받지 아니한다."

그렇다	그렇지 않다
신상공개는 특별예방의 효과와 일반예방의 효과를 기하고 있으므로 그 실질적인 속성은 형벌이다. 한편, 청소년 성매수자에 대한 형사처벌과 그 형의 확정 후 이루어지는 신상공개는 그 대상행위 및 보호법익이 같다. 즉 신상공개는 헌법 제13조 제1항이 금지하는 이중처벌에 해당한다.	'처벌'은 원칙적으로 범죄에 대한 국가의 형벌권 실행으로서의 과벌을 의미하는 것이고, 국가가 행하는 일체의 제재나 불이익처분을 모두 그 '처벌'에 포함시킬 수는 없다.

2) 과잉금지의 원칙에 위배되는가......

그렇다	그렇지 않다
헌법 제17조에 근거, 동 제도는 국가가 개인의 신상에 관한 사항 및 청소년의 성매수 등에 관한 범죄의 내용을 대중에게 공개함으로써 개인의 일반적 인격권을 침해하는 것인데, 이 제도의 기본권 제한이 필요한의 최소한도에 그치지 못한 것이므로 이 원칙에 위반된다.	청소년 성매수자의 일반적 인격권과 사생활의 비밀의 자유가 제한되는 정도가 청소년 성보호라는 공익적 요청에 비해 크지 않다. 즉 신상공개는 해당 범죄인들의 일반적 인격권, 사생활의 비밀의 자유를 과잉금지의 원칙에 위배하여 침해한 것이라 할 수 없다.

헌법 제17조 "모든 국민은 사생활의 비밀과 자유를 침해받지 아니한다."

3) 평등의 원칙에 위배되는가......

그렇다	그렇지 않다
청소년 성매수자가 신상공개되는 것은 일반범죄자보다 법정형이 더 무겁거나 재범위험성이 더 높아서가 아니다. 또한 청소년에게 성매수행위를 유인한 자는 성매수자 본인보다 더 높은 법정형이 예정되어 있는데도, 신상공개는 되지 않는데 이는 양 집단을 차별할 정당한 근거가 없음을 나타낸다.	기본권 제한의 여지는 일반인보다 성매수자가 상대적으로 높다. 또한 청소년 대상 성범죄와 일반범죄 간에도 비교집단을 이루는 동일한 것이라기 보기 어렵다. 즉 아동청소년을 보호하려는 입법목적과 이를 달성하려는 수단 간에 비례성을 벗어난 차별이 아니다.

지난 3월 헌법재판소는 통신매체이용음란죄로 유죄판결이 확정된 사람에 대해 그 행위의 재범위험성 등을 고려하지 않고 일률적으로 신상정보 등록 대상자가 되도록 규정한 것에 대해 개인정보자기결정권 침해의 이유로 위헌결정을 내렸다. 또 아동청소년이용음란물배포죄 역시 헌법재판관 5명이 위헌 의견을 제기했다.

또한 성범죄자 신상정보 등록기간을 20년간 일률적으로 등록해 보존관리하도록 한 신상정보 관리조항에 대해서도 헌법재판소는 지난해 7월 올해 12월말까지 잠정적으로 적용하도록 하면서 헌법불합치결정을 내린 바 있다.

이에 정부 등은 이미 등록 면제 대상으로 규정돼 있는 아동청소년이용음란물소지죄 외에 성적목적공공장소침입죄, 통신매체이용음란죄, 아동청소년이용음란물배포죄 등으로 벌금형을 선고받은 경우에는 신상정보 등록대상 성범죄에서 제외키로 했다.

또한, 신상정보 등록기간을 차등화했다. 10년 초과 징역금고형, 사형, 무기징역 등을 선고받은 경우에는 30년, 3년 초과 10년 이하 징역 또는 금고형을 선고받은 경우 20년, 3년 이하 징역금고형 및 아동청소년성보호법에 따른 공개명령이 확정된 사람의 경우 15년, 신상정보 등록의 원인이 된 성범죄로 벌금형을 선고받은 사람의 경우 10년 등으로 공개 기간을 조정했다.

제10절 성충동약물치료법과 범죄자의 인권

1. 의의

「성폭력범죄자의 성충동 약물치료에 관한 법률(이하 "성충동약물치료법"; 일명 "화학적 거세법"이라고도 한다)」은 사람에 대하여 성폭력범죄를 저지른 성도착증 환자로서 성폭력 범죄를 다시 범할 위험성이 있다고 인정되는 사람에 대하여 성충동약물 치료를 실시하여 성폭력범죄의 재범을 방지하고 사회복귀를 촉진하는 것을 목적으로 2010년 6월 국회를 통과했다.[31)]

2. 대상자 및 청구절차

1) 대상자

성충동 약물치료 대상자는 사람에 대하여 성폭력범죄를 저지른 '성도착증 환자'로서 성폭력범죄를 다시 범할 위험성이 있다고 인정되는 19세 이상의 사람이다.

2) 청구절차

검사는 대상자 중에 '성도착증 환자'에 대해서 성폭력범죄를 다시 범할 위험성이 있다고 인정되는 사람에 대해서 법원에 치료명령을 청구할 수 있다. 또한 징역형 이상의 형이 확정되었으나 치료명령이 선고되지 아니한 수형자 중 성도착증 환자로서 성폭력범죄를 다시 범할 위험성이 있다고 인정되고 약물치료를

---

31) 본 법률의 인권침해에 논란에 관한 자세한 내용은 류병관, 성충동약물치료법에 관한 비교법적 고찰, 법학논총, 전남대학교 법학연구소, 2012.8, 435-443 참조 바람.

받는 것을 동의하는 사람에 대하여 법원에 치료명령을 청구할 수 있다.

* 재판시 치료명령 청구와는 달리 이미 형을 살고 있는 수형자에 대한 치료명령 청구는 수형자의 동의를 조건으로 하고 있는 것이 특징이다.

3. 성충동약물치료법 운영상 문제점

정부는 최근 사회적으로 알려진 몇 건의 '아동 성폭행 사건'을 계기로 성폭력범죄를 예방하고 성폭력범죄자들의 처벌 수위를 강화하기 위한 법제도적 장치들을 강화해 왔다. 대표적으로 전자발찌제도 도입(2007), 아동성폭력범죄의 법정형 상향(2008), 신상공개제도 및 우편고지제도 도입(2010) 등이 있으며, 특히 2010년을 기점으로 국민여론에 편승하여 형법, 형사소송법 및 특별법의 제정 또는 개정을 통하여 형사사법의 전분야에 걸쳐 엄벌주의 입법을 강화하였다. 이러한 형사입법들 중 가장 극약처방이라고 할 수 있는 것이 실효성 및 인권침해와 관련한 위헌성 논란을 불러일으키고 있다.

특히 치료적 보안처분의 성격이지만 본인의 동의없이 강제적으로 약물이 주입된다는 측면에서 비인간적 처벌로서 인격권침해가 크다고 볼 수 있다. 또한 주입되는 약물성분에 대한 안전성이 검증되지 않아 부작용의 피해도 클 수 있다는 문제가 있다.[32)]

32) 「성충동 약물치료에 관한 법률 시행규칙」의 '약물치료설명서'에 의하면, 약물치료의 부작용으로 "두드러기, 주사부위 통증 또는 육아종(肉芽腫) 형성, 두통, 오심, 무력증, 졸음증, 불면, 다리 저림, 안면홍조, 발한, 호흡곤란, 근육통, 체중 증가, 부종, 혈압 상승, 당뇨, 간기능 장애, 전해질 이상, 여성형 유방, 체모성장 감소, 우울증후군, 정신과적 변화, 정액 이상, 발기부전, 고환크기 감소, 부신 억제, 쿠싱증후군, 뇌하수체 기능 부전, 뇌하수체 출혈, 혈색전증, 폐색전증(뇌경색, 심근경색, 폐색전), 골밀도 감소 등" 30개 이상의 부작용이 나타날 수 있다고 설명하고 있다.

4. 헌법상 인권침해 여부 논의

1) 2013년 2월 8일 대전지방법원 위헌법률심판 제청

화학적 거세가 "본인 동의를 구하지 않고 법원의 명령에 따라 강제적으로 집행된다는 점, 형벌을 강화해도 성폭력 방지는 어려우며, 치료비용에 비해 효과가 제한적이며 검증된 연구결과가 없다는 의견을 밝히면서 화학적 거세법이 자기결정권이나 신체를 훼손하지 않을 권리 등 헌법에 보장된 기본권을 침해할 소지가 있다는 취지"라는 입장을 나타냈습니다.

2) 2015년 12월 23일 헌법재판소 합헌 결정(합헌 6 : 위헌 3)

헌법재판소는 성폭력범죄자의 약물치료에 관한 법률 제4조 제1항[33]에 대해 재판관 6(합헌)대 3(위헌)의 의견으로 합헌 결정했다. 헌재는 "해당 조항들은 성폭력범죄의 재범을 방지하고 범죄로부터 국민을 보호하고자 하는 것으로 입법 목적은 정당하다"고 판단했다. 또한 "성충동 약물치료는 성도착증 환자의 성적 환상이 충동 또는 실행으로 옮겨지는 과정의 핵심에 있는 남성호르몬의 생성 및 작용을 억제해 성도착증 환자의 성폭력범죄 재범을 억제하는 것으로 수단의 적절성이 인정된다"고 설명했다. 반면 성충동약물치료법 제8조 1항[34]에 대해서는 재판관 6(헌법불합치)대 3(위헌) 의견으로 헌법불합치 결정을 내렸다. 그 이유는 첫째, 치료명령의 선고시점과 집행시점 사이에 상당한 시간적 차이가 존재해 집행시점에서 치료의 필요성이 없어진 때에 불필요한 치료를 배제할 수 있는 절차가 없는 상태에서 선고 시점 판단으로 치료명령을 선고하도록 한 점에서 과잉금지원칙에 위배된다는 것이다. 둘째 장기간의 형 선고로 치료명령의 선고

33) 검사는 사람에 대하여 성폭력범죄를 저지른 성도착증 환자로서 성폭력범죄를 다시 범할 위험성이 있다고 인정되는 19세 이상의 사람에 대하여 약물치료명령을 법원에 청구할 수 있다.

34) 성폭력범죄자의 약물치료에 관한 법률 제8조 제1항 법원은 검사가 약물치료명령을 청구한 경우 이를 받아들인 때에는 15년의 범위에서 치료기간을 정해 판결로 치료명령을 선고할 수 있다.

시점과 집행 시점의 상당한 시간적 차이로 집행 시점에서 발생할 수 있는 불필요한 치료와 관련해서는 침해되는 당사자의 사익이 공익보다 크다고 볼 수 있으므로 법익균형성을 인정하기 어렵다는 것이다.[35)]

* [동성애자로서 '화학적 거세'처분을 받고 부작용으로 자살한 튜링]

"사회는 나에게 여자로 변하도록 강요했으므로 나는 가장 순수한 여자가 선택할만한 방식의 죽음을 택한다." 앨런튜링(1912-1954)

찬성 포인트

- 피해자 인권과 성범죄 예방 및 재발 방지 우선 고려해야
- 약물치료 동의하는 가해자는 오히려 치료 필요 없는 경우
- 성충동 약물치료 선행돼야 부작용 관련 연구 가능
- 성범죄자 유형별 과학적 분류·관리 필요

반대 포인트

- 교화 없는 화학적 거세는 재범 방지 어려워
- 당사자 동의 요건은 피고인의 인권뿐 아니라 재범 방지를 위해 필수적
- 동의를 이끌어내는 교정·교화 선행돼야
- 현행법상 치료 명령 요건 대상 범위가 유럽 등의 기준에 비해 넓음

---

35) 헌법재판소는 헌법불합치 결정을 내리면서도 법적 혼란을 방지하기 위해 2017년 12월 31일까지 관련법을 개정하도록 시한을 정하고 그때까지 현행 규정을 계속 적용하도록 하였다(김승모 기자, "헌재, '화학적 거세' 합헌 ...법 치료명령 '헌법불합치'", 서울 뉴스시, 2016. 12.28., http://www.newsis.com 2017.6.19 15:00접속).

'화학적 거세(去勢)' 성범죄방지를 위한 근본적인 대책이 아니다.

현대의 형벌관은 범죄원인에 있어 사회적 책임을 강조하고 형벌은 범죄인에 대한 교화 · 치료를 통하여 다시 사회에 복귀시킨다는 재사회화(Rehabilitation)에 의미를 둠으로서 국가형벌권의 정당성을 확보하고 있다.

우리 사회는 조두순사건 이후 아동성폭행범죄에 대한 관심이 고조되기 시작하여 김길태사건을 계기로 과잉금지의 원칙 및 소급효금지의 원칙에 반한다는 비판에도 불구하고 성폭력범죄자를 처벌을 위한 다양한 입법을 제정하기에 이르렀다. 또한 최근에는 김수철사건을 계기로 성범죄자에 대한 형벌로서 '화학적 거세(去勢)'를 인정하려는 움직임이 일고 있다. 이러한 일련의 흐름은 목적형주의 교정의 실패를 인정하고 다시 응보형주의로 회귀하는 느낌을 갖게 한다.

아동성폭력범죄에 대해 온 국민이 분노하는 것은 당연한 것이다. 특히 자식을 가진 부모의 입장이라면 가해자에게 화학적 거세라는 형벌을 부과하는 것도 부족하며 당장 사형시키는 것이 마땅하다고 생각할 것이다. 그러나 형벌의 본질과 의미를 되새겨 본다면 신중해 질 수밖에 없다. "화학적 거세"는 다음과 같은 문제점을 안고 있기에 그 도입을 반대한다.

첫째, 형벌의 역사를 거꾸로 되돌릴 수 있다. 최근 전세계적으로 정부의 '교정행정'의 실패를 응보형주의의 부활을 통한 엄벌주의로 전환을 통해 그 책임을 국가가 아닌 범죄자에게로 돌리려 하고 있다는 점이다. 현대교정이 실패했다고 해서 과거 실패한 교정으로 돌아갈 수는 없는 것이다. 현대교정의 문제점을 파악하고 개선방안을 마련해야 할 것이다.

둘째, '화학적 거세'라는 신체에 대한 형벌은 현대문명사회에서 인정될 수 없으며, 나아가 장래의 위험성을 제거하기 위한 보안처분으로서도 그 기능 및 효과도 회의적이다. 왜냐하면 이는 궁극적으로 범죄성향을 일시적으로 약물에 의해 정지시키는 효과만이 있을 뿐이며, 반면 호르몬 주입을 통해 만성피로, 우울증, 두통, 간기능 장애 등 다양한 부작용도 발생할 수 있다는 점에서 다른 문제점을 발생시킬 수 있기 때문이다.

셋째, 실질적으로 단기적인 범죄예방정책에 지나지 않는다. 대부분의 성폭행범은 왜곡된 성의식을 가지고 있으며 자신의 범죄가 발각되고 처벌받을 것을 예상하지 않는다는 점이다. 따라서 성폭력범죄자에 대한 심리치료 및 범죄로 인해 피해의 심각성을 깨닫게 하는 것이 더욱 필요할 것이다.

결론적으로, 아동성폭력범죄를 줄이기 위해서는 처벌보다는 예방에 중점을 두어야 할 것이다. 즉 범죄기회를 박탈하는 것이 중요하다. 우리 사회환경을 성폭력범죄자가 발생하지 않도록 변화시켜야 하며, 나아가 성폭력범죄의 욕구가 있는 자가 있어도 이들이 쉽게 범죄를 저지르지 않도록 사회안전망을 갖추는 것이 더욱 필요하다. 이러한 측면에서 전자발찌제도의 활성화, 스쿨존 및 어린이 보호구역에 대한 CCTV 등 안전망 확보가 필요하다. 특히 아동성범죄전과자에 대한 신상공개의 확대가 우선시 되어야 한다. 미국의 경우처럼 아동성범죄전과자는 퇴소 후 1주일 이내에 주거지를 관할하는 경찰서장에게 신고를 의무화하도록 하고, 경찰서장은 범죄자의 인적사항 및 범죄내용을 포함한 신상정보를 지역주민에게 통지하도록 하는 장치가 필요하다.

자식을 가진 국민의 한 사람으로서는 '화학적 거세' 이상의 더욱 가혹한 형벌 및 보안처분의 도입도 찬성하지만, 형법을 공부한 학자의 한 사람으로서는 반대한다. 왜냐하면 형벌 및 보안처분은 일시적인 감정에 의해 부과될 수 없으며 항상 그 정당성이 확보될 수 있을 때에만 부과될 수 있는 '최후수단'이기 때문이다.

〈 2007년 신문투고 사설 〉

제11절 동성애는 범죄인가? 성소수자의 인권

1. 동성애는 범죄인가?

1) 개념

동성애 개념에 앞서 성소수자의 개념을 파악하는 것이 우선일 것이다. 성소수자란 성적 지향에 따른 소수자집단으로서 이성애 중심사회에서 주류를 차지하고 있는 이성애자 이외의 성 정체성을 가진 모든 사람들을 의미한다. 성소수자(Sexual Minority)는 일반적으로 여성 동성애자 레즈비언(Lesbian), 남성동성애자 게이(Gay), 양성애자(Bisexual), 성전환자(Transgender),[36] 퀴어(Queer)[37]를 모두 의미하며 보통 LGBTQ로 줄여서 쓰고 있다.

2) 역사(범죄에서 비범죄화로의 변화 과정)[38]

14세기 서유럽 대부분의 국가에서는 동성애를 소도미 범죄(sodomy crime)로 규정하고 화형에 처했으며, 영국의회는 1533년부터 동성애를 사형에 해당하는 범죄로 취급하였다. 영국의 식민지였던 미국동부 13개주는 1775년 독립전쟁 전까지 동성애자를 사형에 처했다. 이러한 영향으로 미국은 1961년까지 모든 주가 동성애를 소도미범죄(sodomy crime)로 규정하고 처벌한 역사를 가지고 있다.

---

36) 트랜스젠더는 주로 자신의 육체적 성과 정신적 성이 일치하지 않는다고 받아들이는 경우를 의미하며, 남성에서 여성으로 여성에서 남성으로 자신의 육체적 성을 전환하는 것을 말한다.

37) 퀴어는 자신의 성적 정체성을 확정짓지 못하고 유동적으로 보는 것을 의미하며 Questioning이라고도 한다.

38) 자세한 내용은, 류병관, "미국형사절차상 동성애 피해자 보호에 관한 연구", 「비교형사법연구」, 한국비교형사법학회, 2016, 298~300면 참조.

이후 미연방대법원은 마침내 2003년 Lawrence사건에서 동성애를 처벌하는 텍사스 주법은 위헌이라고 판결함으로서 동성애행위를 수정헌법 제14조가 보장하는 자유의 행사로 보았다.[39] 이후 미국은 동성결혼권리의 합법화 등 급속한 속도로 동성애자 인권를 보호해 나가고 있다.

2. 우리나라의 동성애 인권침해 현실

1) 동성애 혐오감

우리 사회는 동성애에 대해 혐오감정을 가지고 있으며,[40] 실제 동성애자들은 여러 형태로 차별받고 있는 것이 현실이다. 최근 동성애 결혼 관련사건에서도 쉽게 찾아볼 수 있는데, 2013년 김조광수와 김승환의 동성결혼과 관련하여 국회의사당 앞에서 찬성과 반대 기자회견이 동시에 열렸으며, 9월 7일 이들의 결혼식에서 오물 투척 사건까지 벌어졌다. 또한 이후 국회에서 수차례 발의되었던 「동성애차별금지법」에 대한 반대시위 및 종교계의 언론을 통한 동성애혐오 광고는 우리 사회가 동성애자에 얼마나 깊은 부정적인 시각을 가지고 있는지 그 일면을 확실하게 보여주고 있다.[41]

이러한 이유로 우리나라 국민들 가운데 74%는 동성애를 정상적이지 않은 사랑으로 알고 있으며, 나머지 26%도 어쩌면 그들이 알고 있다고 머릿속으로 생각하는 것과 달리 그들의 몸은 실제로 74%의 사람들처럼 생각하고 있을 것이라고 주장한다.[42]

---

39) 박승호, "미국헌법상 동성애자의 권리-Romer사건과 Lawrence사건 검토를 중심으로-", 「미국헌법연구」 22권 제2호, 미국헌법학회, 2011, 203-242면.

40) 동성애 혐오감정에 관한 주요 연구논문은, 허호익, "동성애에 관한 핵심 쟁점 -범죄인가, 질병인가, 소수의 성지향인가?", 「장신논단」 제38집, 기독교사상과 문화연구원, 2010.9.; 고상균, "웃고 있는 그대! 진정 무엇을 이유로 삭제하려는가? -차별금지법 입법과정에서 나타난 개신교 동성애 혐오의식의 문제점-", 「시대와민중신학」 제10집, 제3시대 그리스도교연구소, 2008. 4. 등이 있다.

41) 머니투데이, "위기의 '차별금지법'…"동성애합법화 막아야 한다?", 2016. 2. 10; 국민일보, "차별금지법, 정부가 '동성애는 정상' 강요하는 셈", 2016. 3. 9.

시적 정의(Poetic Justice), 정치적 감정(Political Emotions) 등을 저술한 미국의 세계적인 법철학자인 마사 누스바움(Martha C. Nussbaum)은 "혐오는 원치 않는 변화가 두려워 '마녀'같은 탓할 상대를 찾는 것이다"라고 정의하고 있다 (자세한 내용은 경향신문, "세계 여성 지성과의 대화" (6) 마사 누스바움, 2017.06.12. (http://m.khan.co.kr/view.html)참조).

3. 군형법상 동성애 형사처벌

우리 군형법 제15장[강간과 추행의 죄] 제92조의6(추행)는 "제1조 제1항부터 제3항까지에 규정된 사람에 대하여 항문성교나 그 밖의 추행을 한 사람은 2년 이하의 징역에 처한다"라고 규정하여 게이 동성애를 범죄로 처벌하고 있다.

1) 군형법상 동성애 처벌규정 변화과정

1962년 제정된 군형법 92조(추행)에는 "계간 기타 추행을 한 자는 1년 이하의 징역에 처한다"고 규정하였다. 이후 2002년 헌법재판소에서 7대2로 합헌 판결이 나왔고, 2009년 11월 2일 동조항을 개정하여 "계간이나 그 밖의 추행을 한 자는 2년 이하의 징역에 처한다"로 수정하였다. 가장 최근 2011년 헌법재판소는 다시 군형법상 동성애 처벌에 대한 위헌여부를 심판하였는데 5대4로 합헌 판결을 내렸다. 마지막으로 2013년 4월 5일 현재 군형법 조항으로 수정되게 되었다.

---

42) 김광식, "인지문화철학으로 되짚어 본 동성애 혐오: 동성애 혐오의 인지생물학적, 사이버네틱스적 해부", 「사회와 철학」 제26집, 사회와 철학 연구회, 2013, 260-261면. 즉 동성애를 이해한다고 생각하는 26%도 실제 동성애 상황을 직면하게 되면 그들이 말하는 것과 달리 행동은 동성애에 대한 혐오반응을 보일 수 있다는 것으로 우리나라 국민의 90% 이상이 동성애에 대한 부정적인 시각을 가지고 있다고 보는 것이다.

4. 헌법상 인권침해 여부 논의

1) 헌법재판소의 판결문

【판단 기준】

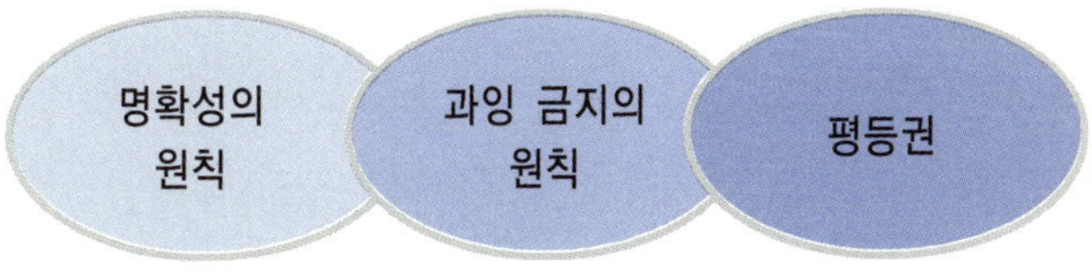

헌법재판소, '동성애 처벌 軍형법' 합헌 판결

헌법재판소는 28일 동성 간의 성행위가 아닌 추행을 했을 경우에도 형사처벌토록 한 군형법 조항이 헌법에 어긋나지 않는다고 판결했다. 9명의 재판관 중 5명이 합헌, 4명이 위헌 의견을 냈다. 이번 결정으로 동성애자들을 중심으로 군대 내 동성애 처벌 조항을 없애려는 시도는 무위로 돌아갔다.

헌법소원 대상이 된 구 군형법 제92조의5(2013년 군형법 개정으로 92조의6으로 이동)에는 "계간(항문성교)이나 그 밖의 추행을 한 사람은 2년 이하의 징역에 처한다"고 명시돼 있다. 이번 결정은 군복무 중 후임병의 성기를 만지는 등 성추행을 한 혐의로 징역 6월, 집행유예 1년의 실형을 신고받은 A씨가 제기한 헌법소원 사건이다. A씨는 항소심 재판 도중 군형법 92조 5항에 대해 "강제추행 여부 등을 명확하게 규정하지 않아 죄형법정주의에 위배된다"며 법원에 위헌법률심판제청을 신청했으나 받아들여지지 않자 2012년 헌법소원을 냈다.

헌재는 결정문에서 "'그 밖의 추행'은 객관적으로 일반인에게 혐오감을 일으키고 선량한 성적 도덕관념에 반하는 동성 군인 사이의 성적 만족 행위로 군이라는 공동사회의 건전한 생활과 군기를 침해하는 것을 의미한다"며 "이 조항은 **죄형법정주의에 위배되지 않는다**"고 밝혔다. 또 "동성 군인 사이의 성적 만족행위를 금지하고 형사처벌하는 것은, 군이라는 공동사회의 건전한 생활과 군기의 확립이라는 입법목적을 달성하기 위한 적절한 수단이므로 **과잉금지원칙에도 위배되지 않는다**"고 설명했다.

이어 "해당 조항으로 인해 동성 군인이 이성 군인에 비해 차별취급을 받게 된다 해도 군의 특수성과 전투력 보전이라는 점을 감안하면 차별에 합리적 이유가 있다"면서 **"평등원칙에도 위배되지 않는다"**고 밝혔다.

반면 위헌 의견을 낸 재판관들은 "해당 조항은 추행의 강제성 여부와 음란행위의 정도와 객체, 시간, 장소 등에 관해 구체적 기준을 정하지 않고, 포괄적인 용어만을 사용해 자의적 법해석 가능성을 초래한다"고 이유를 밝혔다. 헌재는 2011년에도 이 조항에 대해 합헌 결정을 내린 바 있다.

〈 이사야 기자, 국민일보 (http://news.kmib.co.kr)(2016.7.28. 접속 2017. 6. 25.〉

2) 평가

강제성이 수반되지 않는 추행행위는 그 불법성을 인정하기 어렵다는 점에 군형법상 동성애 처벌규정은 형사정책적으로 비범죄화하는 것이 마땅하다. 최근 헌법재판소의 합헌판결이 있었기에 바로 동법을 폐지하기까지는 현실적으로 시간이 걸릴 것으로 판단되므로, 당장 동성애자 군복무자들이 겪는 인권차별과 고통을 극복할 수 있는 제도적 장치를 마련해야 할 것이다.

"인권은 다수결에 의해서 정해지지 않는다"

제12절 형법상 뇌물죄와 '김영란법'

1. 의의

최근 국민의 관심사항 중 하나가 「부정청탁 및 금품 등 수수의 금지에 관한 법률(일명 '김영란법')」에 관한 사항이다. 이 법은 2012년 김영란 전 국가권익위원장이 추진했던 법안으로 공무원이 직무관련성이 없는 사람에게 100만원 이상의 금품이나 향응을 받으면 대가성이 없어도 형사처벌을 할 수 있도록 하는 내용이다. 공직자뿐만 아니라 언론사의 대표자와 임직원, 사립학교와 유치원의 임직원도 직무 관련성이나 대가성에 상관없이 본인이나 배우자가 100만원을 넘는 금품 또는 향응을 받으면 무조건 형사처벌을 받게 되어 있다.[43)]

2. 입법취지 및 주요내용

1) 입법취지

공직자의 부패·비리사건으로 인하여 공직에 대한 신뢰 및 공직자의 청렴성이 위기상황에 직면해 있으나 이를 효과적으로 규제하기 위한 제도적 장치가 미비한 상태이었다. 따라서 공직자 등의 공정한 직무수행을 저해하는 부정청탁 관행을 근절하고, 공직자 등의 금품 등의 수수행위를 직무관련성 또는 대가성이

---

43) 다만 상조회, 동호인회, 동창회, 향우회, 친목회의 구성원 등 지속적 친분관계를 맺은 사람이 질병이나 재난으로 어려운 처지에 놓인 공직자에게 제공하는 금품이나, 공직자 직무와 관련된 행사에서 주최자가 통상적인 범위에서 참석자에게 제공하는 교통·숙박·음식 등은 수수 금지 대상에서 제외했다. 또 공직자의 배우자가 금품을 받을 경우에도 반환 또는 인도하거나, 거부 의사를 표시하면 처벌 또는 과태료 부과 대상에서 제외된다.

없는 경우에도 제재가 가능하도록 하여 공직자 등의 공정한 직무수행을 보장하고 공공기관에 대한 국민의 신뢰를 확보하기 위해 제정되었다.[44)]

2) 주요내용

(1) 공직자 등에 대한 부정청탁의 금지

누구든지 직접 또는 제3자를 통하여 직무를 수행하는 공직자 등에게 부정청탁을 하지 못하도록 하고, 부정청탁을 받은 공직자 등이 거절하는 의사를 명확히 표시한 후에도 부정청탁이 계속되는 경우에는 소속기관장에게 신고하도록 한다.

(2) 공직자 등의 금품 등의 수수 금지

공직자 등이 직무 관련 여부 및 기부・후원・증여 등 그 명목에 관계없이 동일인으로부터 1회에 100만원 또는 매 회계연도에 300만원을 초과하는 금품 등을 받은 경우에는 3년 이하의 징역 또는 3천만원 이하의 벌금에 처하고, 직무와 관련하여 대가성 여부를 불문하고 1회에 100만원 이하의 금품 등을 받은 경우에는 해당 금품 등 가액의 2배 이상 5배 이하에 상당하는 금액의 과태료를 부과하도록 하였다.

(3) 위반행위 신고 및 신고자 등의 보호

누구든지 이 법의 위반행위가 발생하였거나 발생하고 있다는 사실을 알게 된 경우에는 피신고자가 소속된 공공기관, 감독기관, 감사원, 수사기관 또는 국민권익위원회에 신고할 수 있도록 하였다.

부정청탁을 신고한 공직자 등, 수수 금지 금품 등을 신고・인도한 공직자 등 또는 이 법 위반행위를 신고한 자 등에 대하여 불이익조치 금지, 신분 비밀보호, 책임감면 등의 보호장치를 마련하였다.

---

44) 이러한 계기를 만들어낸 대표적인 사건이 '벤츠여검사 사건'이다. 이 사건은 여검사가 내연관계인 변호사로부터 벤츠 승용차를 받고 동료 검사에게 청탁까지 했지만, '사랑의 정표'라는 이유로 이른바 벤츠 여검사는 무죄를 선고받았다. 또 건설업자로부터 향응과 접대를 받은 검사들도 '직무와 관련성'이 없다는 이유로 무죄판결을 받았다. 이러한 비상식적이고 잘못된 현실을 바로 잡고자 '김영란법'이 제정되게 되었다.

3. 현행 형법상 뇌물죄와 김영란법 비교

구 분	현행법	김영란법
적용대상	▸ 형법상 수뢰죄 : 공직자	▸ 공직자, 공공기관, 언론인, 사립학교 교원 등
직무관련성, 대가성 요건	▸ 형법 : **직무상 관련된 뇌물 수수 처벌** ▸ 특가법 제3조 : 공무원의 **직무와 관련한 알선 처벌**	▸ 100만원 초과 : **직무관련성, 대가성 불문 처벌** ▸ 100만원 이하 : **직무관련성 있으면 과태료**
적용대상, 공직자 가족 범위	▸ 형법 : 별도규정 없음 ▸ 특가법 제3조 : 친인척이 특가법 제3조 해당시 처벌 ▸ 공무원의 신고의무에 대해서는 규정 없음	▸ '배우자'로 한정 ▸ 공직자가 알고도 신고 안하면 공직자 처벌
부정한 청탁 처벌 여부	▸ 금품수수와 결부되어야만 처벌 가능	▸ 국민 모두에 부정 청탁 금지 의무부과 ▸ 제3자를 위한 청탁은 그 자체 만으로도 과태료 대상

현행 형법과 김영란법을 비교해 보면 위 표와 같이 우선 적용대상의 범위가 확대되었으며, 적용범위에서도 직무관련성과 대가성 유·무에서 차이가 있다. 즉 김영란법은 직무관련성과 대가성이 없더라도 처벌대상이 된다는 것이다. 따라서 전반적으로 볼 때 현행 형법이나 특가법 보다는 법 적용대상이나 적용범위가 확대되었음을 알 수 있다.

4. '김영란법' 관련 헌법재판소 판결

대한변호사협회가 '김영란법'에 대해 헌법소원심판을 청구했다. 국회 본회의를 통과(2015. 3. 3.)한지 불과 이틀만이다.[45]

45) 관련기사 연합뉴스, 변협, 김영란법 헌소 제기..."언론통제 악용가능성"(2015. 3. 5.; 2017. 6. 23 접속http://www.yonhapnews.co.kr/bulletin/2015/03/05/).

【'김영란법' 헌법소원심판청구 관련 조문】

제2조(정의) 이 법에서 사용하는 용어의 뜻

1. "공공기관"이란 다음 각 목의 어느 하나에 해당하는 기관 · 단체를 말한다.

   마.「언론중재 및 피해구제 등에 관한 법률」 제2조 제12호에 따른 언론사

2. "공직자 등"이란 다음 각 목의 어느 하나에 해당하는 공직자 또는 공적 업무 종사자를 말한다.

➟ **언론의 자유와 평등권 침해(민간언론을 대상에 포함)**

제5조(부정청탁의 금지) ① 누구든지 직접 또는 제3자를 통하여 직무를 수행하는 공직자 등에게 다음 각 호의 어느 하나에 해당하는 부정청탁을 해서는 아니 된다.

7. 그 밖에 사회상규에 위배되지 아니하는 것으로 인정되는 행위

➟ **명확성의 원칙에 반함(부정청탁의 개념)**

제9조(수수 금지 금품등의 신고 및 처리)

② 공직자 등은 자신이 수수 금지 금품 등을 받거나 그 제공의 약속이나 의사표시를 받은 경우 또는 자신의 배우자가 수수 금지 금품 등을 받거나 그 제공의 약속이나 의사표시를 받은 사실을 알게 된 경우에는 이를 제공자에게 지체 없이 반환하거나 반환하도록 하거나 그 거부의 의사를 밝히거나 밝히도록 하여야 한다. 다만, (이하 생략).

제22조(벌칙) ① 2. 자신의 배우자가 제8조 제4항을 위반하여 같은 조 제1항에 따른 수수 금지 금품 등을 받거나 요구하거나 제공받기로 약속한 사실을 알고도 제9조 제1항 제2호 또는 같은 조 제6항에 따라 신고하지 아니한 공직자 등(제11조에 따라 준용되는 공무수행사인을 포함한다).다만, (이하 생략).

제23조(과태료 부과) ⑤ 2. 자신의 배우자가 제8조 제4항을 위반하여 같은 조 제2항에 따른 수수 금지 금품 등을 받거나 요구하거나 제공받기로 약속한 사실을 알고도 제9조 제1항 제2호 또는 같은 조 제6항에 따라 신고하지 아니한 공직자 등(제11조에 따라 준용되는 공무수행사인을 포함한다). 다만,(이하 생략).

➟ (제9조, 제22조, 제23조) **양심의 자유 및 자기책임의 원칙에 위반.**

☞ **2016년 7월 28일 합헌 결정**

김영란법 합헌, 정치권 수긍…산적 문제 골몰

(아시아뉴스통신= 박규리기자, 곽정일기자 박규리기자,)　　　　기사입력 : 2016년 08월 01일 09시 49분

헌법재판소 대심판정./아시아뉴스통신 DB

헌법재판소가 지난달 28일, 부정청탁 및 금품 등 수수의 금지에 관한 법률(김영란 법)과 관련해 합헌 결정을 내리면서 정치권은 일제히 수긍하는 모습을 보였지만 시행을 앞두고 해결해야 할 문제가 많다.

현재는 논란이 됐던 ▲ 김영란법 적용 대상에 언론인, 사립학교 관계자 적용 대상 포함, ▲ 배우자가 금품수수한 경우 신고하도록 한것, ▲ 식사 3만 원, 선물 5만 원, 경조사비 10만 원(3·5·10조항)을 법률에 명시하지 않고 대통령령에 위임해 정하도록 한것, ▲ 부정청탁 개념의 모호성 의 4가지에 대해서 모두 합헌으로 결정했다.

"젊은이는 태만해서는 안 된다. 보다 더 뛰어나고 빛나는 삶을 펼쳐가겠다는 뜻을 품고 **열심히 노력해야만 한다.** 무엇을 하든지 **적극적**이고 **역동적**이고 **창의적**인 자세로 해라 !"

-필립체스터드의 '**아무도 네 인생을 대신 살아주지 않는다**' 본문 중에서

부　록

[별첨 1]

세계인권선언 (1948. 12. 10)

제1조 모든 사람은 태어날 때부터 자유롭고, 존엄성과 권리에 있어서 평등하다. 사람은 이성과 양심을 부여받았으며 서로에게 형제의 정신으로 대하여야 한다.

제2조 모든 사람은 인종, 피부색, 성, 언어, 종교, 정치적 또는 그 밖의 견해, 민족적 또는 사회적 출신, 재산, 출생, 기타의 지위 등에 따른 어떠한 종류의 구별도 없이, 이 선언에 제시된 모든 권리와 자유를 누릴 자격이 있다.

제3조 모든 사람은 생명권과 신체의 자유와 안전을 누릴 권리가 있다.

제4조 어느 누구도 노예나 예속상태에 놓여지지 아니한다. 모든 형태의 노예제도 및 노예매매는 금지된다.

제5조 어느 누구도 고문이나, 잔혹하거나, 비인도적이거나, 모욕적인 취급 또는 형벌을 받지 아니한다.

제6조 모든 사람에게는 법에 앞서 어느 곳에서나 자연인으로서 인정받을 권리가 있다.

제7조 모든 사람은 법 앞에 평등하고, 어떠한 차별도 없이 법의 평등한 보호를 받을 권리를 가진다.

제8조 모든 사람은 헌법 또는 법률이 부여하는 기본권을 침해하는 행위에 대하여 담당 국가법원에 의하여 효과적인 구제를 받을 권리를 가진다.

제9조 어느 누구도 자의적으로 체포되거나 구금되거나 추방되어서는 안 된다.

제10조 모든 사람은 자신의 권리와 의무에 대한 결정과 자신에게 불리한 모든 형사상의 책임에 대한 결정이 내려질 때, 독립적이고 공평한 사법 재판소에서 공정한 공개 심리를 완전히 평등하게 받을 권리를 가진다.

제11조 1. 형사범으로 혐의를 받고 있는 피의자는 자신의 변호에 필요한 모든 보증인이 보장된 공개 심리에서 법률에 따라 유죄가 입증될 때까지 무죄로 추정될 권리를 가진다. 2. 어느 누구도 행위를 했던 시점에 국내법이나 국제법에 따라 범죄를 구성하지 않는 행위를 이유로 형사범으로 인정되어서는 안 된다. 또한 범죄 행위가 저질러진 시점에 적용될 수 있었던 형벌보다 무거운 형벌이 부과되어서는 안 된다.

제12조 어느 누구도 자신의 사생활이나 가족이나 가정이나 통신에 대해 자의적인 간섭을 받거나 자신의 명예와 명성에 대한 비난을 받아서는 안 된다. 모든 사람에게는 그러한 간섭이나 비난에 대해 법의 보호를 받을 권리가 있다.

제13조 1. 모든 사람에게는 자국 내에서 이동하고 거주할 수 있는 자유를 요구할 권리가 있다. 2. 모든 사람에게는 자국을 포함하여 어떠한 나라든지 떠났다가 자국으로 되돌아올 수 있도록 요구할 권리가 있다.

제14조 1. 모든 사람에게는 박해를 피해 다른 나라에 망명을 요청하고 망명 생활을 할 수 있도록 요구할 권리가 있다. 2. 이러한 권리는 비정치적 범죄나 국제 연합의 목적과 원칙에 위배되는 행위로 인해 기소된 경우에는 주장될 수 없다.

제15조 1. 모든 사람에게는 국적을 요구할 권리가 있다. 2. 어느 누구도 자의적으로 자신의 국적을 박탈당해서는 안 되며, 자신의 국적을 변경할 권리가 부정되어서는 안 된다.

제16조 1. 성인 남녀에게는 인종이나 국적이나 종교에 따른 어떠한 제약에도 구애받지 않고 결혼하여 가정을 이룰 수 있도록 요구할 권리가 있다. 그들은 결혼 생활 동안과 이혼시에 결혼에 관한 권리와 동등한 권리를 가진다. 2. 결혼은 장차 배우자가 되길 바라는 사람의 자유롭고 완전한 동의 하에서만 성립된다. 3. 가족은 자연적이고 기초적인 단위의 사회 집단이며, 사회와 국가에 의해 보호받을 권리를 가진다.

제17조 1. 모든 사람에게는 단독으로 재산을 소유할 뿐만 아니라 남과 공동으로 재산을 소유할 수 있도록 요구할 권리가 있다. 2. 어느 누구도 자의적으로 자신의 재산을 박탈당해서는 안 된다.

제18조 모든 사람에게는 사상과 양심과 종교의 자유를 요구할 권리가 있다. 이러한 권리는 자신의 종교나 신념을 바꿀 수 있는 자유를 포함함과 동시에, 가르침과 의식과 예배를 진행할 때 자신의 종교나 신념을 혼자서나 남과 공동으로 또한 공개적으로나 비밀리에 표방할 수 있는 자유를 포함한다.

제19조 모든 사람에게는 의사와 표현의 자유를 요구할 권리가 있다. 이러한 권리는 간섭 없이 의견을 가질 자유를 포함함과 동시에, 국경에 관계없이 모든 매체를 통해 정보와 이념을 추구하고 획득하고 전달하는 자유를 포함한다.

제20조 1. 모든 사람에게는 평화적 집회와 결사의 자유를 요구할 권리가 있다. 2. 어느 누구도 어떤 결사에 참여하도록 강요받아서는 안 된다.

제21조 1. 모든 사람에게는 직접 또는 자유로이 선출된 대표를 통해 자국의 정부에 참여할 수 있는 권리가 있다. 2. 모든 사람은 자국에서 동등한 공무 담임권을 가진다. 3. 국민의 의지가 정부 권력의 기반이 되어야 한다. 이러한 의지는 보통 선거권과 평등 선거권에 따라 비밀 투표나 그에 상응하는 자유로운 투표 절차에 의해 정기적으로 실시되는 올바른 선거를 통해 표현된다.

제22조 모든 사람에게는 사회의 일원으로서 사회 보장을 요구할 권리가 있으며, 국가적 노력과 국제적 협력을 통해, 또한 각국의 조직과 자원에 따라 자신의 존엄성과 자신의 인격의 자유로운 발전에 필수불가결한 경제적이고 사회적이고 문화적인 권리들을 실현할 자격이 있다.

제23조 1. 모든 사람에게는 노동, 자유로운 직업 선택, 적절하고 알맞은 노동 조건, 실업에 대한 보호를 요구할 권리가 있다. 2. 모든 사람에게는 아무런 차별 없이 동일한 노동에 대해 동등한 보수를 요구할 권리가 있다. 3. 노동을 하는 모든 사람에게는 자신과 가족에게 인간의 존엄한 존재 가치를 보장하고, 필요한 경우에 여타의 사회적 보호 수단에 의해 보완되는 적절하고 알맞은 보수를 요구할 권리가 있다. 4. 모든 사람에게는

자신의 이익을 보호하기 위해 노동조합을 조직하고 참여할 수 있도록 요구할 권리가 있다.

제24조 모든 사람에게는 노동 시간의 합리적 제한과 정기적인 유급 휴가를 포함하여 휴식과 여가를 요구할 권리가 있다.

제25조 1. 모든 사람에게는 의식주와 의료와 필요한 사회 복지를 포함하여 자신과 가족의 건강과 복지에 적합한 생활수준을 요구할 권리가 있으며, 실업이나 질병이나 장애나 배우자의 사망이나 노령이나 불가항력적인 여타의 상황 속에서 겪는 생계 곤란을 당한 경우에 사회 보장을 요구할 권리가 있다. 2. 어머니와 아동에게는 특별한 보호와 지원을 요구할 권리가 있다. 모든 아동은 적출이든 서출이든 관계 없이 사회적으로 동등하게 보호를 받아야 한다.

제26조 1. 모든 사람에게는 교육을 요구할 권리가 있다. 교육은 최소한 기본적이고 기초적인 단계에서 무상으로 실시되어야 한다. 초등 교육은 의무적으로 실시되어야 한다. 기술 교육과 직업 교육을 일반적으로 받을 수 있어야 하며, 능력에 따라 누구나 동등하게 고등 교육을 받을 수 있어야 한다. 2. 교육은 인격을 완전하게 발달시킴과 동시에 인권과 기본적 자유에 대한 존경심을 강화하는 방향에서 실시되어야 한다. 교육은 모든 국가나 인종이나 종교 집단 사이에 이해와 관용과 우의를 증진해야 하며, 평화 유지를 위한 국제 연합의 활동을 촉진해야 한다.

제27조 1. 모든 사람에게는 사회의 문화생활에 자유롭게 참여할 수 있도록 요구할 권리가 있으며, 예술을 향유하고 과학의 발전과 그 혜택을 공유할 수 있도록 요구할 권리가 있다. 2. 모든 사람에게는 자신이 창작한 과학적 산물이나 문학적 산물이나 예술적 산물로부터 발생하는 정신적이고 물질적인 이익의 보호를 요구할 권리가 있다.

제28조 모든 사람에게는 이 선언에서 규정된 권리와 자유가 완전히 실현될 수 있도록 사회·국제적 질서를 요구할 권리가 있다.

제29조 1. 모든 사람에게는 자신의 인격이 오로지 자유롭고도 완전하게 발달할 수 있는 사회를 이룩할 의무가 있다. 2. 자신의 권리와 자유를 행사함에 있어, 모든 사람은 다른 사람의 권리와 자유를 마땅히 인정하고 존중하기 위한 목적과, 민주 사회의 도덕과 공공질서와 일반적 복지에 대한 정당한 요구 조건에 부응하기 위한 목적에서만 법에 따라 정해진 제한을 받을 따름이다. 3. 이러한 권리와 자유는 어떠한 경우라도 국제 연합의 목적과 원칙에 위배되어 행사될 수 없다.

제30조 이 선언에 명시된 어떤 조항도 국가나 집단이나 개인이 여기서 규정된 어떤 권리와 자유를 파괴할 목적으로 어떤 활동에 가담하거나 어떤 행위를 할 수 있는 권리가 있다는 의미로 해석되어서는 안 된다.

[별첨 2]

고 소 장

1. 고소인*

성 명 (상호·대표자)			주민등록번호 (법인등록번호)	-
주 소 (주사무소 소재지)	(현 거주지)			
직 업		사무실 주소		
전 화	(휴대폰)	(자택)	(사무실)	
이메일				
대리인에 의한 고소	□ 법정대리인(성명 : , 연락처) □ 고소대리인(성명 : 변호사 , 연락처)			

※ 고소인이 법인 또는 단체인 경우에는 상호 또는 단체명, 대표자, 법인등록번호(또는 사업자등록번호), 주된 사무소의 소재지, 전화 등 연락처를 기재해야 하며, 법인의 경우에는 법인등기부 등본이 첨부되어야 합니다.

※ 미성년자의 친권자 등 법정대리인이 고소하는 경우 및 변호사에 의한 고소대리의 경우 법정대리인 관계, 변호사 선임을 증명할 수 있는 서류를 첨부하시기 바랍니다.

2. 피고소인*

성 명			주민등록번호	-
주 소	(현 거주지)			
직 업		사무실 주소		
전 화	(휴대폰)	(자택)	(사무실)	
이메일				
기타사항				

※ 기타사항에는 고소인과의 관계 및 피고소인의 인적사항과 연락처를 정확히 알 수 없을 경우 피고소인의 성별, 특징적 외모, 인상착의 등을 구체적으로 기재하시기 바랍니다.

3. 고소취지*

(죄명 및 피고소인에 대한 처벌의사 기재)

고소인은 피고소인을 ○○죄로 고소하오니 처벌하여 주시기 바랍니다.*

4. 범죄사실*

※ 범죄사실은 형법 등 처벌법규에 해당하는 사실에 대하여 일시, 장소, 범행방법, 결과 등을 구체적으로 특정하여 기재해야 하며, 고소인이 알고 있는 지식과 경험, 증거에 의해 사실로 인정되는 내용을 기재하여야 합니다.

5. 고소이유

※ 고소이유에는 피고소인의 범행 경위 및 정황, 고소를 하게 된 동기와 사유 등 범죄사실을 뒷받침하는 내용을 간략, 명료하게 기재해야 합니다.

6. 증거자료

(✓ 해당란에 체크하여 주시기 바랍니다)

☐ 고소인은 고소인의 진술 외에 제출할 증거가 없습니다.

☐ 고소인은 고소인의 진술 외에 제출할 증거가 있습니다.

☞ **제출할 증거의 세부내역은 별지를 작성하여 첨부합니다.**

7. 관련사건의 수사 및 재판 여부*

(✓ 해당란에 체크하여 주시기 바랍니다)

① 중복 고소 여부	본 고소장과 같은 내용의 고소장을 다른 검찰청 또는 경찰서에 제출하거나 제출하였던 사실이 있습니다 □ / 없습니다 □
② 관련 형사사건 수사 유무	본 고소장에 기재된 범죄사실과 관련된 사건 또는 공범에 대하여 검찰청이나 경찰서에서 수사 중에 있습니다 □ / 수사 중에 있지 않습니다 □
③ 관련 민사소송 유 무	본 고소장에 기재된 범죄사실과 관련된 사건에 대하여 법원에서 민사소송 중에 있습니다 □ / 민사소송 중에 있지 않습니다 □

※ ①, ②항은 반드시 표시하여야 하며, 만일 본 고소내용과 동일한 사건 또는 관련 형사사건이 수사·재판 중이라면 어느 검찰청, 경찰서에서 수사 중인지, 어느 법원에서 재판 중인지 아는 범위에서 기타사항 난에 기재하여야 합니다.

8. 기타

(고소내용에 대한 진실확약)

본 고소장에 기재한 내용은 고소인이 알고 있는 지식과 경험을 바탕으로 모두 사실대로 작성하였으며, 만일 허위사실을 고소하였을 때에는 형법 제156조 무고죄로 처벌받을 것임을 서약합니다.

2017년 월 일*

고소인 ______________ (인)*

제출인 ______________ (인)

※ 고소장 제출일을 기재하여야 하며, 고소인 난에는 고소인이 직접 자필로 서명 날(무)인 해야 합니다. 또한 법정대리인이나 변호사에 의한 고소대리의 경우에는 제출인을 기재하여야 합니다.

○○지방검찰청 귀중

※ 고소장은 가까운 경찰서에 제출하셔도 되며, 경찰서 제출시에는 '○○경찰서 귀중'으로 작성하시기 바랍니다.

형 법

[1953.9.18. 최초 제정, 2016.12.20., 최근 일부개정] * 지면관계상 수업용으로 일부내용을 삭제 · 편집하였음.

제1편 총 칙

제1장 형법의 적용범위

제1조(범죄의 성립과 처벌) ①범죄의 성립과 처벌은 행위시의 법률에 의한다. ②범죄후 법률의 변경에 의하여 그 행위가 범죄를 구성하지 아니하거나 형이 구법보다 경한 때에는 신법에 의한다. ③재판확정후 법률의 변경에 의하여 그 행위가 범죄를 구성하지 아니하는 때에는 형의 집행을 면제한다.

제2조(국내범) 본법은 대한민국영역내에서 죄를 범한 내국인과 외국인에게 적용한다.

제3조(내국인의 국외범) 본법은 대한민국영역외에서 죄를 범한 내국인에게 적용한다.

제4조(국외에 있는 내국선박 등에서 외국인이 범한 죄) 본법은 대한민국영역외에 있는 대한민국의 선박 또는 항공기내에서 죄를 범한 외국인에게 적용한다.

제5조(외국인의 국외범) 본법은 대한민국영역외에서 다음에 기재한 죄를 범한 외국인에게 적용한다.

1. 내란의 죄
2. 외환의 죄
3. 국기에 관한 죄
4. 통화에 관한 죄
5. 유가증권, 우표와 인지에 관한 죄
6. 문서에 관한 죄중 제225조~제230조
7. 인장에 관한 죄중 제238조

제6조(대한민국과 대한민국국민에 대한 국외범) 본법은 대한민국영역외에서 대한민국 또는 대한민국국민에 대하여 전조에 기재한 이외의 죄를 범한 외국인에게 적용한다. 단 행위지의 법률에 의하여 범죄를 구성하지 아니하거나 소추 또는 형의 집행을 면제할 경우에는 예외로 한다.

제7조(외국에서 집행된 형의 산입) 죄를 지어 외국에서 형의 전부 또는 일부가 집행된 사람에 대해서는 그 집행된 형의 전부 또는 일부를 선고하는 형에 산입한다.

제8조(총칙의 적용) 본법 총칙은 타법령에 정한 죄에 적용한다. 단, 그 법령에 특별한 규정이 있는 때에는 예외로 한다.

제2장 죄

제1절 죄의 성립과 형의 감면

제9조(형사미성년자) 14세되지 아니한 자의 행위는 벌하지 아니한다.

제10조(심신장애인) ①심신장애로 인하여 사물을 변별할 능력이 없거나 의사를 결정할 능력이 없는 자의 행위는 벌하지 아니한다. ②심신장애로 인하여 전항의 능력이 미약한 자의 행위는 형을 감경한다.
③위험의 발생을 예견하고 자의로 심신장애를 야기한 자의 행위에는 전2항의 규정을 적용하지 아니한다.

제11조(농아자) 농아자의 행위는 형을 감경한다.

제12조(강요된 행위) 저항할 수 없는 폭력이나 자기 또는 친족의 생명, 신체에 대한 위해를 방어할 방법이 없는 협박에 의하여 강요된 행위는 벌하지 아니한다.

제13조(범의) 죄의 성립요소인 사실을 인식하지 못한 행위는 벌하지 아니한다. 단, 법률에 특별한 규정이 있는 경우에는 예외로 한다.

제14조(과실) 정상의 주의를 태만함으로 인하여 죄의 성립요소인 사실을 인식하지 못한 행위는 법률에 특별한 규정이 있는 경우에 한하여 처벌한다.

제15조(사실의 착오) ①특별히 중한 죄가 되는 사실을 인식하지 못한 행위는 중한 죄로 벌하지 아니한다.
②결과로 인하여 형이 중할 죄에 있어서 그 결과의 발생을 예견할 수 없었을 때에는 중한 죄로 벌하지 아니한다.

제16조(법률의 착오) 자기의 행위가 법령에 의하여 죄가 되지 아니하는 것으로 오인한 행위는 그 오인에 정당한 이유가 있는 때에 한하여 벌하지 아니한다.

제17조(인과관계) 어떤 행위라도 죄의 요소되는 위험발생에 연결되지 아니한 때에는 그 결과로 인하여 벌하지 아니한다.

제18조(부작위범) 위험의 발생을 방지할 의무가 있거나 자기의 행위로 인하여 위험발생의 원인을 야기한 자가 그 위험발생을 방지하지 아니한 때에는 그 발생된 결과에 의하여 처벌한다.

제19조(독립행위의 경합) 동시 또는 이시의 독립행위가 경합한 경우에 그 결과발생의 원인된 행위가 판명되지 아니한 때에는 각 행위를 미수범으로 처벌한다.

제20조(정당행위) 법령에 의한 행위 또는 업무로 인한 행위 기타 사회상규에 위배되지 아니하는 행위는 벌하지 아니한다.

제21조(정당방위) ①자기 또는 타인의 법익에 대한 현재의 부당한 침해를 방위하기 위한 행위는 상당한 이유가 있는 때에는 벌하지 아니한다. ②방위행위가 그 정도를 초과한 때에는 정황에 의하여 그 형을 감경 또는 면제할 수 있다. ③전항의 경우에 그 행위가 야간 기타 불안스러운 상태하에서 공포, 경악, 흥분 또는 당황으로 인한 때에는 벌하지 아니한다.

제22조(긴급피난) ①자기 또는 타인의 법익에 대한 현재의 위난을 피하기 위한 행위는 상당한 이유가 있는 때에는 벌하지 아니한다. ②위난을 피하지 못할 책임이 있는 자에 대하여는 전항의 규정을 적용하지 아니한다. ③전조 제2항과 제3항의 규정은 본조에 준용한다.

제23조(자구행위) ①법정절차에 의하여 청구권을 보전하기 불능한 경우에 그 청구권의 실행불능 또는 현저한 실행곤란을 피하기 위한 행위는 상당한 이유가 있는 때에

는 벌하지 아니한다. ②전항의 행위가 그 정도를 초과한 때에는 정황에 의하여 형을 감경 또는 면제할 수 있다.

제24조(피해자의 승낙) 처분할 수 있는 자의 승낙에 의하여 그 법익을 훼손한 행위는 법률에 특별한 규정이 없는 한 벌하지 아니한다.

제2절 미수범

제25조(미수범) ①범죄의 실행에 착수하여 행위를 종료하지 못하였거나 결과가 발생하지 아니한 때에는 미수범으로 처벌한다.

②미수범의 형은 **기수범보다 감경할 수 있다.**

제26조(중지범) 범인이 자의로 실행에 착수한 행위를 중지하거나 그 행위로 인한 결과의 발생을 방지한 때에는 **형을 감경 또는 면제한다.**

제27조(불능범) 실행의 수단 또는 대상의 착오로 인하여 결과의 발생이 불가능하더라도 위험성이 있는 때에는 처벌한다. **단, 형을 감경 또는 면제할 수 있다.**

제28조(음모, 예비) 범죄의 음모 또는 예비행위가 실행의 착수에 이르지 아니한 때에는 법률에 **특별한 규정이 없는 한 벌하지 아니한다.**

제29조(미수범의 처벌) 미수범을 처벌할 죄는 각 본조에 정한다.

제3절 공 범

제30조(공동정범) 2인 이상이 공동하여 죄를 범한 때에는 각자를 그 죄의 정범으로 처벌한다.

제31조(교사범) ①타인을 교사하여 죄를 범하게 한 자는 죄를 실행한 자와 동일한 형으로 처벌한다. ②교사를 받은 자가 범죄의 실행을 승낙하고 실행의 착수에 이르지 아니한 때에는 교사자와 피교사자를 음모 또는 예비에 준하여 처벌한다. ③교사를 받은 자가 범죄의 실행을 승낙하지 아니한 때에도 교사자에 대하여는 전항과 같다.

제32조(종범) ①타인의 범죄를 방조한 자는 종범으로 처벌한다. ②종범의 형은 정범의 형보다 감경한다.

제33조(공범과 신분) 신분관계로 인하여 성립될 범죄에 가공한 행위는 신분관계가 없는 자에게도 전3조의 규정을 적용한다. 단, 신분관계로 인하여 형의 경중이 있는 경우에는 중한 형으로 벌하지 아니한다.

제34조(간접정범, 특수한 교사, 방조에 대한 형의 가중) ①어느 행위로 인하여 처벌되지 아니하는 자 또는 과실범으로 처벌되는 자를 교사 또는 방조하여 범죄행위의 결과를 발생하게 한 자는 교사 또는 방조의 예에 의하여 처벌한다. ②자기의 지휘, 감독을 받는 자를 교사 또는 방조하여 전항의 결과를 발생하게 한 자는 교사인 때에는 정범에 정한 형의 장기 또는 다액에 그 2분의 1까지 가중하고 방조인 때에는 정범의 형으로 처벌한다.

제4절 누 범

제35조(누범) ①금고 이상의 형을 받어 그 집행을 종료하거나 면제를 받은 후 3년내에 금고 이상에 해당하는 죄를 범한 자는 누범으로 처벌한다. ②누범의 형은 그 죄에 정한 형의 장기의 2배까지 가중한다.

제36조(판결선고후의 누범발각) 판결선고후 누범인 것이 발각된 때에는 그 선고한 형을 통산하여 다시 형을 정할 수 있다. 단, 선고한 형의 집행을 종료하거나 그 집행이 면제된 후에는 예외로 한다.

제5절 경합범

제37조(경합범) 판결이 확정되지 아니한 수개의 죄 또는 금고 이상의 형에 처한 판결이 확정된 죄와 그 판결확정전에 범한 죄를 경합범으로 한다.

제38조(경합범과 처벌례) ①경합범을 동시에 판결할 때에는 다음의 구별에 의하여 처벌한다.

1. 가장 중한 죄에 정한 형이 사형 또는 무기징역이나 무기금고인 때에는 가장 중한 죄에 정한 형으로 처벌한다.
2. 각 죄에 정한 형이 사형 또는 무기징역이나 무기금고 이외의 동종의 형인 때에는 가장 중한 죄에 정한 장기 또는 다액에 그 2분의 1까지 가중하되 각 죄에 정한 형의 장기 또는 다액을 합산한 형기 또는 액수를 초과할 수 없다. 단 과료와 과료, 몰수와 몰수는 병과할 수 있다.
3. 각 죄에 정한 형이 무기징역이나 무기금고 이외의 이종의 형인 때에는 병과한다.

②전항 각호의 경우에 있어서 징역과 금고는 동종의 형으로 간주하여 징역형으로 처벌한다.

제39조(판결을 받지 아니한 경합범, 수개의 판결과 경합범, 형의 집행과 경합범) ①경합범중 판결을 받지 아니한 죄가 있는 때에는 그 죄와 판결이 확정된 죄를 동시에 판결할 경우와 형평을 고려하여 그 죄에 대하여 형을 선고한다. 이 경우 그 형을 감경 또는 면제할 수 있다.

제40조(상상적 경합) 1개의 행위가 수개의 죄에 해당하는 경우에는 가장 중한 죄에 정한 형으로 처벌한다.

제3장 형

제1절 형의 종류와 경중

제41조(형의 종류) 형의 종류는 다음과 같다.

1. 사형	2. 징역	3. 금고
4. 자격상실	5. 자격정지	6. 벌금
7. 구류	8. 과료	9. 몰수

제42조(징역 또는 금고의 기간) 징역 또는 금고는 무기 또는 유기로 하고 유기는 **1개월 이상 30년 이하로 한다.** 단, 유기징역 또는 유기금고에 대하여 형을 가중하는 때에는 50년까지로 한다.

제43조(형의 선고와 자격상실, 자격정지) ①사형, 무기징역 또는 무기금고의 판결을 받은 자는 다음에 기재한 자격을 상실한다.

1. 공무원이 되는 자격
2. 공법상의 선거권과 피선거권
3. 법률로 요건을 정한 공법상의 업무에 관한 자격
4. 법인의 이사, 감사 또는 지배인 기타 법인의 업무에 관한 검사역이나 재산관리인이 되는 자격

②유기징역 또는 유기금고의 판결을 받은 자는 그 형의 집행이 종료하거나 면제될 때까지 전항 제1호 내지 제3호에 기재된 자격이 정지된다. 다만, 다른 법률에 특별한 규정이 있는 경우에는 그 법률에 따른다. 〈개정 2016.1.6.〉

제44조(자격정지) ①전조에 기재한 자격의 전부 또는 일부에 대한 정지는 1년 이상 15년 이하로 한다. ②유기징역 또는 유기금고에 자격정지를 병과한 때에는 징역 또는 금고의 집행을 종료하거나 면제된 날로부터 정지기간을

기산한다.

제45조(벌금) 벌금은 5만원 이상으로 한다. 다만, 감경하는 경우에는 5만원 미만으로 할 수 있다.

제46조(구류) 구류는 1일 이상 30일 미만으로 한다.

제47조(과료) 과료는 2천원 이상 5만원 미만으로 한다.

제48조(몰수의 대상과 추징) ①범인이외의 자의 소유에 속하지 아니하거나 범죄후 범인이외의 자가 정을 알면서 취득한 다음 기재의 물건은 전부 또는 일부를 몰수할 수 있다.

1. 범죄행위에 제공하였거나 제공하려고 한 물건.
2. 범죄행위로 인하여 생하였거나 이로 인하여 취득한 물건.
3. 전 2호의 대가로 취득한 물건.

②전항에 기재한 물건을 몰수하기 불능한 때에는 그 가액을 추징한다.

③문서, 도화, 전자기록등 특수매체기록 또는 유가증권의 일부가 몰수에 해당하는 때에는 그 부분을 폐기한다.

제49조(몰수의 부가성) 몰수는 타형에 부가하여 과한다. 단, 행위자에게 유죄의 재판을 아니할 때에도 몰수의 요건이 있는 때에는 몰수만을 선고할 수 있다.

제50조(형의 경중) ① 형의 경중은 제41조 기재의 순서에 의한다. 단, 무기금고와 유기징역은 금고를 중한 것으로 하고 유기금고의 장기가 유기징역의 장기를 초과하는 때에는 금고를 중한 것으로 한다. ②동종의 형은 장기의 긴 것과 다액의 많은 것을 중한 것으로 하고 장기 또는 다액이 동일한 때에는 그 단기의 긴 것과 소액의 많은 것을 중한 것으로 한다.

제2절 형의 양정

제51조(양형의 조건) 형을 정함에 있어서는 다음 사항을 참작하여야 한다.

1. 범인의 연령, 성행, 지능과 환경
2. 피해자에 대한 관계
3. 범행의 동기, 수단과 결과
4. 범행 후의 정황

제52조(자수, 자복) ①죄를 범한 후 수사책임이 있는 관서에 자수한 때에는 그 형을 감경 또는 면제할 수 있다. ② 피해자의 의사에 반하여 처벌할 수 없는 죄에 있어서 피해자에게 자복한 때에도 전항과 같다.

제53조(작량감경) 범죄의 정상에 참작할 만한 사유가 있는 때에는 작량하여 그 형을 감경할 수 있다.

제54조(선택형과 작량감경) 1개의 죄에 정한 형이 수종인 때에는 먼저 적용할 형을 정하고 그 형을 감경한다.

제55조(법률상의 감경) ①법률상의 감경은 다음과 같다.

1. 사형을 감경할 때에는 무기 또는 20년 이상 50년 이하의 징역 또는 금고로 한다.
2. 무기징역 또는 무기금고를 감경할 때에는 10년 이상 50년 이하의 징역 또는 금고로 한다.
3. 유기징역 또는 유기금고를 감경할 때에는 그 형기의 2분의 1로 한다.
4. 자격상실을 감경할 때에는 7년 이상의 자격정지로 한다.
5. 자격정지를 감경할 때에는 그 형기의 2분의 1로 한다.
6. 벌금을 감경할 때에는 그 다액의 2분의 1로 한다.
7. 구류를 감경할 때에는 그 장기의 2분의 1로 한다.
8. 과료를 감경할 때에는 그 다액의 2분의 1로 한다.

②법률상 감경할 사유가 수개있는 때에는 거듭 감경할 수 있다.

제56조(가중감경의 순서) 형을 가중감경할 사유가 경합된 때에는 다음 순서에 의한다.

1. 각칙 본조에 의한 가중
2. 제34조제2항의 가중
3. 누범가중
4. 법률상감경
5. 경합범가중
6. 작량감경

제57조(판결선고전 구금일수의 통산) ①판결선고전의 구금일수는 그 전부를 유기징역, 유기금고, 벌금이나 과료에 관한 유치 또는 구류에 산입한다. ②전항의 경우에는 구금일수의 1일은 징역, 금고, 벌금이나 과료에 관한 유치 또는 구류의 기간의 1일로 계산한다.

제58조(판결의 공시) ①피해자의 이익을 위하여 필요하다고 인정할 때에는 피해자의 청구가 있는 경우에 한하여 피고인의 부담으로 판결공시의 취지를 선고할 수 있다. ② 피고사건에 대하여 무죄의 판결을 선고하는 경우에는 무죄판결공시의 취지를 선고하여야 한다. 다만, 무죄판결을 받은 피고인이 무죄판결공시 취지의 선고에 동의하지 아니하거나 피고인의 동의를 받을 수 없는 경우에는 그러하지 아니하다. ③ 피고사건에 대하여 면소의 판결을 선고하는 경우에는 면소판결공시의 취지를 선고할 수 있다.

제3절 형의 선고유예

제59조(선고유예의 요건) ①1년 이하의 징역이나 금고, 자격정지 또는 벌금의 형을 선고할 경우에 제51조의 사항을 참작하여 개전의 정상이 현저한 때에는 그 선고를 유예할 수 있다. 단, 자격정지 이상의 형을 받은 전과가 있는 자에 대하여는 예외로 한다. ②형을 병과할 경우에도 형의 전부 또는 일부에 대하여 그 선고를 유예할 수 있다.

제59조의2(보호관찰) ①형의 선고를 유예하는 경우에 재범방지를 위하여 지도 및 원호가 필요한 때에는 보호관찰을 받을 것을 명할 수 있다. ②제1항의 규정에 의한 보호관찰의 기간은 1년으로 한다.

제60조(선고유예의 효과) 형의 선고유예를 받은 날로부터 2년을 경과한 때에는 면소된 것으로 간주한다.

제61조(선고유예의 실효) ①형의 선고유예를 받은 자가 유예기간 중 자격정지 이상의 형에 처한 판결이 확정되거나 자격정지 이상의 형에 처한 전과가 발견된 때에는 유예한 형을 선고한다. ②제59조의2의 규정에 의하여 보호관찰을 명한 선고유예를 받은 자가 보호관찰기간중에 준수사항을 위반하고 그 정도가 무거운 때에는 유예한 형을 선고할 수 있다.

제4절 형의 집행유예

제62조(집행유예의 요건) ①3년 이하의 징역 또는 금고의 형을 선고할 경우에 제51조의 사항을 참작하여 그 정상에 참작할 만한 사유가 있는 때에는 1년 이상 5년 이하의 기간 형의 집행을 유예할 수 있다. 다만, 금고 이상의 형을 선고한 판결이 확정된 때부터 그 집행을 종료하거나 면제된 후 3년까지의 기간에 범한 죄에 대하여 형을 선

고하는 경우에는 그러하지 아니하다. ②형을 병과할 경우에는 그 형의 일부에 대하여 집행을 유예할 수 있다.

제62조의2(보호관찰,사회봉사ㆍ수강명령) ①형의 집행을 유예하는 경우에는 보호관찰을 받을 것을 명하거나 사회봉사 또는 수강을 명할 수 있다.

②제1항의 규정에 의한 보호관찰의 기간은 집행을 유예한 기간으로 한다. 다만, 법원은 유예기간의 범위내에서 보호관찰기간을 정할 수 있다.

③사회봉사명령 또는 수강명령은 집행유예기간내에 이를 집행한다.

제63조(집행유예의 실효) 집행유예의 선고를 받은 자가 유예기간 중 고의로 범한 죄로 금고 이상의 실형을 선고받아 그 판결이 확정된 때에는 집행유예의 선고는 효력을 잃는다.

제64조(집행유예의 취소) ①집행유예의 선고를 받은 후 제62조 단행의 사유가 발각된 때에는 집행유예의 선고를 취소한다. ②제62조의2의 규정에 의하여 보호관찰이나 사회봉사 또는 수강을 명한 집행유예를 받은 자가 준수사항이나 명령을 위반하고 그 정도가 무거운 때에는 집행유예의 선고를 취소할 수 있다.

제65조(집행유예의 효과) 집행유예의 선고를 받은 후 그 선고의 실효 또는 취소됨이 없이 유예기간을 경과한 때에는 형의 선고는 효력을 잃는다.

제5절 형의 집행

제66조(사형) 사형은 형무소내에서 교수하여 집행한다.

제67조(징역) 징역은 형무소내에 구치하여 정역에 복무하게 한다.

제68조(금고와 구류) 금고와 구류는 형무소에 구치한다.

제69조(벌금과 과료) ①벌금과 과료는 판결확정일로부터 30일내에 납입하여야 한다. 단, 벌금을 선고할 때에는 동시에 그 금액을 완납할 때까지 노역장에 유치할 것을 명할 수 있다. ②벌금을 납입하지 아니한 자는 1일 이상 3년 이하, 과료를 납입하지 아니한 자는 1일 이상 30일 미만의 기간 노역장에 유치하여 작업에 복무하게 한다.

제70조(노역장유치) ①벌금 또는 과료를 선고할 때에는 납입하지 아니하는 경우의 유치기간을 정하여 동시에 선고하여야 한다. ② 선고하는 벌금이 1억원 이상 5억원 미만인 경우에는 300일 이상, 5억원 이상 50억원 미만인 경우에는 500일 이상, 50억원 이상인 경우에는 1,000일 이상의 유치기간을 정하여야 한다.

제71조(유치일수의 공제) 벌금 또는 과료의 선고를 받은 자가 그 일부를 납입한 때에는 벌금 또는 과료액과 유치기간의 일수에 비례하여 납입금액에 상당한 일수를 제한다.

제6절 가석방

제72조(가석방의 요건) ①징역 또는 금고의 집행 중에 있는 자가 그 행상이 양호하여 개전의 정이 현저한 때에는 **무기에 있어서는 20년, 유기에 있어서는 형기의 3분의 1을 경과한 후 행정처분으로 가석방**을 할 수 있다. ②전항의 경우에 벌금 또는 과료의 병과가 있는 때에는 그 금액을 완납하여야 한다.

제73조(판결선고전 구금과 가석방) ①형기에 산입된 판결선고전 구금의 일수는 가석방에 있어서 집행을 경과한 기간에 산입한다. ②벌금 또는 과료에 관한 유치기간에 산입된 판결선고전 구금일수는 전조제2항의 경우에 있어서 그에 해당하는 금액이 납입된 것으로 간주한다.

제73조의2(가석방의 기간 및 보호관찰) ①가석방의 기간은 무기형에 있어서는 10년으로 하고, 유기형에 있어서는 남은 형기로 하되, 그 기간은 10년을 초과할 수 없다. ②가석방된 자는 가석방기간중 보호관찰을 받는다. 다만, 가석방을 허가한 행정관청이 필요가 없다고 인정한 때에는 그러하지 아니하다.

제74조(가석방의 실효) 가석방중 금고 이상의 형의 선고를 받어 그 판결이 확정된 때에는 가석방처분은 효력을 잃는다. 단 과실로 인한 죄로 형의 선고를 받었을 때에는 예외로 한다.

제75조(가석방의 취소) 가석방의 처분을 받은 자가 감시에 관한 규칙을 위배하거나, 보호관찰의 준수사항을 위반하고 그 정도가 무거운 때에는 가석방처분을 취소할 수 있다.

제76조(가석방의 효과) ①가석방의 처분을 받은 후 그 처분이 실효 또는 취소되지 아니하고 가석방기간을 경과한 때에는 형의 집행을 종료한 것으로 본다. ②전2조의 경우에는 가석방중의 일수는 형기에 산입하지 아니한다.

제7절 형의 시효

제77조(시효의 효과) 형의 선고를 받은 자는 시효의 완성으로 인하여 그 집행이 면제된다.

제78조(시효의 기간) 시효는 형을 선고하는 재판이 확정된 후 그 집행을 받음이 없이 다음의 기간을 경과함으로 인하여 완성된다.

1. 사형은 30년
2. 무기의 징역 또는 금고는 20년
3. 10년 이상의 징역 또는 금고는 15년
4. 3년 이상의 징역이나 금고 또는 10년 이상의 자격정지는 10년
5. 3년 미만의 징역이나 금고 또는 5년 이상의 자격정지는 5년
6. 5년 미만의 자격정지, 벌금, 몰수 또는 추징은 3년
7. 구류 또는 과료는 1년

제79조(시효의 정지) ①시효는 형의 집행의 유예나 정지 또는 가석방 기타 집행할 수 없는 기간은 진행되지 아니한다. ② 시효는 형이 확정된 후 그 형의 집행을 받지 아니한 자가 형의 집행을 면할 목적으로 국외에 있는 기간 동안은 진행되지 아니한다.

제80조(시효의 중단) 시효는 사형, 징역, 금고와 구류에 있어서는 수형자를 체포함으로, 벌금, 과료, 몰수와 추징에 있어서는 강제처분을 개시함으로 인하여 중단된다.

제8절 형의 소멸

제81조(형의 실효) 징역 또는 금고의 집행을 종료하거나 집행이 면제된 자가 피해자의 손해를 보상하고 자격정지 이상의 형을 받음이 없이 7년을 경과한 때에는 본인 또는 검사의 신청에 의하여 그 재판의 실효를 선고할 수 있다.

제82조(복권) 자격정지의 선고를 받은 자가 피해자의 손해를 보상하고 자격정지 이상의 형을 받음이 없이 정지기간의 2분의 1을 경과한 때에는 본인 또는 검사의 신청에 의하여 자격의 회복을 선고할 수 있다.

제4장 기간

제83조(기간의 계산) 연 또는 월로써 정한 기간은 역수에 따라 계산한다.

제84조(형기의 기산) ①형기는 판결이 확정된 날로부터 기산한다. ②징역, 금고, 구류와 유치에 있어서는 구속되지 아니한 일수는 형기에 산입하지 아니한다.

제85조(형의 집행과 시효기간의 초일) 형의 집행과 시효기간의 초일은 시간을 계산함이 없이 1일로 산정한다.

제86조(석방일) 석방은 형기종료일에 하여야 한다.

제2편 각칙

제1장 내란의 죄

제87조(내란) 국토를 참절하거나 국헌을 문란할 목적으로 폭동한 자는 다음의 구별에 의하여 처단한다.

1. 수괴는 사형, 무기징역 또는 무기금고에 처한다.
2. 모의에 참여하거나 지휘하거나 기타 중요한 임무에 종사한 자는 사형, 무기 또는 5년 이상의 징역이나 금고에 처한다(이하 생략).

제2장 외환의 죄

제92조(외환유치) 외국과 통모하여 대한민국에 대하여 전단을 열게 하거나 외국인과 통모하여 대한민국에 항적한 자는 사형 또는 무기징역에 처한다.

제93조(여적) 적국과 합세하여 대한민국에 항적한 자는 사형에 처한다.

제94조(모병이적) ①적국을 위하여 모병한 자는 사형 또는 무기징역에 처한다. ②전항의 모병에 응한 자는 무기 또는 5년 이상의 징역에 처한다.

제95조(시설제공이적) ①군대, 요새, 진영 또는 군용에 공하는 선박이나 항공기 기타 장소, 설비 또는 건조물을 적국에 제공한 자는 사형 또는 무기징역에 처한다.

제96조(시설파괴이적) 적국을 위하여 전조에 기재한 군용시설 기타 물건을 파괴하거나 사용할 수 없게 한 자는 사형 또는 무기징역에 처한다.

제98조(간첩) ①적국을 위하여 간첩하거나 적국의 간첩을 방조한 자는 사형, 무기 또는 7년 이상의 징역에 처한다. ②군사상의 기밀을 적국에 누설한 자도 전항의 형과 같다.

제3장 국기에 관한 죄

제105조(국기, 국장의 모독) 대한민국을 모욕할 목적으로 국기 또는 국장을 손상, 제거 또는 오욕한 자는 **5년 이하의 징역**이나 금고, 10년 이하의 자격정지 또는 700만원 이하의 벌금에 처한다.

제4장 국교에 관한 죄

제107조(외국원수에 대한 폭행 등) ①대한민국에 체재하는 외국의 원수에 대하여 폭행 또는 협박을 가한 자는 7년 이하의 징역이나 금고에 처한다. ②전항의 외국원수에 대하여 모욕을 가하거나 명예를 훼손한 자는 5년 이하의 징역이나 금고에 처한다.

제109조(외국의 국기, 국장의 모독) 외국을 모욕할 목적으로 그 나라의 공용에 공하는 국기 또는 국장을 손상, 제거 또는 오욕한 자는 2년 이하의 징역이나 금고 또는 300만원 이하의 벌금에 처한다.

제110조(피해자의 의사) 제107조 내지 제109조의 죄는 그 외국정부의 명시한 의사에 반하여 공소를 제기할 수 없다.

제112조(중립명령위반) 외국간의 교전에 있어서 중립에 관한 명령에 위반한 자는 3년 이하의 금고 또는 500만원 이하의 벌금에 처한다.

제113조(외교상기밀의 누설) ①외교상의 기밀을 누설한 자는 5년 이하의 징역 또는 1천만원 이하의 벌금에 처한다. ②누설할 목적으로 외교상의 기밀을 탐지 또는 수집한 자도 전항의 형과 같다.

제5장 공안(公安)을 해하는 죄

제114조(범죄단체 등의 조직) 사형, 무기 또는 장기 4년 이상의 징역에 해당하는 범죄를 목적으로 하는 **단체 또는 집단을 조직하거나 이에 가입 또는 그 구성원으로 활동한 사람은 그 목적한 죄에 정한 형으로 처벌한다.** 다만, 형을 감경할 수 있다.

제115조(소요) 다중이 집합하여 폭행, 협박 또는 손괴의 행위를 한 자는 1년 이상 10년 이하의 징역이나 금고 또는 1천500만원 이하의 벌금에 처한다.

제116조(다중불해산) 폭행, 협박 또는 손괴의 행위를 할 목적으로 **다중이 집합하여 그를 단속할 권한이 있는 공무원으로부터 3회 이상의 해산명령을 받고 해산하지 아니한 자는 2년 이하의 징역이나 금고** 또는 300만원 이하의 벌금에 처한다.

제118조(공무원자격의 사칭) 공무원의 자격을 사칭하여 그 직권을 행사한 자는 3년 이하의 징역 또는 700만원 이하의 벌금에 처한다.

제6장 폭발물에 관한 죄

제119조(폭발물사용) ①폭발물을 사용하여 사람의 생명, 신체 또는 재산을 해하거나 기타 공안을 문란한 자는 사형, 무기 또는 7년 이상의 징역에 처한다. ②전쟁, 천재 기타 사변에 있어서 전항의 죄를 범한 자는 사형 또는 무기징역에 처한다.

제7장 공무원의 직무에 관한 죄

제122조(직무유기) 공무원이 **정당한 이유없이 그 직무수행을 거부하거나 그 직무를 유기한 때에는 1년 이하의 징역이나 금고** 또는 3년 이하의 자격정지에 처한다.

제123조(직권남용) 공무원이 직권을 남용하여 사람으로 하여금 **의무없는 일을 하게 하거나 사람의 권리행사를 방해한 때에는 5년 이하의 징역,** 10년 이하의 자격정지 또는 1천만원 이하의 벌금에 처한다.

제124조(불법체포, 불법감금) ①재판, 검찰, 경찰 기타 인신구속에 관한 직무를 행하는 자 또는 이를 보조하는 자가 그 직권을 남용하여 사람을 체포 또는 감금한 때에는 7년 이하의 징역과 10년 이하의 자격정지에 처한다. ②전항의 미수범은 처벌한다.

제125조(폭행, 가혹행위) 재판, 검찰, 경찰 기타 인신구속

에 관한 직무를 행하는 자 또는 이를 보조하는 자가 그 직무를 행함에 당하여 형사피의자 또는 기타 사람에 대하여 폭행 또는 가혹한 행위를 가한 때에는 5년 이하의 징역과 10년 이하의 자격정지에 처한다.

제126조(피의사실공표) 검찰, 경찰 기타 범죄수사에 관한 직무를 행하는 자 또는 이를 감독하거나 보조하는 자가 그 직무를 행함에 당하여 지득한 피의사실을 공판청구전에 공표한 때에는 3년 이하의 징역 또는 5년 이하의 자격정지에 처한다.

제127조(공무상 비밀의 누설) 공무원 또는 공무원이었던 자가 법령에 의한 직무상 비밀을 누설한 때에는 2년 이하의 징역이나 금고 또는 5년 이하의 자격정지에 처한다.

제128조(선거방해) 검찰, 경찰 또는 군의 직에 있는 공무원이 법령에 의한 선거에 관하여 선거인, 입후보자 또는 입후보자되려는 자에게 협박을 가하거나 기타 방법으로 선거의 자유를 방해한 때에는 10년 이하의 징역과 5년 이상의 자격정지에 처한다.

제129조(수뢰, 사전수뢰) ①공무원 또는 중재인이 그 직무에 관하여 뇌물을 수수, 요구 또는 약속한 때에는 5년 이하의 징역 또는 10년 이하의 자격정지에 처한다. ②공무원 또는 중재인이 될 자가 그 담당할 직무에 관하여 청탁을 받고 뇌물을 수수, 요구 또는 약속한 후 공무원 또는 중재인이 된 때에는 3년 이하의 징역 또는 7년 이하의 자격정지에 처한다.

제130조(제삼자뇌물제공) 공무원 또는 중재인이 그 직무에 관하여 부정한 청탁을 받고 제3자에게 뇌물을 공여하게 하거나 공여를 요구 또는 약속한 때에는 5년 이하의 징역 또는 10년 이하의 자격정지에 처한다.

제131조(수뢰후부정처사, 사후수뢰) ①공무원 또는 중재인이 전2조의 죄를 범하여 부정한 행위를 한 때에는 1년 이상의 유기징역에 처한다. ②공무원 또는 중재인이 그 직무상 부정한 행위를 한 후 뇌물을 수수, 요구 또는 약속하거나 제삼자에게 이를 공여하게 하거나 공여를 요구 또는 약속한 때에도 전항의 형과 같다. ③공무원 또는 중재인이었던 자가 그 재직 중에 청탁을 받고 직무상 부정한 행위를 한 후 뇌물을 수수, 요구 또는 약속한 때에는 5년 이하의 징역 또는 10년 이하의 자격정지에 처한다.

제132조(알선수뢰) 공무원이 그 지위를 이용하여 다른 공무원의 직무에 속한 사항의 알선에 관하여 뇌물을 수수, 요구 또는 약속한 때에는 3년 이하의 징역 또는 7년 이하의 자격정지에 처한다.

제133조(뇌물공여등) ①제129조 내지 제132조에 기재한 뇌물을 약속, 공여 또는 공여의 의사를 표시한 자는 5년 이하의 징역 또는 2천만원 이하의 벌금에 처한다. ②전항의 행위에 공할 목적으로 제삼자에게 금품을 교부하거나 그 정을 알면서 교부를 받은 자도 전항의 형과 같다.

제134조(몰수, 추징) 범인 또는 정을 아는 제삼자가 받은 뇌물 또는 뇌물에 공할 금품은 몰수한다. 그를 몰수하기 불능한 때에는 그 가액을 추징한다.

제135조(공무원의 직무상 범죄에 대한 형의 가중) 공무원이 직권을 이용하여 본장 이외의 죄를 범한 때에는 그 죄에 정한 형의 2분의 1까지 가중한다. 단 공무원의 신분에 의하여 특별히 형이 규정된 때에는 예외로 한다.

제8장 공무방해에 관한 죄

제136조(공무집행방해) ①직무를 집행하는 **공무원에 대하여 폭행 또는 협박한 자는 5년 이하의 징역** 또는 1천만원 이하의 벌금에 처한다.

제137조(위계에 의한 공무집행방해) 위계로써 공무원의 직무집행을 방해한 자는 5년 이하의 징역 또는 1천만원 이하의 벌금에 처한다.

제138조(법정 또는 국회회의장모욕) 법원의 재판 또는 국회의 심의를 방해 또는 위협할 목적으로 법정이나 국회회의장 또는 그 부근에서 모욕 또는 소동한 자는 3년 이하의 징역 또는 700만원 이하의 벌금에 처한다.

제139조(인권옹호직무방해) 경찰의 직무를 행하는 자 또는 이를 보조하는 자가 인권옹호에 관한 검사의 직무집행을 방해하거나 그 명령을 준수하지 아니한 때에는 5년 이하의 징역 또는 10년 이하의 자격정지에 처한다.

제140조(공무상비밀표시무효) ①공무원이 그 직무에 관하여 실시한 봉인 또는 압류 기타 강제처분의 표시를 손상 또는 은닉하거나 기타 방법으로 그 효용을 해한 자는 5년 이하의 징역 또는 700만원 이하의 벌금에 처한다. ②공무원이 그 직무에 관하여 봉함 기타 비밀장치한 문서 또는 도화를 개봉한 자도 제1항의 형과 같다. ③공무원이 그 직무에 관하여 봉함 기타 비밀장치한 문서, 도화 또는 전자기록등 특수매체기록을 기술적 수단을 이용하여 그 내용을 알아낸 자도 제1항의 형과 같다.

제140조의2(부동산강제집행효용침해) 강제집행으로 명도 또는 인도된 부동산에 침입하거나 기타 방법으로 강제집행의 효용을 해한 자는 5년 이하의 징역 또는 700만원 이하의 벌금에 처한다.

제144조(특수공무방해) ①단체 또는 다중의 위력을 보이거나 위험한 물건을 휴대하여 제136조, 제138조와 제140조 내지 전조의 죄를 범한 때에는 각조에 정한 형의 2분의 1까지 가중한다. ②제1항의 죄를 범하여 공무원을 상해에 이르게 한 때에는 3년 이상의 유기징역에 처한다. 사망에 이르게 한 때에는 무기 또는 5년 이상의 징역에 처한다.

제9장 도주와 범인은닉의 죄

제145조(도주, 집합명령위반) ①법률에 의하여 체포 또는 구금된 자가 도주한 때에는 1년 이하의 징역에 처한다. ②전항의 구금된 자가 천재, 사변 기타 법령에 의하여 잠시 해금된 경우에 정당한 이유없이 그 집합명령에 위반한 때에도 전항의 형과 같다.

제146조(특수도주) 수용설비 또는 기구를 손괴하거나 사람에게 폭행 또는 협박을 가하거나 2인 이상이 합동하여 전조제1항의 죄를 범한 자는 7년 이하의 징역에 처한다.

제147조(도주원조) 법률에 의하여 구금된 자를 탈취하거나 도주하게 한 자는 10년 이하의 징역에 처한다.

제148조(간수자의 도주원조) 법률에 의하여 구금된 자를 간수 또는 호송하는 자가 이를 도주하게 한 때에는 1년 이상 10년 이하의 징역에 처한다.

제151조(범인은닉과 친족간의 특례) ①벌금 이상의 형에 해당하는 죄를 범한 자를 은닉 또는 도피하게 한 자는 3년 이하의 징역 또는 500만원 이하의 벌금에 처한다. ②친족 또는 동거의 가족이 본인을 위하여 전항의 죄를 범한 때에는 처벌하지 아니한다.

제10장 위증과 증거인멸의 죄

제152조(위증, 모해위증) ①법률에 의하여 선서한 증인이 허위의 진술을 한 때에는 5년 이하의 징역 또는 1천만원 이하의 벌금에 처한다. ②형사사건 또는 징계사건에 관하여 피고인, 피의자 또는 징계혐의자를 모해할 목적으로 전항의 죄를 범한 때에는 10년 이하의 징역에 처한다.

제153조(자백, 자수) 전조의 죄를 범한 자가 그 공술한 사건의 재판 또는 징계처분이 확정되기 전에 자백 또는 자수한 때에는 그 형을 감경 또는 면제한다.

제154조(허위의 감정, 통역, 번역) 법률에 의하여 선서한 감정인, 통역인 또는 번역인이 허위의 감정, 통역 또는 번역을 한 때에는 전2조의 예에 의한다.

제155조(증거인멸 등과 친족간의 특례) ①타인의 형사사건 또는 징계사건에 관한 증거를 인멸, 은닉, 위조 또는 변조하거나 위조 또는 변조한 증거를 사용한 자는 5년 이하의 징역 또는 700만원 이하의 벌금에 처한다. ②타인의 형사사건 또는 징계사건에 관한 증인을 은닉 또는 도피하게 한 자도 제1항의 형과 같다. ③피고인, 피의자 또는 징계혐의자를 모해할 목적으로 전2항의 죄를 범한 자는 10년 이하의 징역에 처한다. **④친족 또는 동거의 가족이 본인을 위하여 본조의 죄를 범한 때에는 처벌하지 아니한다.**

제11장 무고의 죄

제156조(무고) 타인으로 하여금 형사처분 또는 징계처분을 받게 할 목적으로 공무소 또는 공무원에 대하여 허위의 사실을 신고한 자는 10년 이하의 징역 또는 1천500만원 이하의 벌금에 처한다.

제157조(자백 · 자수) 제153조는 전조에 준용한다.

제12장 신앙에 관한 죄

제158조(장례식등의 방해) 장례식, 제사, 예배 또는 설교를 방해한 자는 3년 이하의 징역 또는 500만원 이하의 벌금에 처한다.

제159조(사체 등의 오욕) 사체, 유골 또는 유발을 오욕한 자는 2년 이하의 징역 또는 500만원 이하의 벌금에 처한다.

제160조(분묘의 발굴) 분묘를 발굴한 자는 5년 이하의 징역에 처한다.

제161조(사체 등의 영득) ①사체, 유골, 유발 또는 관내에 장치한 물건을 손괴, 유기, 은닉 또는 영득한 자는 7년 이하의 징역에 처한다. ②분묘를 발굴하여 전항의 죄를 범한 자는 10년 이하의 징역에 처한다.

제162조(미수범) 전2조의 미수범은 처벌한다.

제163조(변사체검시방해) 변사자의 사체 또는 변사의 의심있는 사체를 은닉 또는 변경하거나 기타 방법으로 검시를 방해한 자는 700만원 이하의 벌금에 처한다.

제13장 방화와 실화의 죄

제164조(현주건조물등에의 방화) ①불을 놓아 사람이 주거로 사용하거나 사람이 현존하는 건조물, 기차, 전차, 자동차, 선박, 항공기 또는 광갱을 소훼한 자는 **무기 또는 3년 이상의 징역**에 처한다. ②제1항의 죄를 범하여 사람을 상해에 이르게 한 때에는 무기 또는 5년 이상의 징역에 처한다. **사망에 이르게 한 때에는 사형, 무기 또는 7년이상의 징역에 처한다.**

제165조(공용건조물 등에의 방화) 불을 놓아 공용 또는 공익에 공하는 건조물, 기차, 전차, 자동차, 선박, 항공기 또는 광갱을 소훼한 자는 무기 또는 3년 이상의 징역에 처한다.

제166조(일반건조물 등에의 방화) ①불을 놓아 전2조에 기재한 이외의 건조물, 기차, 전차, 자동차, 선박, 항공기 또는 광갱을 소훼한 자는 2년 이상의 유기징역에 처한다. ②자기소유에 속하는 제1항의 물건을 소훼하여 공공의 위험을 발생하게 한 자는 7년 이하의 징역 또는 1천만원 이하의 벌금에 처한다.

제167조(일반물건에의 방화) ①불을 놓아 전3조에 기재한 이외의 물건을 소훼하여 공공의 위험을 발생하게 한 자는 1년 이상 10년 이하의 징역에 처한다. ②제1항의 물건이 자기의 소유에 속한 때에는 3년 이하의 징역 또는 700만원 이하의 벌금에 처한다.

제168조(연소) ①제166조제2항 또는 전조제2항의 죄를 범하여 제164조, 제165조 또는 제166조제1항에 기재한 물건에 연소한 때에는 1년 이상 10년 이하의 징역에 처한다. ②전조제2항의 죄를 범하여 전조제1항에 기재한 물건에 연소한 때에는 5년 이하의 징역에 처한다.

제169조(진화방해) 화재에 있어서 진화용의 시설 또는 물건을 은닉 또는 손괴하거나 기타 방법으로 진화를 방해한 자는 10년 이하의 징역에 처한다.

제170조(실화) ①과실로 인하여 제164조 또는 제165조에 기재한 물건 또는 타인의 소유에 속하는 제166조에 기재한 물건을 소훼한 자는 1천500만원 이하의 벌금에 처한다. ②과실로 인하여 자기의 소유에 속하는 제166조 또는 제167조에 기재한 물건을 소훼하여 공공의 위험을 발생하게 한 자도 전항의 형과 같다.

제171조(업무상실화, 중실화) 업무상과실 또는 중대한 과실로 인하여 제170조의 죄를 범한 자는 3년 이하의 금고 또는 2천만원 이하의 벌금에 처한다.

제14장 일수와 수리에 관한 죄

제177조(현주건조물등에의 일수) ①물을 넘겨 사람이 주거에 사용하거나 사람이 현존하는 건조물, 기차, 전차, 자동차, 선박, 항공기 또는 광갱을 침해한 자는 무기 또는 3년 이상의 징역에 처한다. ②제1항의 죄를 범하여 사람을 상해에 이르게 한 때에는 무기 또는 5년 이상의 징역에 처한다. 사망에 이르게 한 때에는 무기 또는 7년 이상의 징역에 처한다.

제180조(방수방해) 수재에 있어서 방수용의 시설 또는 물건을 손괴 또는 은닉하거나 기타 방법으로 방수를 방해한 자는 10년 이하의 징역에 처한다.

제181조(과실일수) 과실로 인하여 제177조 또는 제178조에 기재한 물건을 침해한 자 또는 제179조에 기재한 물건을 침해하여 공공의 위험을 발생하게 한 자는 1천만원 이하의 벌금에 처한다.

제184조(수리방해) 제방을 결궤하거나 수문을 파괴하거나 기타 방법으로 수리를 방해한 자는 5년 이하의 징역 또는 700만원 이하의 벌금에 처한다.

제15장 교통방해의 죄

제185조(일반교통방해) 육로, 수로 또는 교량을 손괴 또는 불통하게 하거나 **기타 방법으로 교통을 방해한 자는 10년 이하의 징역** 또는 1천500만원 이하의 벌금에 처한다.

제186조(기차, 선박 등의 교통방해) 궤도, 등대 또는 표지를 손괴하거나 기타 방법으로 기차, 전차, 자동차, 선박 또는 항공기의 교통을 방해한 자는 1년 이상의 유기징역에 처한다.

제187조(기차 등의 전복 등) 사람의 현존하는 기차, 전차, 자동차, 선박 또는 항공기를 전복, 매몰, 추락 또는 파괴한 자는 무기 또는 3년 이상의 징역에 처한다.

제188조(교통방해치사상) 제185조 내지 제187조의 죄를 범하여 사람을 상해에 이르게 한 때에는 무기 또는 3년 이상의 징역에 처한다. 사망에 이르게 한 때에는 무기 또는 5년 이상의 징역에 처한다.

제189조(과실, 업무상과실, 중과실) ①과실로 인하여 제185조 내지 제187조의 죄를 범한 자는 1천만원 이하의 벌금에 처한다. ②업무상과실 또는 중대한 과실로 인하여 제185조 내지 제187조의 죄를 범한 자는 3년 이하의 금고 또는 2천만원 이하의 벌금에 처한다.

제16장 음용수에 관한 죄

제192조(음용수의 사용방해) ①일상음용에 공하는 정수에 오물을 혼입하여 음용하지 못하게 한 자는 1년 이하의 징역 또는 500만원 이하의 벌금에 처한다. ②전항의 음용수에 독물 기타 건강을 해할 물건을 혼입한 자는 10년 이하의 징역에 처한다.

제193조(수도음용수의 사용방해) ①수도에 의하여 공중의 음용에 공하는 정수 또는 그 수원에 오물을 혼입하여 음용하지 못하게 한 자는 1년 이상 10년 이하의 징역에 처한다. ②전항의 음용수 또는 수원에 독물 기타 건강을 해할 물건을 혼입한 자는 2년 이상의 유기징역에 처한다.

제194조(음용수혼독치사상) 제192조제2항 또는 제193조 제2항의 죄를 범하여 사람을 상해에 이르게 한 때에는 무기 또는 3년 이상의 징역에 처한다. 사망에 이르게 한 때에는 무기 또는 5년 이상의 징역에 처한다.

제195조(수도불통) 공중의 음용수를 공급하는 수도 기타 시설을 손괴 기타 방법으로 불통하게 한 자는 1년 이상 10년 이하의 징역에 처한다.

제17장 아편에 관한 죄

제198조(아편 등의 제조 등) 아편, 몰핀 또는 그 화합물을 제조, 수입 또는 판매하거나 판매할 목적으로 **소지한 자는 10년 이하의 징역에 처한다.**

제199조(아편흡식기의 제조 등) 아편을 흡식하는 기구를 제조, 수입 또는 판매하거나 판매할 목적으로 소지한 자는 5년 이하의 징역에 처한다.

제200조(세관 공무원의 아편 등의 수입) 세관의 공무원이 아편, 몰핀이나 그 화합물 또는 아편흡식기구를 수입하거나 그 수입을 허용한 때에는 1년 이상의 유기징역에 처한다.

제201조(아편흡식 등, 동장소제공) ①아편을 흡식하거나 몰핀을 주사한 자는 5년 이하의 징역에 처한다. ②아편흡식 또는 몰핀 주사의 장소를 제공하여 이익을 취한 자도 전항의 형과 같다.

제202조(미수범) 전4조의 미수범은 처벌한다.

제203조(상습범) 상습으로 전5조의 죄를 범한 때에는 각 조에 정한 형의 2분의 1까지 가중한다.

제205조(아편 등의 소지) 아편, 몰핀이나 그 화합물 또는 아편흡식기구를 소지한 자는 1년 이하의 징역 또는 500만원 이하의 벌금에 처한다.

제206조(몰수, 추징) 본장의 죄에 제공한 아편, 몰핀이나 그 화합물 또는 아편흡식기구는 몰수한다. 그를 몰수하기 불능한 때에는 그 가액을 추징한다.

제18장 통화에 관한 죄

제207조(통화의 위조 등) ①행사할 목적으로 통용하는 대한민국의 화폐, 지폐 또는 은행권을 위조 또는 변조한 자는 무기 또는 2년 이상의 징역에 처한다. ②행사할 목적으로 내국에서 유통하는 외국의 화폐, 지폐 또는 은행권을 위조 또는 변조한 자는 1년 이상의 유기징역에 처한다. ③행사할 목적으로 외국에서 통용하는 외국의 화폐, 지폐 또는 은행권을 위조 또는 변조한 자는 10년 이하의 징역에 처한다. ④위조 또는 변조한 전3항 기재의 통화를 행사하거나 행사할 목적으로 수입 또는 수출한 자는 그 위조 또는 변조의 각 죄에 정한 형에 처한다.

제208조(위조통화의 취득) 행사할 목적으로 위조 또는 변조한 제207조 기재의 통화를 취득한 자는 5년 이하의 징역 또는 1천500만원 이하의 벌금에 처한다.

제210조(위조통화취득후의 지정행사) 제207조기재의 통화를 취득한 후 그 정을 알고 행사한 자는 2년 이하의 징역 또는 500만원 이하의 벌금에 처한다.

제211조(통화유사물의 제조 등) ①판매할 목적으로 내국 또는 외국에서 통용하거나 유통하는 화폐, 지폐 또는 은행권에 유사한 물건을 제조, 수입 또는 수출한 자는 3년 이하의 징역 또는 700만원 이하의 벌금에 처한다.

제19장 유가증권, 우표와 인지에 관한 죄

제214조(유가증권의 위조 등) ①행사할 목적으로 대한민국 또는 외국의 공채증서 기타 유가증권을 위조 또는 변조한 자는 10년 이하의 징역에 처한다.
②행사할 목적으로 유가증권의 권리의무에 관한 기재를 위조 또는 변조한 자도 전항의 형과 같다.

제20장 문서에 관한 죄

제225조(공문서등의 위조 · 변조) 행사할 목적으로 공무

원 또는 공무소의 문서 또는 도화를 위조 또는 변조한 자는 10년 이하의 징역에 처한다.

제226조(자격모용에 의한 공문서 등의 작성) 행사할 목적으로 공무원 또는 공무소의 자격을 모용하여 문서 또는 도화를 작성한 자는 10년 이하의 징역에 처한다.

제227조(허위공문서작성등) 공무원이 행사할 목적으로 그 직무에 관하여 문서 또는 도화를 허위로 작성하거나 변개한 때에는 7년 이하의 징역 또는 2천만원 이하의 벌금에 처한다.

제228조(공정증서원본 등의 부실기재) ①공무원에 대하여 허위신고를 하여 공정증서원본 또는 이와 동일한 전자기록등 특수매체기록에 부실의 사실을 기재 또는 기록하게 한 자는 5년 이하의 징역 또는 1천만원 이하의 벌금에 처한다. ②공무원에 대하여 허위신고를 하여 면허증, 허가증, 등록증 또는 여권에 부실의 사실을 기재하게 한 자는 3년 이하의 징역 또는 700만원 이하의 벌금에 처한다.

제229조(위조등 공문서의 행사) 제225조 내지 제228조의 죄에 의하여 만들어진 문서, 도화, 전자기록등 특수매체기록, 공정증서원본, 면허증, 허가증, 등록증 또는 여권을 행사한 자는 그 각 죄에 정한 형에 처한다.

제230조(공문서 등의 부정행사) 공무원 또는 공무소의 문서 또는 도화를 부정행사한 자는 2년 이하의 징역이나 금고 또는 500만원 이하의 벌금에 처한다.

제231조(사문서등의 위조·변조) 행사할 목적으로 권리·의무 또는 사실증명에 관한 타인의 문서 또는 도화를 위조 또는 변조한 자는 5년 이하의 징역 또는 1천만원 이하의 벌금에 처한다.

제233조(허위진단서등의 작성) 의사, 한의사, 치과의사 또는 조산사가 진단서, 검안서 또는 생사에 관한 증명서를 허위로 작성한 때에는 3년 이하의 징역이나 금고, 7년 이하의 자격정지 또는 3천만원 이하의 벌금에 처한다.

제21장 인장에 관한 죄

제238조(공인 등의 위조, 부정사용) ①행사할 목적으로 공무원 또는 공무소의 인장, 서명, 기명 또는 기호를 위조 또는 부정사용한 자는 5년 이하의 징역에 처한다. ② 위조 또는 부정사용한 공무원 또는 공무소의 인장, 서명, 기명 또는 기호를 행사한 자도 전항의 형과 같다. ③전 2항의 경우에는 7년 이하의 자격정지를 병과할 수 있다.

제239조(사인등의 위조, 부정사용) ①행사할 목적으로 타인의 인장, 서명, 기명 또는 기호를 위조 또는 부정사용한 자는 3년 이하의 징역에 처한다. ②위조 또는 부정사용한 타인의 인장, 서명, 기명 또는 기호를 행사한 때에도 전항의 형과 같다.

제240조(미수범) 본장의 미수범은 처벌한다.

제22장 성풍속에 관한 죄

제241조 간통죄 삭제 〈2016.1.6.〉

[2016.1.6. 법률 제13719호에 의하여 2015.2.26. 헌법재판소에서 위헌 결정된 이 조를 삭제함.]

제242조(음행매개) 영리의 목적으로 사람을 매개하여 간음하게 한 자는 3년 이하의 징역 또는 1천500만원 이하의 벌금에 처한다.

제243조(음화반포등) 음란한 문서, 도화, 필름 기타 물건을 **반포, 판매 또는 임대하거나 공연히 전시 또는 상영한 자는 1년 이하의 징역** 또는 500만원 이하의 벌금에 처한다.

제244조(음화제조 등) 제243조의 행위에 공할 목적으로 음란한 물건을 제조, 소지, 수입 또는 수출한 자는 1년 이하의 징역 또는 500만원 이하의 벌금에 처한다.

제245조(공연음란) 공연히 음란한 행위를 한 자는 1년 이하의 징역, 500만원 이하의 벌금, 구류 또는 과료에 처한다.

제23장 도박과 복표에 관한 죄

제246조(도박, 상습도박) ① 도박을 한 사람은 1천만원 이하의 벌금에 처한다. **다만, 일시오락 정도에 불과한 경우에는 예외로 한다. ② 상습으로 제1항의 죄를 범한 사람은 3년 이하의 징역 또는 2천만원 이하의 벌금에 처한다.**

제247조(도박장소 등 개설) 영리의 목적으로 도박을 하는 장소나 공간을 개설한 사람은 5년 이하의 징역 또는 3천만원 이하의 벌금에 처한다.

제248조(복표의 발매 등) ① 법령에 의하지 아니한 복표를 발매한 사람은 5년 이하의 징역 또는 3천만원 이하의 벌금에 처한다. ② 제1항의 복표발매를 중개한 사람은 3년 이하의 징역 또는 2천만원 이하의 벌금에 처한다. ③ 제1항의 복표를 취득한 사람은 1천만원 이하의 벌금에 처한다.

제24장 살인의 죄(개인적법익침해)

제250조(살인, 존속살해) ①사람을 살해한 자는 **사형, 무기 또는 5년 이상의 징역**에 처한다. ②자기 또는 배우자의 직계존속을 살해한 자는 **사형, 무기 또는 7년 이상의 징역에 처한다.**

제251조(영아살해) 직계존속이 치욕을 은폐하기 위하거나 양육할 수 없음을 예상하거나 특히 참작할 만한 동기로 인하여 분만중 또는 분만직후의 영아를 살해한 때에는 **10년 이하의 징역**에 처한다.

제252조(촉탁, 승낙에 의한 살인 등) ①사람의 촉탁 또는 승낙을 받어 그를 살해한 자는 1년 이상 10년 이하의 징역에 처한다.

②사람을 교사 또는 방조하여 자살하게 한 자도 전항의 형과 같다.

제253조(위계 등에 의한 촉탁살인 등) 전조의 경우에 위계 또는 위력으로써 촉탁 또는 승낙하게 하거나 자살을 결의하게 한 때에는 제250조의 예에 의한다.

제254조(미수범) 전4조의 미수범은 처벌한다.

제255조(예비, 음모) 제250조와 제253조의 죄를 범할 목적으로 예비 또는 음모한 자는 10년 이하의 징역에 처한다.

제256조(자격정지의 병과) 제250조, 제252조 또는 제253조의 경우에 유기징역에 처할 때에는 10년 이하의 자격정지를 병과할 수 있다.

제25장 상해와 폭행의 죄

제257조(상해, 존속상해) ①사람의 신체를 상해한 자는 7년 이하의 징역, 10년 이하의 자격정지 또는 1천만원 이하의 벌금에 처한다. ②자기 또는 배우자의 직계존속에

대하여 제1항의 죄를 범한 때에는 10년 이하의 징역 또는 1천500만원 이하의 벌금에 처한다. ③전 2항의 미수범은 처벌한다.

제258조(중상해, 존속중상해) ①사람의 신체를 상해하여 생명에 대한 위험을 발생하게 한 자는 1년 이상 10년 이하의 징역에 처한다. ②신체의 상해로 인하여 불구 또는 불치나 난치의 질병에 이르게 한 자도 전항의 형과 같다. ③자기 또는 배우자의 직계존속에 대하여 전2항의 죄를 범한 때에는 2년 이상 15년 이하의 징역에 처한다.

제258조의2(특수상해) ①단체 또는 다중의 위력을 보이거나 위험한 물건을 휴대하여 제257조제1항 또는 제2항의 죄를 범한 때에는 1년 이상 10년 이하의 징역에 처한다. ②단체 또는 다중의 위력을 보이거나 위험한 물건을 휴대하여 제258조의 죄를 범한 때에는 2년 이상 20년 이하의 징역에 처한다.
③제1항의 미수범은 처벌한다.

제259조(상해치사) ①사람의 신체를 상해하여 사망에 이르게 한 자는 3년 이상의 유기징역에 처한다. ②자기 또는 배우자의 직계존속에 대하여 전항의 죄를 범한 때에는 무기 또는 5년 이상의 징역에 처한다.

제260조(폭행, 존속폭행) ①사람의 신체에 대하여 폭행을 가한 자는 2년 이하의 징역, 500만원 이하의 벌금, 구류 또는 과료에 처한다. ②자기 또는 배우자의 직계존속에 대하여 제1항의 죄를 범한 때에는 5년 이하의 징역 또는 700만원 이하의 벌금에 처한다. ③제1항 및 제2항의 죄는 피해자의 명시한 의사에 반하여 공소를 제기할 수 없다.

제261조(특수폭행) 단체 또는 다중의 위력을 보이거나 위험한 물건을 휴대하여 제260조제1항 또는 제2항의 죄를 범한 때에는 5년 이하의 징역 또는 1천만원 이하의 벌금에 처한다.

제262조(폭행치사상) 전2조의 죄를 범하여 사람을 사상에 이르게 한때에는 제257조 내지 제259조의 예에 의한다.

제26장 과실치사상의 죄

제266조(과실치상) ①과실로 인하여 사람의 신체를 상해에 이르게 한 자는 500만원 이하의 벌금, 구류 또는 과료에 처한다. ②제1항의 죄는 피해자의 명시한 의사에 반하여 공소를 제기할 수 없다.

제267조(과실치사) 과실로 인하여 사람을 사망에 이르게 한 자는 **2년 이하의 금고 또는 700만원 이하의 벌금에 처한다.**

제268조(업무상과실 · 중과실 치사상) 업무상과실 또는 중대한 과실로 인하여 사람을 사상에 이르게 한 자는 5년 이하의 금고 또는 2천만원 이하의 벌금에 처한다.

제27장 낙태의 죄

제269조(낙태) ①부녀가 약물 기타 방법으로 낙태한 때에는 1년 이하의 징역 또는 200만원 이하의 벌금에 처한다. ②부녀의 촉탁 또는 승낙을 받어 낙태하게 한 자도 제1항의 형과 같다. ③제2항의 죄를 범하여 부녀를 상해에 이르게 한때에는 3년 이하의 징역에 처한다. 사망에 이르게 한때에는 7년 이하의 징역에 처한다.

제270조(의사 등의 낙태, 부동의낙태) ①의사, 한의사, 조산사, 약제사 또는 약종상이 부녀의 촉탁 또는 승낙을 받어 낙태하게 한 때에는 2년 이하의 징역에 처한다. ②부녀의 촉탁 또는 승낙없이 낙태하게 한 자는 3년 이하의 징역에 처한다. ③제1항 또는 제2항의 죄를 범하여 부녀를 상해에 이르게 한때에는 5년 이하의 징역에 처한다. 사망에 이르게 한때에는 10년 이하의 징역에 처한다.

제28장 유기와 학대의 죄

제271조(유기, 존속유기) ①노유, 질병 기타 사정으로 인하여 부조를 요하는 자를 보호할 법률상 또는 계약상의 무 있는 자가 유기한 때에는 3년 이하의 징역 또는 500만원 이하의 벌금에 처한다. ②자기 또는 배우자의 직계존속에 대하여 제1항의 죄를 범한 때에는 **10년 이하의 징역 또는 1천500만원 이하의 벌금에 처한다.** ③제1항의 죄를 범하여 사람의 생명에 대한 위험을 발생하게 한 때에는 7년 이하의 징역에 처한다. ④제2항의 죄를 범하여 사람의 생명에 대하여 위험을 발생한 때에는 2년 이상의 유기징역에 처한다.

제272조(영아유기) 직계존속이 치욕을 은폐하기 위하거나 양육할 수 없음을 예상하거나 특히 참작할 만한 동기로 인하여 영아를 유기한 때에는 **2년 이하의 징역 또는 300만원 이하의 벌금에 처한다.**

제273조(학대, 존속학대) ①자기의 보호 또는 감독을 받는 사람을 학대한 자는 2년 이하의 징역 또는 500만원 이하의 벌금에 처한다. ②자기 또는 배우자의 직계존속에 대하여 전항의 죄를 범한 때에는 5년 이하의 징역 또는 700만원 이하의 벌금에 처한다.

제274조(아동혹사) 자기의 보호 또는 감독을 받는 16세 미만의 자를 그 생명 또는 신체에 위험한 업무에 사용할 영업자 또는 그 종업자에게 인도한 자는 5년 이하의 징역에 처한다. 그 인도를 받은 자도 같다.

제29장 체포와 감금의 죄

제276조(체포, 감금, 존속체포, 존속감금) ①사람을 체포 또는 감금한 자는 5년 이하의 징역 또는 700만원 이하의 벌금에 처한다. ②자기 또는 배우자의 직계존속에 대하여 제1항의 죄를 범한 때에는 10년 이하의 징역 또는 1천500만원 이하의 벌금에 처한다.

제277조(중체포, 중감금, 존속중체포, 존속중감금) ①사람을 체포 또는 감금하여 가혹한 행위를 가한 자는 7년 이하의 징역에 처한다.
②자기 또는 배우자의 직계존속에 대하여 전항의 죄를 범한 때에는 2년 이상의 유기징역에 처한다.

제278조(특수체포, 특수감금) 단체 또는 다중의 위력을 보이거나 위험한 물건을 휴대하여 전 2조의 죄를 범한 때에는 그 죄에 정한 형의 2분의 1까지 가중한다.

제30장 협박의 죄

제283조(협박, 존속협박) ①사람을 협박한 자는 3년 이하의 징역, 500만원 이하의 벌금, 구류 또는 과료에 처한다. ②자기 또는 배우자의 직계존속에 대하여 제1항의 죄를

범한 때에는 5년 이하의 징역 또는 700만원 이하의 벌금에 처한다. ③제1항 및 제2항의 죄는 피해자의 명시한 의사에 반하여 공소를 제기할 수 없다.

제284조(특수협박) 단체 또는 다중의 위력을 보이거나 위험한 물건을 휴대하여 전조제1항, 제2항의 죄를 범한 때에는 7년 이하의 징역 또는 1천만원 이하의 벌금에 처한다.

제285조(상습범) 상습으로 제283조제1항, 제2항 또는 전조의 죄를 범한 때에는 그 죄에 정한 형의 2분의 1까지 가중한다.

제286조(미수범) 전3조의 미수범은 처벌한다.

제31장 약취(略取), 유인(誘引) 및 인신매매의 죄

제287조(미성년자의 약취, 유인) 미성년자를 약취 또는 유인한 사람은 10년 이하의 징역에 처한다.

제288조(추행 등 목적 약취, 유인 등) ① 추행, 간음, 결혼 또는 영리의 목적으로 사람을 약취 또는 유인한 사람은 1년 이상 10년 이하의 징역에 처한다. ② 노동력 착취, 성매매와 성적 착취, 장기적출을 목적으로 사람을 약취 또는 유인한 사람은 2년 이상 15년 이하의 징역에 처한다. ③ 국외에 이송할 목적으로 사람을 약취 또는 유인하거나 약취 또는 유인된 사람을 국외에 이송한 사람도 제2항과 동일한 형으로 처벌한다.

제289조(인신매매) ① 사람을 매매한 사람은 7년 이하의 징역에 처한다. ② 추행, 간음, 결혼 또는 영리의 목적으로 사람을 매매한 사람은 1년 이상 10년 이하의 징역에 처한다. ③ 노동력 착취, 성매매와 성적 착취, 장기적출을 목적으로 사람을 매매한 사람은 2년 이상 15년 이하의 징역에 처한다. ④ 국외에 이송할 목적으로 사람을 매매하거나 매매된 사람을 국외로 이송한 사람도 제3항과 동일한 형으로 처벌한다.

제290조(약취, 유인, 매매, 이송 등 상해 · 치상) ① 제287조부터 제289조까지의 죄를 범하여 약취, 유인, 매매 또는 이송된 사람을 상해한 때에는 3년 이상 25년 이하의 징역에 처한다. ② 제287조부터 제289조까지의 죄를 범하여 약취, 유인, 매매 또는 이송된 사람을 상해에 이르게 한 때에는 2년 이상 20년 이하의 징역에 처한다.

제291조(약취, 유인, 매매, 이송 등 살인 · 치사) ① 제287조부터 제289조까지의 죄를 범하여 약취, 유인, 매매 또는 이송된 사람을 살해한 때에는 사형, 무기 또는 7년 이상의 징역에 처한다. ② 제287조부터 제289조까지의 죄를 범하여 약취, 유인, 매매 또는 이송된 사람을 사망에 이르게 한 때에는 무기 또는 5년 이상의 징역에 처한다.

제295조의2(형의 감경) 제287조부터 제290조까지, 제292조와 제294조의 죄를 범한 사람이 약취, 유인, 매매 또는 이송된 사람을 안전한 장소로 풀어준 때에는 그 형을 감경할 수 있다.

제32장 강간과 추행의 죄

제297조(강간) 폭행 또는 협박으로 사람을 강간한 자는 3년 이상의 유기징역에 처한다.

제297조의2(유사강간) 폭행 또는 협박으로 사람에 대하여 구강, 항문 등 신체(성기는 제외한다)의 내부에 성기를 넣거나 성기, 항문에 손가락 등 신체(성기는 제외한다)의 일부 또는 도구를 넣는 행위를 한 사람은 2년 이상의 유기징역에 처한다.

제298조(강제추행) 폭행 또는 협박으로 사람에 대하여 추행을 한 자는 10년 이하의 징역 또는 1천500만원 이하의 벌금에 처한다.

제299조(준강간, 준강제추행) 사람의 심신상실 또는 항거불능의 상태를 이용하여 간음 또는 추행을 한 자는 제297조, 제297조의2 및 제298조의 예에 의한다.

제300조(미수범) 제297조, 제297조의2, 제298조 및 제299조의 미수범은 처벌한다.

제301조(강간 등 상해 · 치상) 제297조, 제297조의2 및 제298조부터 제300조까지의 죄를 범한 자가 사람을 상해하거나 상해에 이르게 한 때에는 무기 또는 5년 이상의 징역에 처한다.

제301조의2(강간등 살인 · 치사) 제297조, 제297조의2 및 제298조부터 제300조까지의 죄를 범한 자가 사람을 살해한 때에는 사형 또는 무기징역에 처한다. 사망에 이르게 한 때에는 무기 또는 10년 이상의 징역에 처한다.

제302조(미성년자 등에 대한 간음) 미성년자 또는 심신미약자에 대하여 위계 또는 위력으로써 간음 또는 추행을 한 자는 5년 이하의 징역에 처한다.

제303조(업무상위력 등에 의한 간음) ①업무, 고용 기타 관계로 인하여 자기의 보호 또는 감독을 받는 사람에 대하여 위계 또는 위력으로써 간음한 자는 5년 이하의 징역 또는 1천500만원 이하의 벌금에 처한다. ②법률에 의하여 구금된 사람을 감호하는 자가 그 사람을 간음한 때에는 7년 이하의 징역에 처한다.

제305조(미성년자에 대한 간음, 추행) 13세 미만의 사람에 대하여 간음 또는 추행을 한 자는 제297조, 제297조의2, 제298조, 제301조 또는 제301조의2의 예에 의한다.

제33장 명예에 관한 죄

제307조(명예훼손) ①공연히 사실을 적시하여 사람의 명예를 훼손한 자는 2년 이하의 징역이나 금고 또는 500만원 이하의 벌금에 처한다. ②공연히 허위의 사실을 적시하여 사람의 명예를 훼손한 자는 5년 이하의 징역, 10년 이하의 자격정지 또는 1천만원 이하의 벌금에 처한다.

제308조(사자의 명예훼손) 공연히 허위의 사실을 적시하여 사자의 명예를 훼손한 자는 2년 이하의 징역이나 금고 또는 500만원 이하의 벌금에 처한다.

제309조(출판물 등에 의한 명예훼손) ①사람을 비방할 목적으로 신문, 잡지 또는 라디오 기타 출판물에 의하여 제307조제1항의 죄를 범한 자는 3년 이하의 징역이나 금고 또는 700만원 이하의 벌금에 처한다. ②제1항의 방법으로 제307조제2항의 죄를 범한 자는 7년 이하의 징역, 10년 이하의 자격정지 또는 1천500만원 이하의 벌금에 처한다.

제310조(위법성의 조각) 제307조제1항의 행위가 진실한 사실로서 오로지 공공의 이익에 관한 때에는 처벌하지 아니한다.

제311조(모욕) 공연히 사람을 모욕한 자는 1년 이하의 징역

이나 금고 또는 200만원 이하의 벌금에 처한다.

제312조(고소와 피해자의 의사) ①제308조와 제311조의 죄는 **고소가 있어야 공소를 제기할 수 있다.** ②제307조와 제309조의 죄는 **피해자의 명시한 의사에 반하여 공소를 제기할 수 없다.**

제34장 신용, 업무와 경매에 관한 죄

제313조(신용훼손) 허위의 사실을 유포하거나 기타 위계로써 사람의 신용을 훼손한 자는 5년 이하의 징역 또는 1천500만원 이하의 벌금에 처한다.

제314조(업무방해) ①제313조의 방법 또는 위력으로써 사람의 업무를 방해한 자는 5년 이하의 징역 또는 1천500만원 이하의 벌금에 처한다.

제35장 비밀침해의 죄

제316조(비밀침해) ①봉함 기타 비밀장치한 사람의 편지, 문서 또는 도화를 개봉한 자는 3년 이하의 징역이나 금고 또는 500만원 이하의 벌금에 처한다.
②봉함 기타 비밀장치한 사람의 편지, 문서, 도화 또는 전자기록등 특수매체기록을 기술적 수단을 이용하여 그 내용을 알아낸 자도 제1항의 형과 같다.

제317조(업무상비밀누설) ①의사, 한의사, 치과의사, 약제사, 약종상, 조산사, 변호사, 변리사, 공인회계사, 공증인, 대서업자나 그 직무상 보조자 또는 차등의 직에 있던 자가 그 직무처리중 지득한 타인의 비밀을 누설한 때에는 3년 이하의 징역이나 금고, 10년 이하의 자격정지 또는 700만원 이하의 벌금에 처한다. ②종교의 직에 있는 사 또는 있던 자가 그 직무상 지득한 사람의 비밀을 누설한 때에도 전항의 형과 같다.

제318조(고소) 본장의 죄는 고소가 있어야 공소를 제기할 수 있다.

제36장 주거침입의 죄

제319조(주거침입, 퇴거불응) ①사람의 주거, 관리하는 건조물, 선박이나 항공기 또는 점유하는 방실에 침입한 자는 3년 이하의 징역 또는 500만원 이하의 벌금에 처한다. ②전항의 장소에서 퇴거요구를 받고 응하지 아니한 자도 전항의 형과 같다.

제320조(특수주거침입) 단체 또는 다중의 위력을 보이거나 위험한 물건을 휴대하여 전조의 죄를 범한 때에는 5년 이하의 징역에 처한다.

제321조(주거 · 신체 수색) 사람의 신체, 주거, 관리하는 건조물, 자동차, 선박이나 항공기 또는 점유하는 방실을 수색한 자는 3년 이하의 징역에 처한다.

제322조(미수범) 본장의 미수범은 처벌한다.

제37장 권리행사를 방해하는 죄

제323조(권리행사방해) 타인의 점유 또는 권리의 목적이 된 자기의 물건 또는 전자기록등 특수매체기록을 취거, 은닉 또는 손괴하여 타인의 권리행사를 방해한 자는 5년 이하의 징역 또는 700만원 이하의 벌금에 처한다.

제324조(강요) ①폭행 또는 협박으로 사람의 권리행사를 방해하거나 **의무없는 일을 하게 한 자는 5년 이하의 징역 또는 3천만원 이하의 벌금에 처한다.** ②단체 또는 다중의 위력을 보이거나 위험한 물건을 휴대하여 제1항의 죄를 범한 자는 10년 이하의 징역 또는 5천만원 이하의 벌금에 처한다.

제325조(점유강취, 준점유강취) ①폭행 또는 협박으로 타인의 점유에 속하는 자기의 물건을 강취한 자는 7년 이하의 징역 또는 10년 이하의 자격정지에 처한다. ②타인의 점유에 속하는 자기의 물건을 취거함에 당하여 그 탈환을 항거하거나 체포를 면탈하거나 죄적을 인멸할 목적으로 폭행 또는 협박을 가한 때에도 전항의 형과 같다.

제327조(강제집행면탈) 강제집행을 면할 목적으로 재산을 은닉, 손괴, 허위양도 또는 허위의 채무를 부담하여 채권자를 해한 자는 3년 이하의 징역 또는 1천만원 이하의 벌금에 처한다.

제328조(친족간의 범행과 고소) ①직계혈족, 배우자, 동거친족, 동거가족 또는 그 배우자간의 제323조의 죄는 그 형을 면제한다. ②제1항이외의 친족간에 제323조의 죄를 범한 때에는 고소가 있어야 공소를 제기할 수 있다. ③전 2항의 신분관계가 없는 공범에 대하여는 전 이항을 적용하지 아니한다.

제38장 절도와 강도의 죄

제329조(절도) 타인의 재물을 절취한 자는 6년 이하의 징역 또는 1천만원 이하의 벌금에 처한다.

제330조(야간주거침입절도) 야간에 사람의 주거, 간수하는 저택, 건조물이나 선박 또는 점유하는 방실에 침입하여 타인의 재물을 절취한 자는 10년 이하의 징역에 처한다.

제331조(특수절도) ①야간에 문호 또는 장벽 기타 건조물의 일부를 손괴하고 전조의 장소에 침입하여 타인의 재물을 절취한 자는 1년 이상 10년 이하의 징역에 처한다. ②흉기를 휴대하거나 2인 이상이 합동하여 타인의 재물을 절취한 자도 전항의 형과 같다.

제331조의2(자동차등 불법사용) 권리자의 동의없이 타인의 자동차, 선박, 항공기 또는 원동기장치자전차를 일시 사용한 자는 3년 이하의 징역, 500만원 이하의 벌금, 구류 또는 과료에 처한다.

제332조(상습범) 상습으로 제329조 내지 제331조의2의 죄를 범한 자는 그 죄에 정한 형의 2분의 1까지 가중한다.

제333조(강도) 폭행 또는 협박으로 타인의 재물을 강취하거나 기타 재산상의 이익을 취득하거나 제삼자로 하여금 이를 취득하게 한 자는 **3년 이상의 유기징역**에 처한다.

제334조(특수강도) ①야간에 사람의 주거, 관리하는 건조물, 선박이나 항공기 또는 점유하는 방실에 침입하여 제333조의 죄를 범한 자는 무기 또는 5년 이상의 징역에 처한다. 여 전조의 죄를 범한 자도 전항의 형과 같다.

제335조(준강도) 절도가 재물의 탈환을 항거하거나 체포를 면탈하거나 죄적을 인멸할 목적으로 폭행 또는 협박을 가한 때에는 전2조의 예에 의한다.

제336조(인질강도) 사람을 체포 · 감금 · 약취 또는 유인하여 이를 인질로 삼아 재물 또는 재산상의 이익을 취득하거나 제3자로 하여금 이를 취득하게 한 자는 3년 이상의

유기징역에 처한다.

제339조(강도강간) 강도가 사람을 강간한 때에는 무기 또는 10년 이상의 징역에 처한다.

제343조(예비, 음모) 강도할 목적으로 예비 또는 음모한 자는 7년 이하의 징역에 처한다.

제344조(친족간의 범행) 제328조의 규정은 제329조 내지 제332조의 죄 또는 미수범에 준용한다.

제345조(자격정지의 병과) 본장의 죄를 범하여 유기징역에 처할 경우에는 10년 이하의 자격정지를 병과할 수 있다.

제346조(동력) 본장의 죄에 있어서 관리할 수 있는 동력은 재물로 간주한다.

제39장 사기와 공갈의 죄

제347조(사기) ①사람을 기망하여 재물의 교부를 받거나 재산상의 이익을 취득한 자는 10년 이하의 징역 또는 2천만원 이하의 벌금에 처한다. ②전항의 방법으로 제삼자로 하여금 재물의 교부를 받게 하거나 재산상의 이익을 취득하게 한 때에도 전항의 형과 같다.

제347조의2(컴퓨터등 사용사기) 컴퓨터등 정보처리장치에 허위의 정보 또는 부정한 명령을 입력하거나 권한 없이 정보를 입력 · 변경하여 정보처리를 하게 함으로써 재산상의 이익을 취득하거나 제3자로 하여금 취득하게 한 자는 10년 이하의 징역 또는 2천만원 이하의 벌금에 처한다.

제348조(준사기) ①미성년자의 지려천박 또는 사람의 심신장애를 이용하여 재물의 교부를 받거나 재산상의 이익을 취득한 자는 10년 이하의 징역 또는 2천만원 이하의 벌금에 처한다.

제348조의2(편의시설부정이용) 부정한 방법으로 대가를 지급하지 아니하고 자동판매기, 공중전화 기타 유료자동설비를 이용하여 재물 또는 재산상의 이익을 취득한 자는 3년 이하의 징역, 500만원 이하의 벌금, 구류 또는 과료에 처한다.

제350조(공갈) ①사람을 공갈하여 재물의 교부를 받거나 재산상의 이익을 취득한 자는 10년 이하의 징역 또는 2천만원 이하의 벌금에 처한다. ②전항의 방법으로 제삼자로 하여금 재물의 교부를 받게 하거나 재산상의 이익을 취득하게 한 때에도 전항의 형과 같다.

제350조의2(특수공갈) 단체 또는 다중의 위력을 보이거나 위험한 물건을 휴대하여 제350조의 죄를 범한 자는 1년 이상 15년 이하의 징역에 처한다.

제351조(상습범) 상습으로 제347조 내지 전조의 죄를 범한 자는 그 죄에 정한 형의 2분의 1까지 가중한다.

제354조(친족간의 범행, 동력) 제328조와 제346조의 규정은 본장의 죄에 준용한다.

제40장 횡령과 배임의 죄

제355조(횡령, 배임) ①**타인의 재물을 보관하는 자가 그 재물을 횡령하거나** 그 반환을 거부한 때에는 5년 이하의 징역 또는 1천500만원 이하의 벌금에 처한다. ②**타인의 사무를 처리하는 자가 그 임무에 위배하는 행위로써 재산상의 이익을 취득하거나** 제삼자로 하여금 이를 취득하게 하여 본인에게 손해를 가한 때에도 전항의 형과 같다.

제356조(업무상의 횡령과 배임) 업무상의 임무에 위배하여 제355조의 죄를 범한 자는 10년 이하의 징역 또는 3천만원 이하의 벌금에 처한다.

제357조(배임수증재) ①타인의 사무를 처리하는 자가 그 임무에 관하여 부정한 청탁을 받고 재물 또는 재산상의 이익을 취득하거나 제3자로 하여금 이를 취득하게 한 때에는 5년 이하의 징역 또는 1천만원 이하의 벌금에 처한다.

제360조(점유이탈물횡령) ①유실물, 표류물 또는 타인의 점유를 이탈한 재물을 횡령한 자는 **1년 이하의 징역이나 300만원 이하의 벌금 또는 과료**에 처한다. ②매장물을 횡령한 자도 전항의 형과 같다.

제361조(친족간의 범행, 동력) 제328조와 제346조의 규정은 본장의 죄에 준용한다.

제41장 장물에 관한 죄

제362조(장물의 취득, 알선 등) ①장물을 취득, 양도, 운반 또는 보관한 자는 7년 이하의 징역 또는 1천500만원 이하의 벌금에 처한다.

제42장 손괴의 죄

제366조(재물손괴등) 타인의 재물, 문서 또는 전자기록등 특수매체기록을 손괴 또는 은닉 기타 방법으로 기 효용을 해한 자는 3년이하의 징역 또는 700만원 이하의 벌금에 처한다.

제367조(공익건조물파괴) 공익에 공하는 건조물을 파괴한 자는 10년 이하의 징역 또는 2천만원 이하의 벌금에 처한다.

제368조(중손괴) ①전2조의 죄를 범하여 사람의 생명 또는 신체에 대하여 위험을 발생하게 한 때에는 1년 이상 10년 이하의 징역에 처한다. ②제366조 또는 제367조의 죄를 범하여 사람을 상해에 이르게 한 때에는 1년 이상의 유기징역에 처한다. 사망에 이르게 한 때에는 3년 이상의 유기징역에 처한다.

제370조(경계침범) 경계표를 손괴, 이동 또는 제거하거나 기타 방법으로 토지의 경계를 인식 불능하게 한 자는 3년 이하의 징역 또는 500만원 이하의 벌금에 처한다.

부 칙 〈제14415호, 2016.12.20.〉
이 법은 공포한 날부터 시행한다.

참고문헌

김현태 · 강기정 · 박남규, 법학개론, 홍익출판사, 2012.

류병관, "미국형사절차상 동성애 피해자 보호에 관한 연구", 『비교형사법연구』, 한국비교형사법학회, 2016.

——, "데이트폭력에 있어 피해자 보호방안", 『법학연구』, 경상대학교 법학연구소, 2014.

——, "학교폭력의 개념으로서 교사폭행에 관한 고찰", 『소년보호연구』, 한국소년정책학회, 2013.

——, "학교폭력 예방책으로서 '또래조정제도'에 관한 연구", 『소년보호연구』, 한국소년정책학회, 2013.

——, "성충동약물치료법에 관한 비교법적 고찰", 『법학논총』, 전남대학교 법학연구소, 2012.

——, "당사자주의 소송구조에 있어 범죄피해자의 권리", 『피해자학연구』, 한국피해자학회, 2011.

——, "성폭력 피해자 보호를 위한 증거세칙에 관한 연구", 『법학논총』, 전남대학교 법학연구소, 2008.

——, "미국 강간죄에 있어 '저항'과 '동의'에 관한 연구", 『비교형사법연구』, 한국비교형사법학회, 2007.

——, "형사절차상 성폭력피해자의 2차 피해자화 방지 대책", 『법과정책연구』, 한국법정책학회, 2006.

——, "형사절차상 범죄피해자권리의 헌법적 보장에 관한 연구", 『피해자학연구』, 한국피해자학회, 2006.

박남규, 법철학이야기, 청목출판사, 2011.

벨덴필즈(A. Belden Fields)/박동천 역, 인권, 모티브북, 2013.

배종대외 3인 공저, 형사소송법 제2판, 홍문사, 2016.

샌드라 프레드먼/조효제 역, 인권의 대전환, 교양인, 2010.

성낙인, 헌법학, 법문사, 2014.

신동운, 신형사소송법 제5판, 법문사, 2014.

신동운, 형법총론, 법문사, 2015.

아돌퍼스 하아트(H. L. A. Hart) / 정태환 · 박남규 · 정주환 역, 「법의 개념(*The Concept of Law*)」, 대광서림, 1981.

이윤호, 범죄, 그 진실과 오해, 박영사, 2014.

이재상, 형사소송법, 박영사, 2012.
이재상 · 장영민 · 강동범, 형법각론, 박영사, 2016.
이재상 · 장영민 · 강동범, 형법총론, 박영사, 2015.
이준열, 인권법, 제5판, 홍문사, 2014.
임 웅, 형법총론, 법문사, 2016.
임지봉, 차별의 역사속에서 발전한 법과 인권이야기, 책세상, 2014.
장영수, 헌법학, 홍문사, 2015.
정정훈, 인권과 인권들, 그린비, 2014.
조 국, 절제의 형법학 제2판, 박영사, 2015.
최용기, 헌법, 대명출판사, 2011.
BARON DE MONTESQUIEU, 「*The Spirit of Laws*」, Cosimo Classics, New York, 2011.

찾아보기

ㅇ

ㅈ

저자약력

약력

충남대학교 법과대학 법학과 졸업(법학 석 · 박사/형사법전공)
뉴욕주립대(버팔로) 로스쿨 L.L.M 졸업(법학석사/형사법전공)
현, 국립창원대학교 법학과 교수

역임

캘리포니아주립대(얼바인) 로스쿨 초빙 객원연구원(Visiting Scholar)
건양대학교 경찰행정학과 부교수
대전대학교 법학연구소 연구전담 전임강사
중앙경찰학교 외래교수
경찰간부시험/순경공채시험 출제 및 면접위원
교정직공무원시험 출제 및 면접위원
박사학위논문 "범죄피해자 보호에 관한 연구"(2001년)

저자와의 협의하에 인지생략

범죄와 인권

2017년 8월 20일 1판 1쇄 인쇄
2017년 8월 30일 1판 1쇄 발행

저 자 류 병 관
발행인 김 광 식
조 판 아 람 기 획

07285
발행처 서울특별시 영등포구 선유로3길 10, 617호
도서출판 **탑 북 스**
등 록 2009.12.21 제 2016-000101 호
전 화 02)365-2223 팩스 02)365-2224

정가 16,000 원

ISBN 979-11-87343-43-1-93360